本成果得到以下项目或单位的支持：

国家社科基金项目“武陵山片区扶贫多维瞄准绩效评价和优化研究”（13CJY078）

中国科学院地理所吉首大学院士专家工作站

武陵山片区扶贫与发展协同创新中心

武陵山扶贫开发研究中心

湖南省应用经济学重点学科和民族学优势特色重点学科

吉首大学武陵山区发展研究院

武陵山片区扶贫多维瞄准绩效评价和优化研究

吴雄周　杨　婵◎著

图书在版编目（CIP）数据

武陵山片区扶贫多维瞄准绩效评价和优化研究 / 吴雄周，杨婵著. -- 昆明：云南大学出版社，2021
ISBN 978-7-5482-4299-4

Ⅰ. ①武… Ⅱ. ①吴… ②杨… Ⅲ. ①贫困山区－扶贫－研究－湖南 Ⅳ. ①F127.64

中国版本图书馆CIP数据核字（2021）第084299号

策划编辑： 赵红梅
责任编辑： 周 飞
装帧设计： 刘 雨

武陵山片区扶贫多维瞄准绩效评价和优化研究

WULINGSHAN PIANQU FUPIN DUOWEI MIAOZHUN JIXIAO PINGJIA HE YOUHUA YANJIU

吴雄周 杨 婵◎著

出版发行： 云南大学出版社
印 装： 昆明理煋印务有限公司
开 本： 787mm × 1092mm 1/16
印 张： 14
字 数： 332千
版 次： 2021年5月第1版
印 次： 2021年5月第1次印刷
书 号： ISBN 978-7-5482-4299-4
定 价： 59.00元

社 址： 昆明市翠湖北路2号云南大学英华园内
邮 编： 650091
电 话： （0871）65033244 65031071
网 址： http://www. ynup. com
E-mail： market@ynup. com

目 录

第一章 绪 论

第一节 课题研究背景和研究意义

一、课题研究背景

（一）现实背景

1．我国连片特困区贫困人口还将在一定时间内存在

按照2010年的贫困标准，1978年我国贫困人口数量达7.7亿（1978年的贫困标准计算则为2.5亿），贫困发生率为97.5%（1978年的贫困标准计算则为30.7%）。截至2015年，全国仍有5000多万贫困人口，脱贫形势依然严峻①。2016年，贫困人口数量减至4336万人，贫困发生率降至4.5%。《中华人民共和国国民经济和社会发展第十三个五年规划纲要》提出，到2020年，我国现行标准下农村贫困人口实现脱贫，贫困县全部摘帽，解决区域性整体贫困②。我国贫困人口数量相当巨大，按照2011年标准，截至2017年底，我国贫困人口的数量仍然高达4000万人。而这些贫困人口，有大约70%集中在武陵山、乌蒙山等14个连片特困区中，这种局面在长期内普遍存在。

2．致贫原因的复杂性使武陵山片区精准扶贫政策的实践推进面临很大的挑战

致贫原因多种多样，异常复杂。因病致贫、意外事故致贫、区位致贫、观念致贫等都是导致特定人群贫困的具体原因。武陵山片区作为全国典型的集中连片特困区，致贫原因不一而足。致贫原因的复杂性使整个片区精准扶贫政策的推进面临很大的挑战。为什么？因为要获得良好的精准扶贫绩效，就必须在很大范围内获取贫困户的贫困信息，对每个贫困小群体甚至每个贫困户的致贫原因有一个准确的判定，这样才能采取有效的帮扶措施，才能对每个贫困户在精准扶贫实践工作中获得的扶贫成果做出客观的观测。但致贫原因如此复杂，我们很难对每个人的致贫原因做出科学解析。这个局面将加大精准扶贫的难度，降低扶贫绩效。因此，对于武陵山片区的精准扶贫工程而言，扶贫绩效的提升面临的挑战

---

① 国家统计局．中华人民共和国2016年国民经济和社会发展统计公报．[2017-02-28].http://www.stats.gov.cn/tjsj/zxfb/201702/t20170228_1467424.html.

② 武靖州．公共财政支持精准扶贫的机制优化研究[J]．理论月刊，2018（1）．

性不言而喻。

3．武陵山片区扶贫绩效与脱贫目标尚存在较大的差异

十九大报告提出：“要坚决打赢脱贫攻坚战，让贫困人口和贫困地区同全国一道进入全面小康社会是我们党的庄严承诺。”中央明确要求，在2020年全面实现小康社会。小康社会的实现要求武陵山片区500多万贫困人口彻底脱贫。要实现这个目标，必须要求武陵山片区的扶贫绩效达到相当高的水准。但从当前的情况来看，在精准扶贫实践的推进过程中，扶贫绩效差强人意。贫困信息的收集、帮扶力量的运用、管理措施的实施等方面都没有取得良好的效果，这种局面使得武陵山片区扶贫绩效有很大的提升空间。如果不彻底解决这些问题，扶贫绩效提升必将是一句空话，武陵山片区全面实现小康社会的目标同样是一句空话。

4. 提升武陵山片区内扶贫绩效的手段尚未发挥应有的作用

武陵山片区急需扶贫绩效的大幅度提升，急需各类扶贫瞄准手段的有效运用。但从实践来看，各种手段的效果都没有完全发挥出来。贫困户信息库粗制滥造，帮扶方式隔靴搔痒，管理手段疲软无力，等等。从精准识别层面看，尽管政府采取了信息化的技术手段和审计的行政手段尽量提升精准识别的精度，尽量避免产生所谓的“假贫困”现象，但事实上仍然存在鱼龙混杂的局面，贫困队伍中存在大量的“假贫困”户。从精准帮扶层面看，扶贫工作队力争在最大程度上找准贫困户的致贫原因，采取产业发展、教育培训、就业拓展等多个方面的手段，让贫困户早日走上脱贫致富的道路，但事实上仍然举步维艰。从精准管理层面看，国家对各类扶贫资源和扶贫项目都制定了完整的实施方案和管理措施，但收效不够理想。从精准考核层面看，尽管政府建立了完善的考核措施，建立了近乎完美的指标体系，将扶贫干部的升迁和扶贫绩效直接挂钩，但事实上，国家的扶贫理念在执行过程中还是发生了各种形式和不同程度的瞄准偏离。

（二）理论背景

传统贫困和扶贫理论需要注入新的实践血液，需要将连片特困区作为理论的实践阵地去检验和提升理论的真理价值。传统的贫困和反贫困理论主要包括纳克斯的“贫困恶性循环”理论、纳尔逊的“低水平均衡陷阱”理论、莱宾斯坦的“临界最小努力”理论和缪尔达尔的“循环积累因果关系”理论①。

1．纳克斯的“贫困恶性循环”理论需要武陵山片区彰显自身的真理价值

1953年，美国经济学家拉格纳·纳克斯（Narkse）提出了著名的“贫困恶性循环”理论（Vicious Circle of Poverty）②。纳克斯认为，导致发展中国家贫困的根本原因在于资本、储蓄等因素之间的恶性循环，绝对不是这些国家国内资源不足。他认为，发展中国家的资源并不缺乏，相反，它们具有非常高的资源禀赋。但资本和储蓄等因素的恶性循环导致了

① 高鹏.浅析我国农村贫困地区开发式扶贫模式［D］.成都：西南财经大学，2009.

② 拉格纳·纳克斯.不发达国家的资本形成问题［M］.谨斋，译.北京：商务印书馆，1966.

贫困的恶性循环。在发展中国家，劳动生产率普遍不高，人均收入水平普遍低下。低收入水平导致发展中国家无法实现有效的储蓄，而储蓄是投资的主要来源。在缺乏外部资本注入的情况下，发展中国家不能依靠自身的储蓄实现高投资，产生了低储蓄和低投资。而投资是经济发展的血液，对发展中国家的发展具有十分巨大的引擎作用。低投资无法发挥资本在发展中国家的引擎作用，导致劳动生产率低下，进而导致人均收入低下，进一步导致投资水平低下。在纳克斯（Narkse）的“贫困恶性循环”理论体系中，低投资和低储蓄会形成恶性循环，让发展中国家长期处于贫困状态之中，无以自拔。除了投资和储蓄之间的恶性循环之外，纳克斯（Narkse）还提出了另外一种意义上的恶性循环：低消费和低生产力之间的恶性循环。劳动生产率低下导致了居民收入水平低下，收入水平低下导致消费水平低下。消费本身是一种生产力，消费不足会削弱经济发展的需求力量，从而弱化经济发展的动力，最终导致贫困。如何去反贫困？按照纳克斯的理论，一个国家要摆脱贫困，必须打破投资和储蓄之间以及消费和生产之间的恶性循环。而恶性循环的打破必须从引进外资寻求突破口，引进外资促进本国资本不断形成，增进储蓄量，增加投资量。

纳克斯（Narkse）的“贫困恶性循环”理论无疑对发展中国家贫困产生的过程和反贫困措施提供了指导思路。与周边的“发达地区”相比，武陵山片区是典型的“发展中地区”，贫困的发展亦处于“恶性循环”怪圈中，也需要在“贫困恶性循环”理论的指导下，引进“外资”，打破怪圈，走出贫困。我国政府一直致力于武陵山片区的扶贫实践，一直致力于片区的各类投资。国家每年源源不断地将大量的扶贫资金投放到片区内，以期收到良好的扶贫绩效。但从实践来看，大量扶贫资金并没有收到良好的投放效果，“贫困恶性循环”似乎很难打破。对此，我们并不需要去怀疑该理论的真理性，而是应该去思考这样一个问题：是什么样的因素阻碍了武陵山片区走出“贫困恶性循环”的怪圈？是什么因素切断了“贫困恶性循环”向“致富良性循环”过渡和升华的桥梁？一句话，武陵山片区的扶贫实践有义务为纳克斯（Narkse）的“贫困恶性循环”理论提供真理价值自我实现的舞台。

2. 纳尔逊的“低水平均衡陷阱”理论需要武陵山片区彰显自身的真理价值

1956 年，美国的另一位经济学家纳尔逊提出了“低水平均衡陷阱”理论（Low Level Equilibrium Trap）①。该理论的核心思想是：在发展中国家中，在一个最低人均收入水平增长到与人口增长率相等的人均收入水平之间，存在一个“低水平均衡陷阱”②。他认为，任何一个国家或地区的人均国民收入存在某个最低的理论值，只要该国家或地区某时期的人均收入水平处于这个理论值的下面，那么，该国家或地区的收入基础就会被人口增长削弱掉，从而迫使自身只能处于维持生命或接近于维持生命的低水平均衡状态，即身处所谓的“低水平均衡陷阱”③。在这个陷阱中，即使人均国民收入增长超过

① 纳尔逊．不发达国家的一种低水平均衡陷阱理论［J］．美国经济评论，1957（5）．

② 高鹏．浅析我国农村贫困地区开发式扶贫模式［D］．成都：西南财经大学，2009．

③ 叶普万．贫困经济学研究［M］．北京：中国社会科学出版社，2004．

人口增长的数量，但在边际报酬递减规律的作用下，短时期的、少量的人均收入增长必定会被人口增长所抵消，最终使贫困地区回到原来的状态，继续在陷阱中挣扎。如何突破“低水平陷阱”？纳尔逊提出的观点和纳克斯（Narkse）提出的观点如出一辙，都认为应该从外部资本的注入寻求反贫困的突破。他明确指出，人均收入的增加在资本缺失的情况下是无法自我实现的，资本的缺失导致储蓄率的低下。在没有外部力量的介入下，这种局势将成为一种长期的稳态。要反贫困，除了外部资本的介入，似乎并没有更好的渠道。

武陵山片区长期以来均处于“低水平均衡陷阱”中。尽管片区内农村居民的收入有一定程度的增加，但增加的速度和幅度都不如人意。尤其是，短期之内某些居民的收入确实有某种较大程度的增加，但各种原因错综复杂地胶合在一起，使他们无可奈何地出现返贫现象。返贫现象的本质是继续回到贫困的“低水平均衡陷阱”中。因此，武陵山片区扶贫工程需要为低收入群体的农民找到持久的收入来源，确保不再发生大面积返贫现象。只有想方设法让贫困群体的收入找到持久的动力，构建收入增长的长效机制，才能真正让武陵山片区的贫困群体走出“低水平均衡陷阱”。纳尔逊“低水平均衡陷阱”理论对武陵山片区的扶贫实践具有重要的指导价值，该价值需要武陵山片区的精准扶贫实践去体现、去提升。

3．莱宾斯坦的“临界最小努力”理论需要武陵山片区彰显自身的真理价值

1957年，美国经济学家哈维·莱宾斯坦（Leibenstein）提出了经济发展的临界最小努力理论[①]。莱宾斯坦认为，发展中国家在经济发展过程中有两种力量，一种是促进经济增长的力量，一种是阻碍经济增长的力量。促进经济增长的力量是那些能够促进人均收入水平增长的力量，如投资的增长、技术的进步和良好的社会环境等。阻碍经济增长的力量主要是人口的增长。两种力量存在一个“临界点”，即存在一个“临界最小努力”确保收入增长的力量超过人口增长的力量。显然，该理论同样强调了投资对于摆脱发展中国家贫困的重要性。

武陵山片区长期处于贫困之中，一个重要的原因是，长期以来缺乏一个“临界最小努力”使贫困群体从贫困中解脱出来。我国政府对武陵山片区的扶贫投放不可谓不多，对它使用的手段不可谓不丰富。为什么总是不能让它彻底摘掉贫困的帽子？按照莱宾斯坦的“临界最小努力”理论，是因为该地区并没有获得足够大的扶贫资源投入，投入资源的阈值总是小于“临界最小努力”值，扶贫资源的投入总是被武陵山片区恶劣的环境、人口的增长等因素消耗掉。据此，武陵山片区要真正走上脱贫致富的道路，必须获得一个足够大的外部临界投入。显然，莱宾斯坦的“临界最小努力”理论需要武陵山精准扶贫的实践进行检验，它的价值需要武陵山片区的精准扶贫实践加以彰显。

---

① 哈维·莱宾斯坦．经济落后与经济成长［M］．台北：中华书局股份有限公司，1970.

4．缪尔达尔的“循环积累因果关系”理论需要武陵山片区彰显自身的真理价值

“循环积累因果关系”理论是著名的贫困问题研究专家冈纳·缪尔达尔（Myrdal）提出的[①]。他认为，导致一个国家或地区贫困的因素是多维的，包括经济、政治、制度、文化、习俗等多个方面的因素。这些因素之间存在影响和被影响的关系。落后地区的经济发展过程是一个动态的开放的系统，该系统中，各类因素互为因果。即，某种结果（因素）会成为某种现象的原因，这种现象（原因）又会成为另一种现象的结果，产生“循环积累因果关系”。有一种典型的循环是：收入水平低导致了人民生活水平低，收入水平低是原因，生活水平低是结果[②]。作为结果，低生活水平会导致居民的营养水平低，而低营养水平作为原因又影响了居民的健康水平，健康是重要的人力资本，低健康水平导致的低人力资本会导致劳动生产率低下，最终导致收入水平低下，回到初始原因的轨道，让结果成为原因，将发展的系统进行自我锁定。如何去打破“循环积累因果关系”？缪尔达尔（Myrdal）认为，投资增加固然是非常重要的一个方面，但肯定不能忽视权力结构、人地关系和技术教育等方面的配套改革，从而实现收入平等化，进而增加穷人消费[③]。

武陵山片区的致贫原因复杂，包括政治的、经济的、制度的和文化的多个方面的原因。这些因素存在“循环积累因果关系”，共同导致武陵山片区的扶贫工作总是捉襟见肘，不能取得良好的扶贫绩效。为什么会出现这样一个局面？是因为在以往的扶贫实践中没有对全部的影响因素做出综合性考察，没有从多维视野对扶贫政策采取有效的实施手段。缪尔达尔的“循环积累因果关系”理论给武陵山片区精准扶贫实践的重大启示是：必须综合考察政治、经济、制度、技术和文化等多个方面的因素，找准每个因素的影响机制，采取相应的对策。所以，在精准扶贫实践过程中，必须将缪尔达尔的“循环积累因果关系”理论运用起来。这个理论的真理价值同样离不开武陵山片区的扶贫实践。

二、课题研究意义

（一）理论意义

精准扶贫是一个全新的理论体系。2013 年习近平主席提出精准扶贫理论体系后，学术界对该问题的理论研究如火如荼地展开，涌现了许多的理论成果。习近平主席的精准扶贫理论为我们提供了巨大的理论框架，但对具体过程没有也不可能做完整意义上的内涵界定。作为一种全新的扶贫理论，精准扶贫理论需要学者们不断丰富内容和完善结构。本书提出的一个理论问题是：精准扶贫的实施过程从本质上说是一个扶贫瞄准的过程。瞄准

① Myrdal G. Economic Theory and Under-developed Regions［M］.London：Duckworth，1957：54-55.

② 高鹏 . 浅析我国农村贫困地区开发式扶贫模式［D］. 成都：西南财经大学，2009.

③ Myrdal G. Economic Theory and Under-developed Regions［M］.London：Duckworth，1957：54-55.

过程中，有哪些维度需要瞄准？瞄准的过程包含了哪些具体的瞄准步骤？据此，我们提出的一个理论观点是：应该将精准扶贫的过程视为扶贫瞄准过程，而扶贫瞄准的维度是多维的，既包括横向维度上的多维瞄准（主体、对象、产业、资金、项目和程序等），也包括纵向维度上的多步瞄准（识别、帮扶、管理、考核等），精准扶贫瞄准过程是横向多维瞄准和纵向多维瞄准的高度融合。显然，我们的研究有望深化学术界对精准扶贫理论内涵的认识，有望丰富精准扶贫理论的框架，使理论界能够从“多维瞄准”的角度把握精准扶贫理论的精髓。我们的研究对精准扶贫理论有一定的价值。

（二）现实意义

我国扶贫政策长期以来实施的是传统意义上的粗放式瞄准。贫困县制度、贫困村制度、产业扶贫、科技扶贫等传统的扶贫制度与方式都有一个共同的特征：瞄准绩效不高。只有实现良好的扶贫多维瞄准绩效，才能真正提高国家扶贫资源的利用效率，才能真正让大量的贫困户早日走上脱贫致富的阳光大道，才能真正实现全面小康。武陵山片区是全国典型的贫困连片地区，在向新时代迈进的过程中，必定面临很多棘手的贫困和反贫困问题。在这个现实背景下，我们选择武陵山片区精准扶贫的实践作为研究的对象无疑具有重大的现实意义。当然，武陵山片区是一片区域面积相对较大的区域，介于数据的可获得性和研究力量的薄弱等原因，我们的研究主要将注意力放在湖南片区。采取实地调查的方法，重点考察湖南片区和贵州片区内部分区域精准扶贫政策的实施绩效。我们相信，湖南片区和贵州片区在精准扶贫过程中出现的某些问题应该是共性的。我们的研究将从实证的角度，运行系统分析方法，分析武陵山片区中湖南片区精准扶贫瞄准过程出现的典型问题，解析具体的影响因素，探寻每个因素导致瞄准绩效低下的具体机理。我们的成果对于武陵山片区精准扶贫的实践推进，对于武陵山片区的脱贫致富工程，对全国扶贫资源的有效利用和全面小康社会的早日实现都具有一定的现实意义。

第二节　文献综述

一、关于扶贫瞄准绩效评价的相关研究

国内有关扶贫瞄准及其绩效的研究主要围绕扶贫瞄准的范围以及瞄准精度两个方面进行[①]。绩效评价问题引起了国内外学者的关注。学者们从绩效评价的对象（美国乔治梅森大学市场研究中心，2001）、方法（Kaplan，1996）、原则（Flynn，1997）、指标（Ingraham，2000）和内容（Swomdell，2000）等方面提出了绩效评价问题。在此基础上，学者们着力于扶贫绩效评价问题的探讨。Throat（2000）等用印度国家数据估计了不同类型的政府支出对农村贫困和生产力增长的直接和间接影响。Wodon（2001）分析了项目的

① 孙璐．扶贫项目绩效评估研究——基于精准扶贫的视角［D］．北京：中国农业大学，2015.

减贫效果，特别是对多个项目同时实施时某个项目的瞄准绩效进行了具体解析。世界银行（2000）提出，有效的扶贫政策应瞄准到乡镇，并且实现乡镇瞄准的成本并不高。刘冬梅（2001）、查道林（2004）等学者提出，应该结合贫困地区的区域情况和贫困状况来选定瞄准目标①。Huang（2001）的研究结果表明，在贫困地区中水利对粮食产量的增加及农民收入的增加有很大的贡献。庞守林、陈宝峰（2000）以"三西"地区为案例，分析了扶贫资金数量和使用对区域经济增长效率高低及其变化趋势的影响。刘冬梅（2001）从扶贫资金投向与构成两个方面分析了扶贫资金投入对贫困地区经济增长和经济发展产生的各种效应②。叶初升（2002）运用瞄准精度衡量标准和分析法从微观和宏观两个层面对扶贫瞄准绩效进行了定量分析，发现我国扶贫瞄准存在严重的漏缺和溢出现象③。岳希明、李实（2004）的实证结果表明，重点县的选拔机制在贫困瞄准方面的准确性不断改善，无法证明非贫困户比贫困户得到贴息贷款的机会少④。李小云等（2005）分析了中央财政扶贫资金对重点县的瞄准、贫困村的瞄准以及贫困人口的瞄准情况，认为村级识别机制能够在一定程度上提高贫困瞄准精度⑤。田丹（2005）从社会、生态等宏观角度以及微观经济角度考察了扶贫资金的绩效问题。周朝阳、李晓宏（2007）从投入、效率和效果三大方面构建评估指标，评估了财政扶贫支出的绩效。姜爱华（2007）的实证表明，扶贫资金的行政绩效、经济绩效和社会绩效整体上都偏低⑥。帅传敏等（2008）比较分析了不同主导模式下的扶贫项目管理效率⑦。庄天慧等（2012）从温饱水平、生产生活条件、生态环境和发展能力共四个方面，对民族地区在经济、社会、环境诸方面的综合扶贫绩效进行了评估⑧。吕国范（2014）对带动型的资源产业扶贫的绩效进行了评估⑨。高鸿宾（2000）⑩、许源源（2007）⑪等认为村级瞄准更有利于进行综合性的扶贫开发，是现阶段提高瞄准效率的更有效方法。汪三贵（2007）使用"瞄准缺口"与"瞄准错误"对国定贫困县、贫困村的瞄

---

① 查道林，黄胜忠．村庄财政与反贫困的瞄准目标［J］．理论月刊，2014（10）．

② 刘冬梅．中国政府开发式扶贫资金投放效果的实证研究［J］．管理世界，2001（6）．

③ 叶初升，邹欣．扶贫瞄准的绩效评估与机制设计［J］．华中农业大学学报（社会科学版），2012（1）．

④ 岳希明，李实．中国农村扶贫项目的目标定位［J］．China & World Economy，2004（1）．

⑤ 李小云，张雪梅，唐丽霞．我国中央财政扶贫资金的瞄准分析［J］．中国农业大学学报，2005（3）．

⑥ 姜爱华．我国政府开发式扶贫资金使用绩效的评估与思考［J］．宏观经济研究，2007（6）．

⑦ 帅传敏，李周何，晓军，等．国家扶贫开发重点县投入绩效的实证分析［J］．中国农村经济，2008（3）．

⑧ 庄天慧，张海霞，余崇媛．西南少数民族贫困县反贫困综合绩效模糊评价——以10个国家扶贫重点县为例［J］．西北人口，2012（3）．

⑨ 吕国范．发达国家资源产业扶贫的模式及经验启示［J］．商业时代，2014（10）．

⑩ 高鸿宾．关于中国的扶贫开发［J］．中国贫困地区，2000（6）．

⑪ 许源源，苏中英．中国农村扶贫瞄准的历史演变［J］．老区建设，2007（4）．

准效率进行了评估[①]。他指出在精确瞄准状态下，如果以收入为划定标准，有48%应该被确定为贫困村的村没有被瞄准。郭佩霞（2007）认为瞄准度低下是我国少数民族地区扶贫行动的固有弊病，要修正该目标瞄准偏差，需要重构民族地区的反贫困目标瞄准机制[②]。许源源（2008）认为应该从扶贫资金和扶贫资源是否瞄准了贫困地区和贫困人口的需求和投放的时序性这两个方面进行综合评价。

二、关于精准扶贫基本理论的相关研究

王思铁（2014）将精准扶贫的内涵界定为：精准扶贫是指针对不同贫困区域环境、不同贫困农户状况，运用科学有效的程序对扶贫对象实施精准识别、精准帮扶、精准管理和精准考核的治贫方式[③]。国务院扶贫办主任刘永富（2016）指出，精准扶贫的基本要求是：扶持对象精准、项目安排精准、资金使用精准、措施到户精准、因村派人精准、脱贫成效精准，并提出了精准扶贫的主要途径“五个一批”：发展生产脱贫一批、异地搬迁脱贫一批、生态补偿脱贫一批、发展教育脱贫一批、社会保障兜底一批[④]。刘解龙（2015）认为，精准扶贫并不仅仅只是一种战略、一种政策、一种机制，更应当是包括理论、战略、政策、机制和行为的完整系统[⑤]。黄承伟（2017）分析了“五个一批”的扶贫思想的理论基础及其与公共政策的精准性、靶向性问题[⑥]。

三、关于精准扶贫瞄准过程（绩效）存在问题的相关研究

（一）关于精准识别过程（绩效）存在问题的相关研究

在贫困村庄内部存在着大量的漏评和误评现象，误评比漏评情况更严重。一些和领导有关系的、爱闹事的家庭更容易成为划定的贫困户[⑦]。在社会流动、信息封闭和自利因素的综合作用下，贫困村民极少参与贫困识别等公共性事务[⑧]。汪波（2018）发现，村委会

---

① 汪三贵，Albert Park，Shubham Chaudhuri，Gaurav Datt. 中国新时期农村扶贫与村级贫困瞄准［J］. 管理世界，2007（1）.

② 郭佩霞 . 论民族地区反贫困目标瞄准机制的建构［J］. 贵州社会科学，2007（12）.

③ 王思铁 . 浅谈精准扶贫［EB/OL］. 四川扶贫外资网 .2014-03-27. http://www.scfpym.gov.cn/show.aspxid=25213.

④ 刘永富 . 我国“十三五”脱贫攻坚的形势与任务［J］. 时事报告，2016（1）.

⑤ 刘解龙 . 经济新常态中的精准扶贫理论与机制创新［J］. 湖南社会科学，2015（4）.

⑥ 黄承伟，王猛 .“五个一批”精准扶贫思想视阈下多维贫困治理研究［J］. 河海大学学报（哲学社会科学版），2017（5）.

⑦ 聂伟，龚紫钰 . 十八大以来精准扶贫研究进展与未来展望［J］. 中国农业大学学报（社会科学版），2018（5）.

⑧ 葛志军，邢成举 . 精准扶贫：内涵、实践困境及其原因阐释——基于宁夏银川两个村庄的调查［J］. 贵州社会科学，2015（5）.

故意将一些很快可以脱贫的农户纳入贫困户，为后期减贫功绩打下基础[①]。刘雯丽（2018）发现，农村执行者虽然严格执行上级的精准识别政策，但存在执行结果与地方实际发生偏差的问题[②]。

（二）关于精准帮扶过程（绩效）存在问题的相关研究

葛志军（2015）从扶贫措施差异性不足方面讨论了精准帮扶中存在的不适应性问题[③]。王晓毅（2016）观察到，一些实力雄厚的机构将大量资源集中在自己帮扶的村庄中，造成形象工程和“垒大户”现象[④]。陈成文（2017）发现，精准扶贫政策与农村贫困人口需求的契合度正处在“内卷化”困境中[⑤]。汪波（2018）发现，帮扶产业存在同质性高、稳定性低、市场信息与销售渠道不足、物流成本高等问题[⑥]。

（三）关于精准管理过程（绩效）存在问题的相关研究

左停（2015）发现，基层镇政府出于维稳的需要，会采取让贫困户轮流享受扶贫补贴等应对措施，将本应特惠的扶贫资源实质变为普惠性质[⑦]。杜熙（2017）发现，在精准管理中缺乏扶贫立法的支撑作用[⑧]。赵正（2018）发现，当前农户对精准扶贫项目的参与存在选择性偏差和内生性干扰，这些因素共同导致了精准扶贫政策的作用被低估甚至误判[⑨]。

（四）关于精准考核过程（绩效）存在问题的相关研究

雷望红（2017）认为，在考核过程中存在权责不匹配、考核压力过大等问题[⑩]。聂伟（2018）发现，在精准考核环节，存在着过于追求扶贫短期效应的问题[⑪]。

---

① 汪波，王雄军 . 精准扶贫的实践逻辑与理论创新［J］. 行政管理改革，2018（11）.

② 刘雯丽 . 精准识别政策的僵化执行及偏差分析［J］. 西北农林科技大学学报（社会科学版），2018（6）.

③ 葛志军，邢成举 . 精准扶贫：内涵、实践困境及其原因阐释——基于宁夏银川两个村庄的调查［J］. 贵州社会科学，2015（5）.

④ 王晓毅 . 精准扶贫与驻村帮扶［J］. 国家行政学院学报，2016（3）.

⑤ 陈成文，李春根 . 论精准扶贫政策与农村贫困人口需求的契合度［J］. 山东社会科学，2017（3）.

⑥ 汪波，王雄军 . 精准扶贫的实践逻辑与理论创新［J］. 行政管理改革，2018（2）.

⑦ 左停，杨雨鑫，钟玲 . 精准扶贫：技术靶向、理论解析和现实挑战［J］. 贵州社会科学，2015（8）.

⑧ 杜熙 . 论民族地区精准扶贫工作中的主体性构建［J］. 学术界，2017（8）.

⑨ 赵正，侯一蕾，温亚利 . 精准扶贫项目与农村居民收入增长——基于倾向得分匹配模型的分析［J］. 统计与信息论坛，2018（11）.

⑩ 雷望红 . 论精准扶贫政策的不精准执行［J］. 西北农林科技大学学报（社会科学版），2017（1）.

⑪ 聂伟，龚紫钰 . 十八大以来精准扶贫研究进展与未来展望［J］. 中国农业大学学报（社会科学版），2018（5）.

四、关于精准扶贫瞄准过程（绩效）影响原因的相关研究

（一）从政治层面探讨绩效影响的原因

万江红（2016）认为，村民自治组织能力不够强大和权威力量的弱小是导致精准扶贫在实践中效果不佳的重要原因[①]。殷浩栋（2017）发现，基层政府的项目制实践在科层理性主导下遵守规章制度，在两种理性共同作用下变通执行，在价值型关系理性主导下异化了项目用途[②]。尹利民（2017）发现，扶贫瞄准偏离来源于中央与地方政府在权力和信息方面拥有各自的优势，并由此引发它们围绕“权力—信息”优势而进行的政策实施互动所致[③]。聂伟（2018）指出，被寄予厚望的干部帮扶制度多流于形式化，很难产生对贫困户的实质性帮助[④]。唐梅玲（2018）认为，精准扶贫对象民生权虚置化是影响扶贫瞄准绩效的主要原因，扶贫对象民生权利的缺乏使原则化的政府职责失去启动机制，造成了以国家扶贫义务为本位的扶贫政策规范难以实施而被虚置的现象[⑤]。

（二）从经济层面探讨绩效影响的原因

邢成举、李小云（2013）认为，财政扶贫项目目标偏离的关键原因是存在精英俘获。而之所以出现精英俘获，是因为存在项目区域内外力量的互动与合力、参与式发展悖论、农村社会分化及精英角色转变等[⑥]。张倩（2014）[⑦]、刘升（2015）[⑧]等从精英俘获的角度探究了扶贫瞄准绩效的影响因素和影响机理问题。左停（2015）从贫困人口识别中的规模控制和规模排斥分析瞄准偏离的原因[⑨]。邓维杰（2014）指出，中国的精准扶贫工作存在需

---

① 万江红，苏运勋．精准扶贫基层实践困境及其解释——村民自治的视角［J］．贵州社会科学，2016（8）．

② 殷浩栋，汪三贵，郭子豪．精准扶贫与基层治理理性——对于A省D县扶贫项目库建设的解构［J］．社会学研究，2017（6）．

③ 尹利民，孙健．“权力——信息”约束下精准扶贫的地方实践——以X县为例［J］．江西社会科学，2017（11）．

④ 聂伟，龚紫钰．十八大以来精准扶贫研究进展与未来展望［J］．中国农业大学学报（社会科学版），2018（10）．

⑤ 唐梅玲．从国家义务到公民权利：精准扶贫对象民生权虚置化的成因与出路［J］．湖北大学学报（哲学社会科学版），2018（1）．

⑥ 邢成举，李小云．精英俘获与财政扶贫项目目标偏离的研究［J］．中国行政管理，2013（9）．

⑦ 张倩．贫困陷阱与精英捕获：气候变化影响下内蒙古牧区的贫富分化［J］．学海，2014（5）．

⑧ 刘升．精英俘获与扶贫资源资本化研究——基于河北南村的个案研究［J］．南京农业大学学报（社会科学版），2015（5）．

⑨ 左停，杨雨鑫，钟玲．精准扶贫：技术靶向、理论解析和现实挑战［J］．贵州社会科学，2015（8）．

求、资金、市场等方面的排斥性因素，都不利于扶贫工作的有效开展①。葛志军（2015）从扶贫资金的整体与个体之间的矛盾性出发解析瞄准偏离的原因②。何立华（2017）认为，贫困人口之所以难以被精准识别，根本原因在于扶贫实践中各类参与主体之间存在严重的信息不对称③。杜永红（2018）认为，信息不健全、不对称和不共享共同导致精准扶贫建档立卡的信息失真、普惠式扶贫政策瞄准机制出现偏差和扶贫资源的分散④。胡伟斌（2018）认为产业精准扶贫效果不佳的重要原因是产业精准扶贫的利益联接机制不紧密⑤。

（三）从文化层面探讨绩效影响的原因

邹勇（2018）分析了文化因素对扶贫政策绩效的影响及其关联程度，进而分析了文化因素对精准扶贫政策本身、对精准扶贫工作的推进和对贫困代际性传递的影响⑥。

五、关于精准扶贫瞄准过程（绩效）优化对策的相关研究

（一）政治层面的具体对策研究

邢成举、李小云（2013）认为，要彻底解决扶贫项目目标偏离问题，必须克服精英俘获现象。邓维杰（2014）提出，要提高社区居民代表和贫困户在贫困群体识别中的参与度，确保贫困识别的公平、公正、公开⑦。汪三贵（2015）建议对扶贫效果的考核主要针对贫困户，考察他们在收入、消费、教育、健康等民生维度的改善情况⑧。赵武（2015）认为，在精准管理和精准考核环节，要赋予公众更多的参与权、管理权和监督权⑨。王宇（2016）认为，应当通过职业意识和职业技能教育，实现扶贫工作队伍的精细化⑩。任超（2017）认为，精准扶贫多维瞄准绩效提升的思路是坚持分类治理的基本原则，发挥基层

---

① 邓维杰．精准扶贫的难点、对策与路径选择［J］．农村经济，2014（6）．

② 葛志军，邢成举．精准扶贫：内涵、实践困境及其原因阐释——基于宁夏银川两个村庄的调查［J］．贵州社会科学，2015（5）．

③ 何立华．精准扶贫背景下的贫困人口识别：理论、实践与政策［J］．中南民族大学学报，2017（2）．

④ 杜永红．大数据背景下精准扶贫绩效评估研究［J］．求实，2018（2）．

⑤ 胡伟斌，黄祖辉，朋文欢．产业精准扶贫的作用机理、现实困境及破解路径［J］．江淮论坛，2018（5）．

⑥ 邹勇．贵州少数民族地区精准扶贫的文化因素分析［J］．中国商论，2018（10）．

⑦ 邓维杰．精准扶贫的难点、对策与路径选择［J］．农村经济，2014（6）．

⑧ 汪三贵，郭子豪．论中国的精准扶贫［J］．贵州社会科学，2015（5）．

⑨ 赵武，王姣玥．新常态下“精准扶贫”的包容性创新机制研究［J］．中国人口·资源与环境，2015（11）．

⑩ 王宇，李博，左停．精准扶贫的理论导向与实践逻辑——基于精细社会理论的视角［J］．贵州社会科学，2016（5）．

组织在贫困治理中的作用，重点支持发展能力强的贫弱家庭①。杜国明（2018）认为，应该精简精准扶贫检查评估，提升精准扶贫工作效率；加强乡村文化建设，提高脱贫精神动力；精准实施开发式扶贫，稳步提升脱贫质量②。唐梅玲（2018）认为，提升扶贫多维瞄准绩效的关键在于将扶贫政策实施的力点放在扶贫对象“民生权”的体现上，而非植根于“国家义务”上，因此，应该植根于扶贫对象民生权利体系建构，构建国家扶贫义务体系，以扶贫对象民生权利的行使为国家扶贫义务履行的启动机制，激活扶贫对象脱贫的内生动力③。杜永红（2018）认为，要提升扶贫瞄准的绩效，必须以大数据思想为引领，着力于信息平台和信息系统的构建④。

（二）经济层面的具体对策研究

覃志敏（2017）认为，提升驻村帮扶成效的两个关键点是资源供给制度化和贫困村内源式发展道路的开拓⑤。易法敏（2018）结合京东“跑步鸡”案例，提出电商扶贫的基本模式，提出应该构建以平台为核心的农村电商生态系统⑥。陈冠宇（2018）指出，为提升精准扶贫第三方评估结果的科学性、权威性，应从拓宽数据来源渠道、创新数据处理方式、丰富大数据应用手段和增强数据分析预测能力等环节多措并举⑦。

（三）文化层面的具体对策研究

在观念认识上，曲蕴、马春（2016）认为，文化精准扶贫要贯彻“精准化”的扶贫原则，关键是精确帮扶⑧。倪海霞（2016）指出“农村文化建设必须转变观念，政绩考核中必须纳入文化建设的范畴”⑨。在政策措施上，程若霜（2016）提出，将文化惠民专项扶贫与精准扶贫结合，变“送文化”为“造文化”⑩。倪海霞（2016）提出，文化精准扶贫

① 任超.分类治理：精准扶贫政策的实践困境与重点方向——以湖北秭归县为例［J］.北京社会科学，2017（1）.

② 杜国明，张燕，于佳兴.东北地区精准扶贫工作中的难点与对策［J］.农业经济与管理，2018（2）.

③ 唐梅玲.从国家义务到公民权利：精准扶贫对象民生权虚置化的成因与出路［J］.湖北大学学报（哲学社会科学版），2018（1）.

④ 杜永红.大数据背景下精准扶贫绩效评估研究［J］.求实，2018（2）.

⑤ 覃志敏，岑家峰.精准扶贫视域下干部驻村帮扶的减贫逻辑——以桂南S村的驻村帮扶实践为例［J］.贵州社会科学，2017（1）.

⑥ 易法敏.产业参与、平台协同与精准扶贫［J］.华南农业大学学报（社会科学版），2018（6）.

⑦ 陈冠宇，张劲松.弥合数据、精准、扶贫之间的链接缝隙——精准扶贫第三方评估大数据运用及发展［J］.上海行政学院学报，2018（6）.

⑧ 曲蕴，马春.文化精准扶贫的理论内涵及其实现路径［J］.图书馆杂志，2016（9）.

⑨ 倪海霞.关于如何推进农村文化精准扶贫策略的探讨［J］.大众文艺，2016（15）.

⑩ 程若霜.贫困地区公共文化服务建设——基于“精准扶贫”的视角［J］.中国管理信息化，2016（14）：210－211.

要精准目标、精准需求、精准举措[①]。吴兴杰（2016）[②]、高国栋（2016）[③]和龚菲（2016）[④]分别从开展文化下乡工程、“互联网 + 传统手工艺”和图书馆文化精准扶贫等多方面探究了文化精准扶贫的具体对策。在体制机制上，边晓红（2016）等提出，必须建构以贫困人口文化“自组织”能力建设为中心的“文化扶贫”新机制[⑤]。张喆昱（2016）提出，需要协调协同工作机制，构建“文化贫困”共同治理体系[⑥]。王福（2016）认为，可以建立政府购买公共文化服务制度安排与项目制的文化“精准扶贫”新机制[⑦]。梁立新（2017）指出，为了推进公共文化服务精准识别的有效开展，需要建立有序的目标人群识别工作机制、公共文化产品供给的需求回应机制以及以“需求导向”为原则的公共文化服务效能评价机制[⑧]。饶世权、鞠廷英（2017）从观念认识、政策措施和体制机制方面对我国学者关于文化精准扶贫的对策进行了学术梳理[⑨]。葛笑如（2018）认为，应该凝聚扶贫的文化价值共识，实现扶贫场域再结构化，以提升县域扶贫成效[⑩]。邹勇（2018）提出，文化因素是提升精准扶贫效果的必然途径[⑪]。

六、文献综评

以上文献对精准扶贫的理论和实践进行了比较全面的分析，为本项目的研究提供了良好的分析基础，但也存在某些不足之处，主要表现在以下几个方面：

（一）没有从“多维”的角度解析精准扶贫的内涵和内容

现有的文献尽管将精准扶贫的整个过程界定为精准识别、精准帮扶、精准管理和精准考核的系列过程，且分别从对象、产业、资金、项目、时序、依据、行为等多方面探讨了精准扶贫实践过程中的某个侧面问题，但并没有将这个连贯的过程和不同的侧面进行多维度的整合分析，没有把精准扶贫牵涉的步骤和侧面放到“多维”的分析框架中来。

---

① 倪海霞 . 关于如何推进农村文化精准扶贫策略的探讨［J］. 大众文艺，2016（15）.

② 吴兴杰 . 文化引领精准扶贫［J］. 商业文化，2016（22）.

③ 高国栋 .“互联网 + 传统手工艺”带动文化精准扶贫的思考［J］. 人文天下，2016（7）.

④ 龚菲，王尧 . 精准扶贫背景下地方高校图书馆文化扶贫研究——以吉首大学图书馆为例［J］. 情报探索，2016（5）.

⑤ 边晓红，段小虎，王军，等．“文化扶贫”与农村居民文化“自组织”能力建设［J］. 图书馆论坛，2016（2）.

⑥ 张喆昱，张奇 . 面向文化精准扶贫的措施研究［J］. 图书馆杂志，2016（9）.

⑦ 王福 . 复杂网络视角下的内蒙古文化精准扶贫模型构建［J］. 图书馆论坛，2016（10）.

⑧ 梁立新 . 精准扶贫情境下贫困地区公共文化服务精准识别研究［J］. 浙江学刊，2017（1）.

⑨ 饶世权，鞠廷英 . 从文化扶贫到文化精准扶贫：近三十年来我国文化扶贫研究述评［J］. 西华大学学报（哲学社会科学版），2017（2）.

⑩ 葛笑如，刘祖云 . 工作队驻村帮扶引发的扶贫场域解构及再结构化研究——以苏北 G 县为例［J］. 理论与改革，2018（6）.

⑪ 邹勇 . 贵州少数民族地区精准扶贫的文化因素分析［J］. 中国商论，2018（10）.

（二）没有从“瞄准”的角度构建精准扶贫绩效指标体系

在精准扶贫政策提出前，学术界出现了不少从“瞄准”角度分析扶贫政策和工作的文献，并对扶贫瞄准绩效进行了实证分析，但这些分析大部分都基于扶贫资金方面。精准扶贫理论提出后，关于精准扶贫瞄准绩效评价的文献非常少见。即使存在，也并没有构建科学性和可行性强的瞄准绩效评价指标体系。这种局面使我们不能形成对精准扶贫政策实施效果的全面认识。

（三）鲜有文献对武陵山片区精准扶贫政策的多维瞄准绩效进行综合性研究

虽然出现了一部分文献探究了武陵山片区精准扶贫问题，但它们都没有从多维的角度、综合的角度，对该区域内的精准扶贫作深刻分析。

第三节　研究的具体方法

一、实地调查法

本项目的很大一部分属于实证研究，在实证研究过程中，为了获得尽可能多的数据，课题组成员深入武陵山片区内湘西州的典型贫困县、乡、村和扶贫干部、贫困户、企业进行访谈和问卷调查，力求发现扶贫瞄准过程中存在的问题。

二、博弈分析法

在扶贫瞄准过程中，扶贫机构、贫困户、非贫困户和评估机构等博弈参与人都是理性人，有自身的目标诉求，并有自己的行动策略。博弈参与人之间形成了错综复杂的利益关系，本课题采取博弈分析法，分析参与人在不同的信息结构和资源约束下的行为选择，期望借此解析出扶贫瞄准中的行动选择的均衡结果。

三、层次分析法和熵权法

运用层次分析法指标体系赋权，在咨询有关专家的基础上，计算各个具体指标的权重。通过该方法得到的权重是一种主观权重，为了让权重更加与实际情况相吻合，我们进一步运用熵权法对指标的数据进行运算，从而得到扶贫瞄准绩效评价指标体系的客观权重。在对用两种方法得到的指标权重进行折中处理，从而得到各个指标的最终权重。

四、自组织分析法

扶贫瞄准系统是一个具备自组织运行条件的系统。本课题将扶贫瞄准系统作为一个自组织系统，分析该系统自组织运行的客观条件，找到该系统自组织运行的内在动力，并分析它演化的路径和方向。

五、文献法

课题组在期刊网、图书馆、互联网和统计年鉴上广泛搜集材料，获得了大量的相关文献，为本课题的进行奠定了良好的文献基础。这些文献包括贫困和扶贫的基本理论、精准扶贫的相关研究、扶贫瞄准的相关研究、绩效评价相关研究等。在文献的搜寻过程中，我们深感自身的不足，尽管我们想努力搜读尽可能全面的文献，但挂一漏万的事情肯定存在。

六、系统分析法

扶贫瞄准系统的内部组件非常多，组件之间的关系异常复杂。我们将该系统按照精准扶贫的内容维度、瞄准的横向维度和纵向维度对扶贫瞄准进行了组件解剖，运用系统分析法分析了每个组件与其他组件之间的因果关系、联动关系等，从而形成了对扶贫瞄准系统运行的全面认识，将运行的过程比较清晰地展示在读者的面前。

七、制度分析法

制度分析法主要是用制度需求和供给、制度成本和收益等范式分析制度产生、变迁的过程以及制度绩效的阻碍因素和动力等。扶贫瞄准绩效的本质是制度绩效。本项目将运用制度分析法，分析扶贫瞄准绩效的各种影响因素，并分析每个因素影响制度绩效的内在逻辑。

第四节　创新之处

一、理论创新

精准扶贫理论是习近平总书记提出的全新扶贫理论，是习近平新时代中国特色社会主义理论的重要内容。习总书记在提出这个理论的时候，站在战略高地对该理论的核心思想进行了高精度、高纯度的诠释。本项目研究的理论起点是习总书记的精准扶贫理论，在此基础上，我们为该理论体系不断诠释细致的内容，为该理论之树不断提供丰富的营养。具体的目标是，我们从“多维”的角度进一步诠释了该理论体系，认为精准扶贫过程的本质是多维瞄准过程。精准扶贫不但是对“对象”“产业”“项目”“资金”和“时序”等横向意义或维度上的多维瞄准，而且是对“识别”“帮扶”“管理”和“考核”纵向意义或维度上的多维瞄准。即，精准扶贫过程是横向意义上的多维瞄准和纵向意义上的多维瞄准的统一①。据此，我们认为，精准扶贫绩效最终体现为精准扶贫多维瞄准绩效。这是我们完成的理论创新之处，该理论创新弥补了精准扶贫理论的一点缺陷，丰富了理论体系的内容。

---

① 吴雄周．精准扶贫：基于“三权”视角的扶贫多维瞄准和多步瞄准融合研究［J］．农村经济与科技，2018（3）．

二、实践创新

习总书记精准扶贫思想需要放到实践中去不断检验。湘西是习总书记精准扶贫思想的实践发祥地。湘西地处武陵山连片特困区，精准扶贫思想在武陵山片区的实践，尤其是在湘西自治州的实践，已经引起了中国各级政府和社会各界的高度关注。从某种意义上说，精准扶贫理论的实践首先要看的就是在武陵山片区的实践，而武陵山片区精准扶贫实践首先要看的就是在湘西的实践。据此，本项目将研究的空间视野放置于整个武陵山片区，将目光聚焦在湘西自治州。深入武陵山片区的典型贫困村，尤其是湘西自治州的典型贫困村，进行细致的实地调查，考察精准扶贫政策实施的实践效果。具体过程是，首先构建扶贫瞄准绩效的指标体系，对各个指标进行赋权；然后进行实践调查，获得第一手和第二手的资料，对精准扶贫政策在武陵山片区的实施效果，尤其是在湘西自治州实施的效果进行评价；最后对我国脱贫攻坚与乡村振兴有效衔接过程中的多维瞄准进行了探讨。这些研究是我们对精准扶贫政策实践的考察，是该理论体系的实践创新。

第五节　研究思路和技术路线

一、研究思路

本项目的总体研究思路是：理论构建→实证分析→有效衔接思路。在理论构建中，我们从三个方面对精准扶贫理论进行了诠释。一是对精准扶贫进行了瞄准维度的诠释。认为精准扶贫的本质是扶贫多维瞄准，扶贫绩效体现为扶贫多维瞄准绩效。二是分析了扶贫瞄准系统运行的自组织机制。认为扶贫瞄准系统是一个自组织系统，分析了该系统运行的自组织条件、能力目标、协同动力和发展阶段等。三是构建了精准扶贫多维瞄准系统的演化博弈模型。在实证分析中，我们从四个方面对精准扶贫瞄准绩效进行了实证研究。一是建立了精准扶贫多维瞄准绩效的指标体系。认为精准扶贫瞄准绩效包括精准识别绩效、精准帮扶绩效、精准管理绩效和精准考核绩效，并对每个绩效从五个维度上设置了具体指标。二是考察了武陵山片区的贫困现状和精准扶贫政策的实践过程。三是对研究区域内的扶贫瞄准绩效进行了描述性统计分析和评价。四是分析了扶贫瞄准绩效的影响因素和影响机制。在“有效衔接”中，我们从瞄准重点、瞄准阻力和瞄准机制三个方面进行了相应的展开。一是在瞄准重点上，指出有效衔接期的瞄准重点领域在数字农业、农业经营主体、治理能力等方面。二是在瞄准阻力上，指出农户内生动力不足、弱势群体需求表达不顺畅等是影响有效衔接期瞄准绩效的主要阻力。三是瞄准机制上，指出应该构建农户动力催生机制、优化需求表达机制和强化土地流转机制。

总之，我们的思路解决了三个大的问题：“精准扶贫多维瞄准绩效的内涵和理论框架是什么？”“武陵山片区精准扶贫多维瞄准绩效的高低程度如何，影响因素何在？”和“脱贫攻坚与乡村振兴有效衔接期内多维瞄准的重点领域、阻力和机制是什么？”

上述思路如下图所示：

理论构建
演绎法
自组织分析法
演化分析法
演化博弈法
精准扶贫瞄准的维度诠释
精准扶贫瞄准的自组织机制
瞄准系统的演化博弈模型
研究子目标
搭建精准扶贫多维瞄准的理论平台
瞄准绩效指标体系
四个纵向维度瞄准
层次分析法
演绎法
精准识别绩效
精准识别绩效
精准识别绩效
精准识别绩效
每个纵向维度包括五个横向维度（如对象、产业等）的瞄准
研究子目标
实证分析
现实考察
调查法
文献法
武陵山片区的贫困考察
精准扶贫政策实施考察
绩效统计和评价
调查法
统计分析法
比较分析法
绩效描述性统计分析
调查对象个体和村域整体的绩效评价
影响因素和影响机理
计量分析法
制度分析法
影响因素
影响机理
武陵山片区扶贫瞄准绩效如何、影响因素何在？
研究子目标
重点
阻力
机制
瞄准重点、阻力和机制
数字农业
经营主体
基础设施
农村金融
治理能力
内生动力不足
多元需求表达不畅
土地撂荒严重
动力催生机制
需求表达机制
土地流转机制
找到脱贫攻坚和有效衔接的多维瞄准重点、阻力和机制
找到精准扶贫瞄准绩效的优化对策

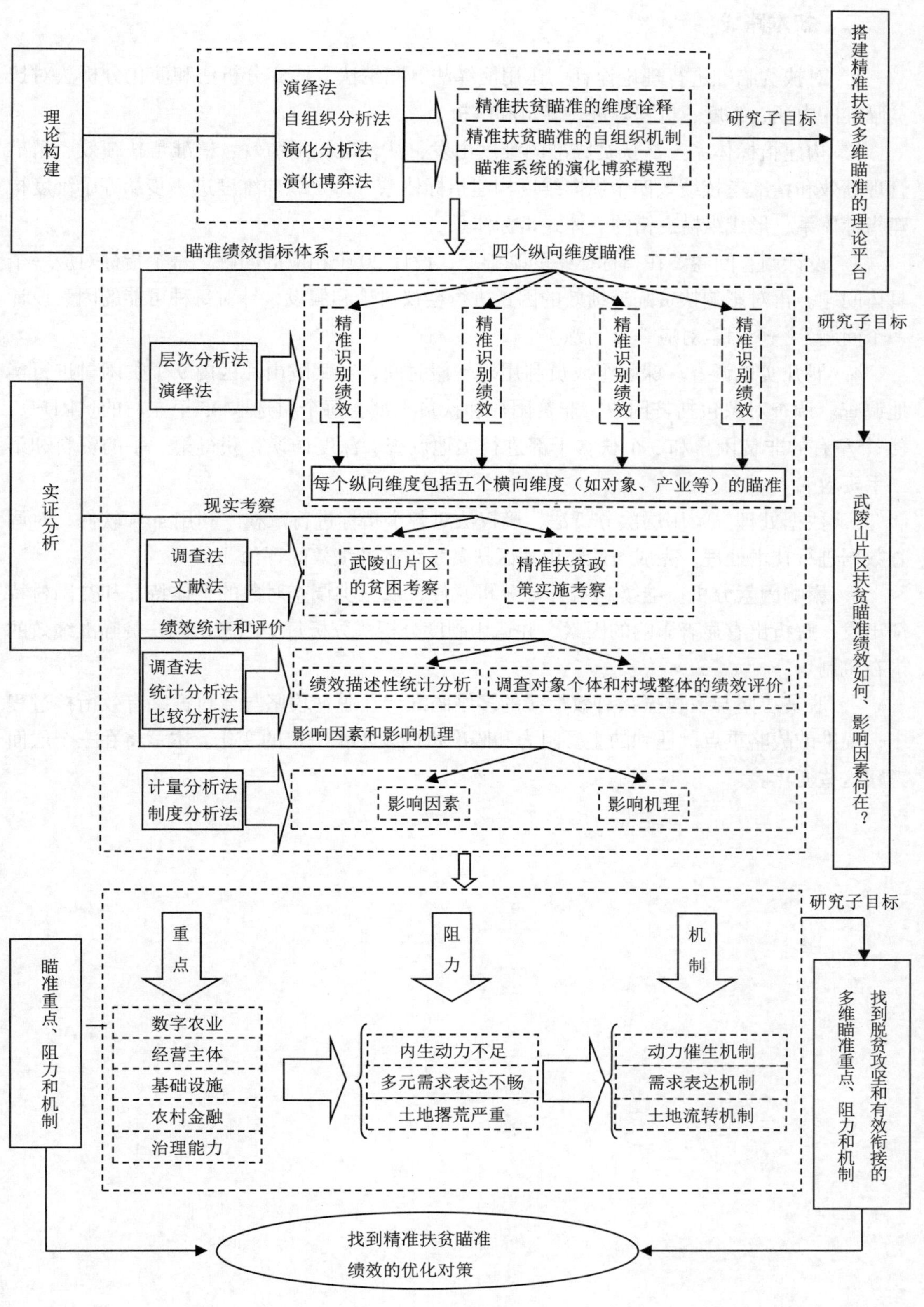

图 1.1　思路图

二、技术路线

1. 对扶贫瞄准进行理论诠释。运用演绎法、归纳法、博弈分析法和演化分析法对扶贫瞄准的内涵、维度、过程等进行界定和解析。

2. 构建指标体系。从扶贫瞄准的维度出发，从精准识别绩效、精准帮扶绩效、精准管理绩效和精准考核绩效四个纵向维度构建指标体系，每个纵向维度进一步从五个维度构建指标体系，形成纵横交错的立体式指标体系。

3. 设计调查问卷。在指标体系的基础上，设计 20 个相应的问题。每个指标对应一个具体问题。再对影响扶贫瞄准绩效的因素进行会议讨论和假设，针对每种可能的因素设计一个问题，一个因素对应一个问题。

4. 展开实地调查。课题组成员利用寒暑假时间，对武陵山片区内 9 个贫困村进行实地调查。调查对象包括贫困户、非贫困户和扶贫干部。每个村选取 45 个左右的贫困户、15 个左右的非贫困户和 3 个扶贫干部进行实地调查、深度访谈，获得第一手的资料和第二手资料。

5. 数据处理。运用层次分析法、熵权法对各个指标进行赋权。利用 spss 软件，对调查数据进行技术处理，完成对武陵山片区扶贫多维瞄准绩效的评价。

6. 影响因素分析。继续利用 spss 分析软件，从三类调查对象的个体特征和贫困村特征出发，解析出有显著影响的因素，并运用制度分析法分析每个因素影响扶贫瞄准绩效的内在机制。

7. 脱贫攻坚与乡村振兴有效衔接的多维瞄准。在脱贫攻坚与乡村振兴有效衔接过程中，瞄准的战略重点、遇到的主要阻力和瞄准机制发生了一定的变化。本章将在三个层面考察这些变化。

第二章　扶贫瞄准和精准扶贫的理论基础

第一节　贫　困

一、贫困的内涵

什么是贫困呢？对于贫困的内涵，吕书奇（2008）从四个方面进行了归纳①。

（一）机会说

该学说从机会因素层面界定了贫困的内涵②。自然、社会、经济和制度等因素剥夺了某些群体的发展机会，使其处于贫困之中。“当某些人、某些家庭或某些群体没有足够的资源去获取那个社会公认的，一般人能享受到的饮食、生活条件、舒适和参加某些活动的机会，就是贫困”③。贫困是指“人们由于缺乏获得基本的物质生活条件和参与基本的社会活动的机会而不能维持一种个人生理和社会文化可以接受的生活水准，以及由于缺乏必要的自然、经济和制度环境而不能提高生活水准的发展能力”④。由于缺乏发展的机会，许多人口虽然具有脱贫的能力，也会因为机会的缺失而处在贫困状态。“物质的、文化的和社会的机会缺失使贫困者被排除在所在国可以接受的最低限度的生活方式之外”⑤。许多边远农村的教育机会缺失是导致贫困的首要原因。

（二）生存说

该学说从贫困人口的物质生活水平、社会地位、文化水平等方面的状况定义贫困。主要代表性的表述有：舒尔茨认为，“贫困是作为某一特定社会中特定家庭的特定的一个复杂的社会经济状态”。“贫困是一种状况，是一种吃不饱、穿不暖、居无定所、没有工作、无力求学、没有知识的状况，是一种面临危险和紧急状况而孤立无援、毫无办法的状

① 吕书奇．中国农村扶贫政策及成效研究［D］．北京：中国农业科学院，2008.
② 孙菲．中国农村致贫原因及扶贫政策效应计量分析［D］．北京：首都经济贸易大学，2017.
③ 世界银行．1980年世界发展报告［M］．北京：中国财政经济出版社，1980.
④ 姜永华，高鸿宾．中国财政扶贫：中央财政扶贫［M］．北京：中国财政经济出版社，1998.
⑤ 欧共体委员．法定贫困线的制定和经济政策［M］．1993：98.

况”①。“贫困一般是指物质生活困难，即一个人或一个家庭的生活水平达不到一种社会可接受的最低标准。他们缺乏某些必要的生活资料和服务，生活处于困难境地”②。

（三）能力说

该学说主要从贫困人口或群体自身生存和发展能力方面的缺失来界定贫困的内涵。贫困不是简单地缺吃少穿、收入低下，而更多地表现为许多能力的缺失，是一种能力贫困。阿马蒂亚·森是能力贫困说的最主要代表人物。他从“基本可行能力”的角度理解贫困，认为“贫困不仅仅是收入低下，而是基本可行能力的剥夺”③。他进一步论述道，如果一个人拥有了这种能力，那么就拥有了发展和致富的机会。而机会的获得使他可能不会深陷贫困之中。相反，一旦没有这种能力，那机会就会在面前溜走，结果是导致自己限于贫困之中而难以自拔。《2001–2002 年世界银行发展报告：向贫困开战》中对能力说进一步说明：贫困是指福利被剥夺的状态。世界各国的贫困人口缺少受教育的机会、没有发展权、营养不良，身处福利被剥夺的状态，丧失了可行能力，结果出现了持久性的贫困。

（四）发展说

该学说从经济发展的角度界定贫困，贫困与经济发展密不可分。从某种程度上说，贫困的产生是必然的。因为经济发展的过程不可能是平衡的，有些地区、有些群体占用先天的资源优势和地域优势。不平衡发展必然出现某些地区和群体发展较快，走入富人阶层；另一些群体发展较慢，走入穷人阶层。富人和穷人是同时出现的，有穷必有富，有富必有穷。而且，随着经济发展的不断推进，以及资本累积效应的不断强化，富人在发展过程中会利用自身的政治资源优势获得更多的发展资源和发展机会，穷人由于缺乏积累，又没有坚实的政治资源，将在一段相当长的时期内将自身置于弱势群体中。其结果是，穷者越穷，富者越富，出现经济发展过程中的累积性因果循环现象。伴随经济发展而出现的贫困现象不但会由于政治资源的不平衡占有而产生和加剧，也会随着消费支出比例的变化而越演越烈。

二、贫困的种类

（一）绝对贫困和相对贫困

贫困最典型的划分是被划分成绝对贫困和相对贫困。绝对贫困又叫生存贫困，是指在一定的社会生产方式和生活方式下，个人和家庭不能依靠劳动所得和合法收入维持基本的生活④。绝对贫困主要是依据营养标准法，即以满足人体基本活动所需的最低营养水平作

---

① 欧共体委员 . 法定贫困线的制定和经济政策 .1993：98.

② 马丁·瑞沃林 . 贫困的比较［M］. 赵俊超，译 . 北京：北京大学出版社，2005.

③ 阿马蒂亚·森 . 以自由看待发展［M］. 北京：中国人民大学出版社，2002.

④ 陆凤兴 . 关于贫困的测算方法与指标体系探讨［J］. 统计与决策，2006（21）.

为划分的标准[①]。它是指缺少达到最低生活水准的能力，通常是以饥饿、严重的营养不良、文盲、破陋的衣着和住房等为特征。1901 年，英国经济学家 Seebohm Rowntree 从个体的角度提出的贫困概念就是绝对贫困。他从生存的需求出发，将维持最低生活必需品的消费支出转化为贫困线，由此开创性地提出了绝对贫困线的概念和标准[②]。世界银行以此为基础，建立了绝对贫困的生存标准和温饱标准。两类标准是根据 1985 年美元的购买力平价计算的。如果人们的日平均消费额低于 1 美元，则他正面临生存威胁，如果低于 2 美元，则温饱无法有保障。不管是生存标准还是温饱标准，都属于绝对贫困的状态。而且从动态的角度看，考虑到货币购买力的下降因素，绝对标准的贫困线是不断上升的，如我国的绝对贫困线（年收入线）的发展轨迹是：1985 年，206 元；2005 年，652 元；2007 年，785 元；2009 年，1196 元；2011 年，2300 元。

相对贫困是从相对生活水平的角度进行内涵界定，而不是从人的基本生存状态角度来界定内涵。相对贫困是指：在经济发展过程中，收入必将出现非均衡性。非均衡性来自于教育水平的差异、机会的不一致、区域的不同。当非均衡性达到一定的程度的时候，处于低收入的群体就进入到相对于高收入群体的贫困状态。当某个个体的收入低于平均收入水平到达某个比例时，他就处于一种贫困状态。这是一种相对贫困状态。该比例到底有多大呢？不同的国家或组织有不同的认定，经济合作与发展组织（OECD）认定的比例为 50%。1976 年，该组织对成员国进行了一次大规模调查，将一个国家或地区社会平均收入的一半作为相对贫困线[③]。相对贫困只是相对于高收入群体来讲的概念。显然，相对贫困是不可能消除的。原因何在？前面说过，导致收入差异的原因是永远不能消除的。既然如此，相对贫困就是永远无法消除的。相对贫困不是有没有的问题，而是有多大程度的问题。它是一个收入分配的概念，在一个基尼系数相当高的国家，相对贫困的面积非常大。相对贫困实际上和绝对贫困又有很大的相似性，即都是一种“剥夺”，只不过前者是一种“绝对的剥夺”，后者是一种“相对的剥夺”[④]。

（二）环境约束型、能力约束型和权利约束型贫困

黄承伟（2001）将贫困分为三种：环境约束型、能力约束型和权利约束型[⑤]。环境约束型贫困是指由地区发展受到恶劣环境的限制而出现的贫困。能力约束型贫困是指由贫困地区或个人的发展能力受到某种程度的约束而出现的贫困。权利约束型贫困是指由于体制问题的羁绊而导致贫困地区或个人的发展受到压制，从而出现的贫困状况[⑥]。

---

① 郑玉英．公平理论视角下我国农村最低生活保障制度研究［J］．现代妇女，2014（05）．

② 张全红，周强．多维贫困测量及述评［J］．经济与管理，2014（01）．

③ 张青．相对贫困标准及相对贫困人口比率［J］．统计与决策，2012（06）．

④ 李永友，沈坤荣．财政支出结构、相对贫困与经济增长［J］．管理世界，2007（11）．

⑤ 黄承伟．中国农村反贫困的实践与思考［M］．北京：中国财政经济出版社，2004.

⑥ 孙璐．扶贫项目绩效评估研究——基于精准扶贫的视角［D］．北京：中国农业大学，2015.

（三）一般贫困和深度贫困

一般贫困是指某类群体的生活处于恶性状态，没有足够的资源获得自我发展的能力或机会。但总体来说，贫困的程度并不深，不会产生强大的社会负面影响。深度贫困是相对于一般贫困而言的，是指自然条件、经济发展、社会文明、公共服务、民生水平等较差的区域，以及贫困缺口较大的居民的一种综合现象，它既是贫困的贫中之贫、困中之困，也是减贫的难中之难、坚中之坚①。从对象层面看，国家将 9 个类型的贫困性质界定为深度贫困：即，“三区”“三州”和“三类人”。“三区”是指：西藏、新疆南疆四地州和四省藏区；“三州”是指：甘肃的临夏州、四川的凉山州和云南的怒江州；“三类人”主要包括：一是因病致贫人群；二是因灾和市场行情变化返贫人员；三是贫困老人②。

三、贫困的度量

（一）贫困发生率

贫困发生率是指低于贫困线的人口占全部人口的比例。该方法首先由朗特里（Seebohm Rowntree）于 1901 年提出。其公式为：

$$H = q/n$$

其中，H 为贫困发生率，q 为贫困人口数，n 为全部人口数③。该比率的着力点在于测定人口比率，但并没有将贫困线以下人口的收入随时间而变化的特征考虑进来，也没有考虑到他们的收入分布情况④。

（二）贫困缺口和贫困缺口率

贫困缺口是贫困人口经济收入水平与贫困线之间的差距大小，可以进一步细分为总贫困缺口、平均贫困缺口和贫困缺口率三个二级指标。计算方法为：

1. 总贫困缺口（或称收入缺口）。贫困线与低于贫困线的每个人口的收入之差的总和。计算公式为：

$$\tilde{x} = \sum_{i=1}^{q}(z - y_i)$$

其中，q 表示贫困人口数，z 表示给定的贫困线，yi 表示第 i 个贫困人口的收入

---

① 郑长德．深度贫困民族地区提高脱贫质量的路径研究［J］．西南民族大学学报（人文社科版），2018（12）．

② 刘小珉．一个苗族深度贫困村的贫困成因及扶贫对策——基于非经济因素的视角［J］．黔南民族师范学院学报，2018（02）．

③ 李强．精准扶贫工作机制实践中的现实问题与发展路径［J］．贵州师范学院学报，2018（05）．

④ 吕书奇．中国农村扶贫政策及成效研究［D］．北京：中国农业科学院，2008.

（$yi < z$，$i=1$，2，…，q），$z-yi$ 表示贫困缺口，为贫困线与贫困人口收入之间的差距。总贫困缺口可通过所有个体贫困人口的贫困缺口加总而得出来①。

2. 平均贫困缺口（或称平均贫困差距率）。平均贫困缺口度量相对于贫困线而言，贫困人口的平均相对收入短缺②。计算公式为：

$$\overline{x}_p = \frac{\sum_{i=1}^{q}(z-yi)}{q} = \frac{\tilde{x}}{q}$$

3. 贫困缺口率。贫困缺口率是总贫困缺口除以贫困人口数与贫困线的乘积所得的比值。计算公式是：

$$I = \frac{\tilde{x}}{qz}$$

贫困缺口率是实际总贫困缺口与理论上最大总贫困缺口的比值③。

4. 森指数。1998 年诺贝尔经济学奖得主阿玛蒂亚・森发现，用预设的贫困线下的人口（H）作为贫困的共同标准缺乏明确的理论基础，因为这个方法并没有考虑到贫困的程度。该方法可能会导致这样一种结果出现：即使某区域中贫困人群的收入水平提升了很多，只要提升的量尚没有到达预先设定的 H 值，那该区域的贫困率仍然是不变的。据此，阿玛蒂亚・森提出应该将贫困人口的数量、收入及收入分布结合在一起，综合考虑，构建新的方法或指标衡量贫困情况。这个新的方法或指数即是森指数。它包含两种形式：森提出的 Sen 贫困指数（简称 S 指数）和后人提出的改进的 S 指数（简称 SST 指数）④。S 指数的缺陷是不满足强转移性、连续性和复制不变性，于是学者们提出了 SST 指数。SST 指数可分解为贫困率、平均贫困差距率和总人口贫困差距率⑤。

5. 人类发展指数（HDI）。1990 年，联合国开发计划署（UNDP）创立了人类发展指数（HDI），即以出生时的预期寿命、预期受教育年限（包括成人识字率）以及购买力平价折算的实际人均国内生产总值得出的综合指标，并在当年的《人类发展报告》中发布。1990 年以来，人类发展指数（HDI）已在指导发展中国家制定相应发展战略方面发挥了极其重要的作用。之后，联合国开发计划署每年都发布世界各国的人类发展指数（HDI），并在《人类发展报告》中使用它来衡量各个国家人类发展水平⑥。HDI 指标涵盖了 GDP 的内容，而又不唯 GDP，超越了 GDP 标准的单一性，是社会经济总体发展水平与状态的综

---

① 陆凤兴 . 关于贫困的测算方法与指标体系探讨［J］. 统计与决策，2006（21）.

② 陆凤兴 . 关于贫困的测算方法与指标体系探讨［J］. 统计与决策，2006（21）.

③ 陆凤兴 . 关于贫困的测算方法与指标体系探讨［J］. 统计与决策，2006（21）.

④ 阿玛蒂亚・森的贫困指数［EB］. 亿维网 http://www.yeewe.com.

⑤ 陆凤兴 . 关于贫困的测算方法与指标体系探讨［J］. 统计与决策，2006（21）.

⑥ 银辉 . 全球化时代下国际贸易的国民幸福效应［M］. 北京：经济科学出版社，2019.

合性指数指标[①]

分别以 *LEI*、*EI*、*LI* 表示预期寿命、教育水准和生活质量的综合平均值，则具体的计算公式为：

$$HDI=\sqrt[3]{LEI\times EI\times LI}$$

HDI 值越大，表明贫困程度较小，整体状况越好。*LEI*、*EI*、*LI* 这三个指数值都是根据设定的最大值、最小值和实际的最大值算出来的。

HDI 既有优点，也有缺点。优点是：①操作性强。人类发展指数用较易获得的数据计算，计算较容易，操作性强。②适应性强。人类发展指数适用于具有性别、地域、民族等差异的群体。缺点是：①有一定的片面性。人类发展指数只选择预期寿命、成人识字率和实际人均 GDP 三个指标来评价一国的发展水平，无法全面反映一国人类发展水平[②]。②有一定的动态性。*HDI* 值的大小易受极大值和极小值的影响。当理想值或最小值发生变化时，即使一国的三个指标值不变，其 *HDI* 值也可能发生变化[③]。

6．多维贫困指数（MPI）。贫困的表现形式各不相同，致贫的成因千差万别。“资源短缺固然是导致贫困的重要原因，但绝不是唯一原因”，个人能力、人口数量、区位特点、经济结构、文化乃至制度等因素都已进入了贫困研究者的视野[④]。

贫困是人的可行能力在多个维度被剥夺的现象[⑤]。Sen（2001）以人的正常基本可行能力获得保障为基础，提出了以能力方法为标准定义贫困的多维贫困理论[⑥]。以此理论为基础，Alkire and Foster（2007，2011）提出了多维贫困指数[⑦]。多维贫困指数是反映多维贫困人数（陷入多维贫困的人所占比重）以及每一个多维贫困家庭所遭受的剥夺的平均数量（贫困程度），它标记个人或家庭层面在健康、收入、卫生、教育和生活水平等多个维度上福利的失去[⑧]。联合国开发计划署在《2010 年人类发展报告》中，采用了健康、教育和生活标准共 3 个维度的 10 个指标测算了全球 100 多个发展中国家多维贫困指数（MPI）[⑨]。具体的维度贫困线临界值视研究现状和数据可获得性而定。MPI 指数的构造包括如下几项关键工作：①贫困识别。MPI 的构建首先要确立每个维度贫困剥夺的临界值来识别贫困。

① 孙冀．从人类发展指数到地区发展水平指数的测算机理及应用——以辽宁省 14 市为例［J］．社会科学辑刊，2018（03）．

② 张祖群．从恩格尔系数到旅游恩格尔系数：述评与应用［J］．中国软科学，2011（S2）．

③ 岳利萍，何爱平．发展视阈下生态文明的经济学界定及其度量［J］．福建论坛（人文社会科学版），2014（03）．

④ 刘维忠．新阶段新疆农村扶贫开发模式与对策研究［D］．乌鲁木齐：新疆农业大学，2010．

⑤ AMARTYA SEN. Development as Freedom［M］. Oxford：Oxford University Press，1999.

⑥ 阿马蒂亚·森．贫困与饥荒—— 论权利与剥夺［M］．王宇，王文玉，译．北京：商务印书馆，2001.

⑦ UNDP. Human Development Report and UNDP（2011）：Human Development Report［R］. 2010.

⑧ 高艳云．中国城乡多维贫困的测度及比较［J］．统计研究，2012（11）．

⑨ 叶拯，朱玉春．秦巴山区农户多维贫困测度与影响因素研究［J］．北方园艺，2018（11）．

②多个维度（k）被剥夺的识别。多维贫困主要是在同时考虑多个维度的情况下，该个体是否存在剥夺[①]。③贫困加总。识别了k个维度的剥夺之后，就要进行维度加总，得到多维指数。④贫困分解。可以按照地区、时间、维度等不同的标准或组别对多维贫困指数进行贫困分解，在贫困分解的基础上，算出分组元素对贫困的贡献率[②]。

第二节 扶贫瞄准的内涵、要素、要求和维度

一、扶贫瞄准的内涵

什么是“瞄准”？在《现代汉语词典》里，瞄准是指“射击时注视目标，以期命中”。从其内涵可以看出，瞄准是一个集主体、媒介、对象、动作、环境和目标于一体的完整过程，是由一系列要素结合而成的系统。该系统的每个要素都紧密联系，最终完成某种特定的功能。扶贫瞄准是扶贫机构将一定数量的扶贫资金和资源，以一种特定的方式投放给贫困对象，对资金的运用情况进行监管，营造良好的扶贫外界环境，使贫困对象及时脱贫的一系列过程的总称[③]。

二、扶贫瞄准的要素

瞄准应该包括瞄准的主体、媒介、对象、动作、目标和环境共六个基本要素。每个要素缺一不可，各司其职，相互协同，实现功能。相应地，扶贫瞄准的基本要素有：扶贫的主体、媒介、对象、动作、环境和目标。每个要素都有特定的内涵和特征。①瞄准的主体。瞄准的主体是实现瞄准的行为人，任何瞄准都必须借助行为人才能完成，即使是自动瞄准，也是行为人设计了某种机制，令瞄准能够自动完成。其典型特征是能动性、主观性。扶贫瞄准的主体主要是指国家机构，如扶贫办。目前的整体情况是，我国的扶贫工作主要由国务院扶贫办推动，扶贫办是扶贫工程的核心瞄准主体。②瞄准的媒介。瞄准的媒介是指瞄准的物质和技术手段。巧妇难为无米之炊，没有良好的物质技术手段，瞄准的主体也不能有效实施瞄准动作。其典型特征是物质性。扶贫瞄准的媒介具体体现为扶贫资金和资源，丰富的扶贫资金和资源是保障扶贫工作顺利推进的物质前提和资源基础。③瞄准的对象。瞄准的对象是行为人要瞄准的客体，任何瞄准都应该是具体的，有明确的标的，否则，是无的放矢。其典型特征是具体性、指向性。扶贫瞄准的对象是贫困县、贫困村和贫困户等。它们是整个扶贫工程的工作对象。④瞄准的动作。瞄准的动作是指行为人运用瞄准的工具，对准对象，实施具体的瞄准行为。其典型特征是技巧性。扶贫瞄准的动作是将扶贫资源和资金向贫困对象实施投放的具体操作及其技术要领。如果这些资源与资金能

---

① 王素霞，王小林．中国多维贫困测量［J］．中国农业大学学报（社会科学版），2013（02）．

② 高艳云．中国城乡多维贫困的测度及比较［J］．统计研究，2012（11）．

③ 许源源．中国农村扶贫瞄准问题研究［D］．广州：中山大学，2006．

够及时有效地到达目标领域和空间，则瞄准动作有效，我们称其为有效投放。⑤瞄准的环境。瞄准的环境是指影响整个瞄准过程和环节的具体外界因素。良好的环境是保障行为者有条不紊地瞄准具体对象，实现瞄准具体目标的必要条件，其典型特征是干扰性。扶贫瞄准的环境主要体现为影响整个扶贫过程的外部条件，主要包括扶贫政策的有效性、扶贫主体的廉洁性、贫困文化的认同感等。⑥瞄准的目标。瞄准的目标是行为者实施的一系列动作所预期达到的状态。“以期命中”是瞄准的目标，其典型特征是目的性。扶贫瞄准的核心目标是让贫困对象及早脱贫，实现共同富裕①。

三、扶贫瞄准的要求

许源源（2006）在我国农村贫困的表现和特征的基础上，对扶贫瞄准提出了全面性、差异性和时序性要求②。课题组在许源源的基础上，概括了扶贫瞄准的六个要求。

（一）扶贫瞄准的全面性要求

我国当前贫困人口的分布是小集中、大分散，呈现“插花式”的状态。政府在开展扶贫活动、实施扶贫攻坚时，不能有所偏重，不能顾此失彼，应该全面顾及所有贫困地区及贫困人口的实际生存状态。瞄准的全面性要求扶贫应该对准所有的贫困人口。这意味着，无论是数量占 50% 的西部地区贫困人口，还是占 14.3% 的东部地区贫困人口，也无论是少数民族贫困人口，还是汉族贫困人口，更无论是处于发达地区的贫困人口，还是处于落后地区的贫困人口，都一视同仁地享有脱贫的权利和机会③。全面性的扶贫瞄准除了要求瞄准尽可能多的贫困对象和贫困区域外，还要求尽量瞄准扶贫对象的各项短板领域④。贫困地区的贫困不只是经济贫困，还包括政治贫困、社会贫困、教育贫困等，是一种典型的多维贫困。据此，扶贫瞄准在实施过程中，必须将贫困的多维性考虑进来。只有实施了多维贫困的瞄准，扶贫瞄准才可能实现全面性瞄准，才能真正取得高绩效。

（二）扶贫瞄准的系统性要求

扶贫瞄准是一个由扶贫主体、客体、资源、项目、信息、政策和手段等要素组成的开放系统，是典型的耗散结构。作为开放系统和耗散结构，扶贫瞄准在展开的过程中，必将发生系统内外的能量转换，必将发生系统内部的要素反馈作用。以项目的瞄准为例，对贫困村的扶贫项目既牵涉到扶贫机构（主体）、扶贫区域（客体）和企业以及该贫困村周边地区之间的能量转换，也牵涉到项目实施中贫困户对该项目的响应、支持和评价。响应、支持和评价是系统内部要求的全面反馈。这就说明，要取得良好的扶贫多维瞄准绩效，必

---

① 许源源. 中国农村扶贫瞄准问题研究［D］. 广州：中山大学，2006.

② 许源源. 中国农村扶贫瞄准问题研究［D］. 广州：中山大学，2006.

③ 郑长德. 深度贫困民族地区提高脱贫质量的路径研究［J］. 西南民族大学学报（人文社科版），2018（12）.

④ 许源源. 中国农村扶贫瞄准问题研究［D］. 广州：中山大学，2006.

须以系统理念对整个扶贫过程做整体性设计，注重扶贫瞄准系统内外要素之间的互动，注重扶贫对象对扶贫政策实施的反馈。只有这样，才能让扶贫瞄准系统发挥整体性功能，发挥扶贫瞄准的扶贫功能。

（三）扶贫瞄准的导向性要求

扶贫瞄准的导向性是指，每一个扶贫政策的制定、每一笔扶贫资金的投入和每一个帮扶手段的运用都应该以培养贫困村和贫困户的自我发展能力为导向。如果离开了这个导向，则扶贫瞄准一定会偏离目的轨道，最终背道而驰。扶勤不扶懒，为什么？原因在于，扶懒的实质在于一步步削弱贫困村和贫困户的自我发展能力。在扶贫的实践过程中，很多贫困户“等”“靠”“要”的思想严重。扶贫干部们对扶贫瞄准的导向性要么认识不够，要么贯彻不力。他们给贫困户送去各类生活物质，让他们暂时衣食无忧。但扶贫的春风一过，他们立刻陷入到返贫的泥潭之中，难以自拔。所以，必须抛弃忽视自我能力导向的扶贫政策，一切的瞄准手段都必须植根于自我发展能力培养的导向上。

（四）扶贫瞄准的差异性要求

每个贫困地区和贫困人口的贫困表现、致贫原因和贫困程度各不相同。就致贫原因来说，有自然资源缺乏致贫的、有环境恶劣致贫的、有教育水平低下致贫的，如此等等，不一而足。贫困在各个维度上存在差异是普遍情况。这种差异性要求扶贫瞄准必须根据具体地区、具体贫困人口、具体致贫原因和具体贫困程度采取有针对性的脱贫措施，有的放矢。具体问题具体分析，是一切扶贫工作的指导思想。在制定和实施扶贫政策时，政府必须准确地了解和分析贫困的具体特征，在此基础上，再实施有针对性的瞄准，即要有良好的贫困识别能力。实际上，只有针对了贫困的具体特征的瞄准才能称得上真正意义上的扶贫瞄准。在扶贫领域，所有的扶贫资金和资源都必须瞄准贫困人口及其需要①。在这里，差异性体现为，我们应该将扶贫资金和资源瞄准在不同地区和人口的实际需求上。贫困户最缺什么、最需要什么，政府就应该给予什么。扶贫瞄准的差异性集中体现在精准帮扶手段的差异性上。差异性要求政府和扶贫干部必须针对贫困户的不同需求采取有针对性的帮扶手段。比如，对于那些有劳动能力但没有资金的贫困户来说，政府应该给予投资支持；对于教育致贫的贫困户来说，必须给予教育经费和就学条件的支持。差异性要求是扶贫瞄准的本质要求。

（五）扶贫瞄准的动态性要求

扶贫瞄准的动态性是指，在扶贫瞄准过程中，扶贫对象的贫困状态、扶贫环境和技术水平等都是动态变化的，扶贫瞄准的目标和手段等必须随之发生改变。以精准扶贫中的精准识别为例，贫困对象的状态在不断改变，旧的贫困户已经脱贫了，新的贫困户可能会产生。在瞄准的过程中，必须将这个动态因素考虑进来。扶贫的环境，如政治环境、社会环

---

① 许源源．中国农村扶贫瞄准问题研究［D］．广州：中山大学，2006.

境也是变化的，这就要求在精准扶贫过程中考虑到这些环境的影响，将这些变量纳入到扶贫瞄准的决策体系中。例如，一些贫困村中出现一种这样的情况，贫困户为了骗取国家的补贴款项，虚构养殖规模。在这样的环境下，补贴政策的实施必须进行有针对性的调整。

（六）扶贫瞄准的连续性要求

扶贫瞄准的连续性是指，扶贫瞄准过程应该是一个环环相扣的过程，必须打一套组合拳，不可能一蹴而就，更不可能一步到位。扶贫瞄准不能在对象瞄准的基础上止步不前。如果没有集体的一系列措施的跟进，则扶贫工作会出现典型的“烂尾”扶贫现象。尽管国家将瞄准的对象精确到了贫困村，有时候甚至精准到了具体的贫困户，如农村低保制度，但一个普遍的问题是：并没有采取有效的措施将扶贫政策进行执行层面的跟进。扶贫瞄准过程在对象瞄准处产生“断点”，连续性被切断。不但对象瞄准处可以产生“断点”，任何地方都隐含潜在的“断点”。任何一个潜在的“断点”变成现实的“断点”，都可以让整个扶贫工作无功而返。后果是，扶贫资金的监管失范，扶贫项目不是胎死腹中，就是面目全非。所以，在扶贫瞄准过程中，必须采取一切的措施，保证扶贫瞄准的连续性。

四、扶贫瞄准的维度

维度是指一种视角，而不是一个固定的数字，是一个判断、说明、评价和确定事物的多方位、多角度、多层次、多步骤的概念。扶贫瞄准的维度主要是指瞄准的角度、方位或步骤。

（一）方向维度：纵向瞄准和横向瞄准

根据线索的不同，扶贫瞄准可以分为纵向瞄准和横向瞄准。所谓纵向瞄准是指按照瞄准过程环节的先后顺序进行的瞄准。所谓横向瞄准是指每个环节又包括多个方面的特定内容，每个内容都是该环节的一个横截面，都需要进行准确的瞄准[①]。否则，只要某个横截面没有瞄准，则该环节就会出现问题，从而整个瞄准过程会出现问题。千里之堤，溃于蚁穴。任何一个横截面都可能会成为毁灭千里之堤的蚁穴。

（二）力点维度：单维瞄准和多维瞄准

我们还可以对瞄准做出另外一层意义上的划分，那就是根据维度的数量多少，将扶贫瞄准划分为单维瞄准和多维瞄准。单维瞄准是指瞄准的力点只有一个。例如，在扶贫纵向瞄准中，我们只强调对某个对象的瞄准，而忽视对主体、媒介、环境等其他环节的瞄准，这就是纵向瞄准中的单维瞄准。再以横向瞄准的对象瞄准为例，贫困“对象”应该包括“谁是贫困者、有多贫困、如何分布”等具体内容，而单维瞄准只瞄准了“谁是贫困者”。我国以前实施的粗放扶贫模式都是在单维瞄准的理念下运行的。多维瞄准是既强调

① 吴雄周，丁建军．精准扶贫：单维瞄准向多维瞄准的嬗变——兼析湘西州十八洞村扶贫调查［J］．湖南社会科学，2015（06）．

纵向意义上的多环节瞄准，也强调横向意义上的多侧面瞄准。两者构成一张纵横交错的“瞄准之网”[①]。多维瞄准的精度肯定高于单维瞄准，对某个对象进行多环节和多层面的瞄准，能够扩大瞄准的靶点，能够通过环节之间的反馈和侧面之间的位置对比而提高瞄准精度。单维瞄准无法做到这一点，因为它没有考虑到靶点之间的纵向反馈和横向对比，没有参照物，无法自我提升，所以，瞄准精度明显要低。

无论区域瞄准还是人口瞄准都是单维度瞄准。尽管两者都存在自身的优点，但都存在一个共同的缺点，即两者都不能多维度地反映扶贫瞄准的全面情况。要全面反映扶贫瞄准的情况，真正提升扶贫瞄准精度，需要从单维瞄准向多维瞄准转变[②]。

多维瞄准是从扶贫瞄准的主体、对象、时间、领域等出发的多角度瞄准。据此，多维瞄准至少可以包括区域瞄准、人口瞄准、项目瞄准和时间瞄准等维度。

项目瞄准主要是指，扶贫的项目应该能够明显改善扶贫区域或扶贫对象的贫困状态，能够具有较强的辐射作用和溢出效应。项目都是有一定产业的项目，如果它对本地区的产业发展、对居民收入水平有明显的促进作用，那么它的瞄准精度就高。某些地方的扶贫项目都是本地区经济发展所不需要的，扶贫资金的使用效率自然很差，这类扶贫资金的瞄准精度很低。一般来说，贫困地区都有一个明显的特征，即基础设施发育程度不高。那些投放在基础领域的扶贫资金的瞄准精度相对要高于投放于其他产业或领域的精度。除了投放于基础领域的扶贫基金之外，投放于贫困地区具有较大辐射效应的扶贫资金也有较高的瞄准精度。

时间瞄准主要是从扶贫资金的纵向层面来考察的瞄准。任何一个扶贫项目，任何一笔扶贫资金，只有在适当的时期或时间点完成或到达，才具有实践价值。时间的维度非常重要，如果扶贫项目或资金超过了应有的时间跨度，由于扶贫环境产生了变化，这种原本可以产生良好示范效应或辐射效应的扶贫项目或资金也因时过境迁而并没有发挥应有的扶贫功能，该项目或资金的扶贫瞄准效果必将大打折扣。比如，一个原本两年可以完成的扶贫项目，一笔原本半年应该到达的扶贫资金，在实施和运行的过程中，由于各种人为或非人为的原因，最终到五年之后才勉强完成或到了两年之后才陆续到达，其实施效果不言而喻。时间尤其重要，有时甚至是第一位的。扶贫瞄准的时间维度一贯为扶贫学术界所忽视，这是一个理论盲区。

总之，在扶贫瞄准的维度层面，无论是理论界还是实践界，都应该放大视野，将单维瞄准向多维瞄准演化。只有这样，扶贫瞄准才能真正有效地完成。

---

① 吴雄周，丁建军．精准扶贫：单维瞄准向多维瞄准的嬗变——兼析湘西州十八洞村扶贫调查［J］．湖南社会科学，2015（06）．

② 吴雄周，丁建军．精准扶贫：单维瞄准向多维瞄准的嬗变——兼析湘西州十八洞村扶贫调查［J］．湖南社会科学，2015（06）．

第三节 精准扶贫提出的背景和依据

一、精准扶贫提出的背景

2013 年，习总书记在武陵山片区湘西自治州十八洞村考察扶贫情况时，提出了精准扶贫战略思想。他指出："扶贫要实事求是，因地制宜；要精准扶贫，切忌喊口号，也不要定好高骛远的目标。"①"精准扶贫"是新时期新的贫困治理模式，它要求对不同类型的贫困地区、贫困人口进行有针对性的识别与帮扶，公共财政的精准投入、精准使用和精准管理是这一新型贫困治理模式的基础②。自从习总书记提出精准扶贫战略后，各级政府认真贯彻执行，如火如荼地进行推广。作为新时代下的伟大战略，作为习近平新时代中国特色社会主义思想的重要内容，精准扶贫是在什么样的理论背景和现实背景下提出的？

（一）精准扶贫提出的理论背景

长期以来，我国在扶贫领域的思维都没有离开粗放式扶贫。粗放式扶贫理论的核心内容没有对贫困户进行精准的识别，采取所谓的贫困县和贫困村认定方式。该理论没有将扶贫政策的实施过程考虑进去。殊不知，扶贫政策在实施过程中需要依托健全的扶贫制度和组织结构。在扶贫制度尚不完善以及扶贫组织结构不健全的条件下，扶贫政策的实施过程会偏离中央的政策要求，产生执行偏离。实践表明，即使将扶贫的瞄准对象细化到贫困村，扶贫的实施效果也很差。这种局面告诉我们，需要一种新的扶贫理念去彻底地否定粗放式扶贫理论的设计理念，而这个理论就是习总书记提出的精准扶贫理论。

这个理论是对传统的粗放式扶贫理论的重大提升。它的基本思路是：必须从贫困户识别的第一步做起，做好对象的精准识别，然后采取精准帮扶措施，对症下药，再对整个过程进行精细化的管理，并对结果进行精准考核。显然，整个设计理念突出的一个关键词是"精准"。该思路是对粗放式扶贫理论的重大改造。粗放式扶贫模式并没有强调对扶贫政策具体实施过程的跟踪，并没有具体的操作要领让政策的执行者去遵循。

（二）精准扶贫提出的现实背景

1. 单维瞄准在贫困对象瞄准上产生了严重的偏离现象

在粗放扶贫实践中，无论是区域瞄准还是人口瞄准，本质上都是单维瞄准，都产生了较大的瞄准偏离度。即使能够准确识别贫困县，如果贫困人口在县内分布分散，贫困县瞄准对贫困对象的覆盖率也会较低③。2000 年，生活在贫困县的绝对贫困人口在全国总贫

---

① 陈驰．习近平精准扶贫思想及其在毕节试验区的实践研究［D］．重庆：西南大学，2016.

② 武靖州．公共财政支持精准扶贫的机制优化研究［J］．理论月刊，2018（01）.

③ 吴雄周，丁建军．精准扶贫：单维瞄准向多维瞄准的嬗变——兼析湘西州十八洞村扶贫调查［J］．湖南社会科学，2015（06）.

困人口中只占54.3%（国家统计局农调队，2001）。贫困村制度的瞄准精度也不容乐观。汪三贵（2007）的研究表明，2001到2004年被确定的贫困村的瞄准数量缺口和瞄准收入缺口都较大。2001年瞄准数量总缺口占22%到23%，有大约67%的村在精确瞄准的状态下，本应被确定为贫困村，但结果并非如此①。导致对象瞄准偏离现象的原因在哪里？在于单维瞄准。由于采取的是横向单维瞄准，所以政府扶贫机构将精力放在对象瞄准层面，而忽视了对其他方面的瞄准。这导致了其他领域瞄准偏离对对象瞄准的反馈，从而弱化了扶贫机构对对象瞄准的进一步审视。纵向单维瞄准给对象瞄准偏离也产生了同样的后果。纵向单维瞄准令扶贫机构的视野停留在对象瞄准的层面上，忽视了对资金、项目等的管理和考核工作，从而弱化了对对象的全过程跟踪。总之，单维瞄准的结果必将是对象瞄准的偏离。

2. 单维瞄准在扶贫资金的使用上出现了严重的漏出现象

由于横向单维瞄准和纵向单维瞄准都强调对贫困对象的瞄准，所以，扶贫资金的使用就进入到单维瞄准的盲区②。虽然刘冬梅（2001）、陈卫洪（2013）的研究表明③，扶贫资金的减贫效果要比非扶贫基金好，且在不同领域的使用效果有差异，但总的来说，扶贫资金的效果并不显著，扶贫资金的漏出问题尤为突出。张宝民（1997年）的调查表明，大约有40%的扶贫资金没有用于扶贫；汪三贵（1997）认为，我国国内的扶贫资金将近1/3的总扶贫资金没有置到贫困户的生产与交换环节中④。2004年1月至10月，国家审计署在592个国家级贫困县中查出了5.78亿元扶贫款"灰洞"⑤。为什么会出现这样的现象？重要的原因之一就是我们采取的扶贫瞄准方式是单维瞄准。从横向单维瞄准的角度看，我们不能说国家的相关机构没有对扶贫资金采取任何的监管举措，只是没有对扶贫资金进行有效的监管。在精英捕获权的驱使下，扶贫资金非常容易产生瞄准的偏离。从纵向单维瞄准的角度看，我们同样不能说，国家对扶贫资金放任自流，只是说，由于缺乏对扶贫资金使用数量、时间、领域等方面的全面跟踪，扶贫资金在各环节上产生了一节节的截留。精英捕获权同样非常容易在纵向单维瞄准的大环境、大制度下寻求到自己的猎物。扶贫资金瞄准偏离在单维瞄准下似乎具有更大的必然性。

① 汪三贵，Albert Park， Shubham Chaudhuri，等．中国新时期农村扶贫与村级贫困瞄准［J］．管理世界，2007（01）．

② 吴雄周，丁建军．精准扶贫：单维瞄准向多维瞄准的嬗变——兼析湘西州十八洞村扶贫调查［J］．湖南社会科学，2015（06）．

③ 陈卫洪，谢晓英．扶贫资金投入对农户家庭收入的影响分析——基于贵州省1990—2010年扶贫数据的实证检验［J］．农业技术经济，2013（04）．

④ 汪三贵，Albert Park，Shubham Chaudhuri，等．中国新时期农村扶贫与村级贫困瞄准［J］．管理世界，2007（01）．

⑤ 葛志军，刑成举．精准扶贫：内涵、实践困境及其原因阐释——基于宁夏银川两个村庄的调查［J］．贵州社会科学 2015（05）．

3. *单维瞄准在扶贫管理中出现了严重的混乱现象*

在单维瞄准的贯彻过程中，虽然也触及到扶贫管理问题，但并没有将它致力于与对象瞄准同等重要的地位。其后果就是，在扶贫管理中出现严重的混乱现象。表现在以下三个方面，一是主体缺位。管理的主体是扶贫办等政府机构，但由于对它的约束力不够，管理主体并没有有效履行职责。二是目标模糊。扶贫管理的目标本身是多维的，包括贫困发生率下降、人均收入的上升等，每个贫困区域都应该制定明确的具体减贫目标。但事实并非如此，大多数贫困区域的减贫目标模糊不清。三是模式落后。人情化和静态化管理在实践中遍地开花。凭人情关系获得扶贫资金和项目，资金、项目的进度和效果等信息没有进行及时的反馈①。为什么会出现这些问题？道理同样来自于单维瞄准。主体之所以缺位，是因为单维瞄准的理念并没有赋予扶贫主体太强烈的职责。单维瞄准没有将理念的触角深入到管理的深处，只是在管理的表面，主体的缺位势在必然。目标之所以模糊，是因为单维瞄准作茧自缚，没有将目光投放到全过程中去，投放到全领域中去。因为瞄准是横向单维的，所以无需多层次目标作为支撑；因为瞄准是纵向单向的，所以无需全过程的目标作为基础。模式之所以落后，是因为单维瞄准为人情化管理铺上了土壤，为静态化管理埋下了劣根。横向单维瞄准和纵向单维瞄准的共同特点是忽视管理的重大价值，没有为有效管理提出严厉的要求，至少严厉性不足以抵制劣性文化和行为对整个扶贫瞄准过程的一系列侵占。在人情化盛行的中国农村文化背景下，人情化管理模式在相当长的时期内占领了扶贫瞄准管理模式的高地。这种局面非常容易导致静态化管理出现，因为，扶贫瞄准中的人情化管理模式在很大程度上使得动态化的管理成为可有可无之物。以贫困户建档立卡制度为例，在人情化的管理模式下，谁成为贫困户具有太大的随意性，似乎根本就不需要构建严谨的动态信息库。

4. *单维瞄准在扶贫考核中出现了严重的缺失现象*

粗放式扶贫下，单维瞄准并没有赋予扶贫效果考核以充分的政治价值和经济价值②。扶贫效果考核的政治价值体现在国家可以形成对全国贫困状态的全面认识和把握，从而对我国所处的历史发展时代和阶段做出正确的评定。单维瞄准并没有赋予扶贫瞄准过程充分的政治价值。因为，两者并没有将扶贫效果考核作为扶贫瞄准过程的重要环节，由此出现的后果就是，政府高层无法真正把握扶贫的整体效果，从而做出一系列的修正措施。政府的政治价值无法从考核程序上得以有效实现。除了让政治价值缺失之外，单维瞄准还侵蚀了扶贫瞄准过程的经济价值。这种经济价值主要还是体现为政府主体意义上的经济价值。国家一直致力于扶贫瞄准的实践，每年把大量的扶贫资金和各种资源投放到扶贫实践中去。这些资源和资金有没有给政府带来充足的经济价值？有没有发挥资金和资源的效率？

① 吴雄周，丁建军.精准扶贫：单维瞄准向多维瞄准的嬗变——兼析湘西州十八洞村扶贫调查［J］.湖南社会科学，2015（06）.

② 吴雄周，丁建军.精准扶贫：单维瞄准向多维瞄准的嬗变——兼析湘西州十八洞村扶贫调查［J］.湖南社会科学，2015（06）.

有没有带动贫困户的就业？有没有提升他们的收入水平？这些问题在单维瞄准的制度框架下似乎都是一笔糊涂账，政府没有精力去算，因而也没有采取有效的考核手段去考核。但一个又一个的事实似乎在不断地提醒政府的高层：我们投出去的扶贫资源和资金的效率情况似乎都不太理想。截留资金、拖延项目、虚报难情等现象络绎不绝，究其原因，一个重要的方面是没有形成科学的考核体系。到目前为止，全国贫困县尚未形成兼统一性与灵活性为一体的考核评价指标体系。在考核的依据上，由于指标体系尚未确立，考核的依据自然也处在粗略的、表面的意义上[①]。至于考核的程序，公平性是考核的灵魂。没有对整个扶贫工作的考核，就不能对扶贫主体形成强有力的约束力，就缺乏使被考核者开拓进取的动力。从经济价值的角度看，必须实施新的扶贫战略。

二、精准扶贫提出的依据

精准扶贫的依据是指，精准扶贫在何种意义上是一种科学的理论，在何种意义上是一种可行的实践模式？前者是它的理论依据，后者是它的实践依据。简言之，有何根据说精准扶贫的理论是正确的，精准扶贫的实践是可行的？

（一）精准扶贫理论的科学性依据

精准扶贫的科学性是通过内涵的丰富性、系统性、动态性等特征体现出来的。从丰富性层面讲，精准扶贫包含了精准识别、精准帮扶、精准管理和精准考核四个方面的内容，每个内容都包含若干具体的内容分支。庞大的内容将这个扶贫过程的主要环节进行了理论概述。从系统性层面看，精准扶贫过程的实质是一个开放的系统。精准扶贫的每个维度都包括了许多要素，要素之间存在能量交换，存在相互制约关系。各个要素的关系构建了一个功能强大、要素完整的系统。从动态性层面看，精准扶贫理论提出了精准管理这个环节，这个环节的提出是对精准扶贫动态性的鲜明表达。为什么需要精准管理？是因为在精准扶贫过程中，必然会出现新的情况，如新的贫困户出现、新的扶贫环境产生、新的扶贫技术的运用等。这些新情况的出现在客观上要求精准扶贫必须对扶贫过程进行动态化的处理，精准管理的提出无疑是对这种局面的最好的理论回应。总之，以上三个方面完全让我们看到了精准扶贫理论的真理性。

（二）精准扶贫实践的可行性依据

精准扶贫的理论提出后，有没有足够多的力量去贯彻执行它？这个问题的实质是精准扶贫理论的实践可行性问题。从实践层面看，精准扶贫有足够强的可行性。从国家财政能力来看，精准扶贫具有足够强的财政基础。我国财政收入持续增加，税收收入占 GDP 的比重已经超过 20%。国家完全有能力为精准扶贫的开展提供财力支持。从扶贫的现有模式

---

① 吴雄周，丁建军．精准扶贫：单维瞄准向多维瞄准的嬗变——兼析湘西州十八洞村扶贫调查［J］．湖南社会科学，2015（06）．

来看，我国对农村的扶贫由来已久，已经形成了某些模式，已经积累了足够多的经验。哪些模式可以用，哪些不可以，哪些是经验，哪些是教训，我国高层政府和基层扶贫干部都有足够多的、足够全面的认识和把握。在这种实践基础上，我们进行精准扶贫，完全有更大的把握让自己少走弯路，早日实现国家脱贫致富、走入小康社会的目标。从新时代基本矛盾变化给我们带来的时代压力层面看，新时代的基本矛盾给精准扶贫实践施加了巨大的压力，某种程度上说，这种压力迫使精准扶贫的实践只能成功，不能失败。新时代的基本矛盾已经变成"人民日益增长的美好生活需要与不平衡不充分的发展之间的矛盾"。要解决这个矛盾，必须让全国6000多万人彻底脱贫。这是一种巨大的压力，我们应该化压力为动力，认真将精准扶贫实践好、贯彻好。我们相信，基层的扶贫干部们完全有能力、有信心践行精准扶贫的时代战略。

第四节　精准扶贫的内涵及其嬗变动力

一、精准扶贫的内涵

精准扶贫是指针对不同贫困区域环境、不同贫困农户状况，运用科学有效的程序对扶贫对象实施精准识别、精准帮扶、精准管理和精准考核的治贫方式[①]。精准扶贫的基本目标是：扶持对象精准、项目安排精准、资金使用精准、措施到户精准、因村派人精准、脱贫成效精准。它是一个全新的扶贫理论，灵魂是"精准"二字。粗放扶贫理论的败笔在于粗放，在于瞄准的单维性和单步性。精准扶贫并不仅仅只是一种战略、一种政策、一种机制，更应当是包括理论、战略、政策、机制和行为的完整系统[②]。简单地说，精准扶贫就是瞄准每一个贫困人口后，再进行有针对性的扶贫，即谁贫困，扶持谁；谁的贫困程度深对谁的扶持就应多[③]。笔者以为，孙璐（2015）对精准扶贫的内涵界定是一种狭义的内涵界定，她主要从精准识别的角度界定了精准扶贫的内涵。从广义的角度看，精准扶贫主要包括四个方面的内容。

（一）精准识别

精准识别是指，通过申请评议、公示公告、抽检核查、信息录入等步骤，将贫困户和贫困村有效识别出来[④]。按贫困深度分门别类，找出贫困原因，并建档立卡。它是精准扶贫的前提，识别过程中以农民的人均纯收入为主要识别标准，以农户收入为基本识别依

---

① 王思铁．浅谈精准扶贫．［EB/OL］．四川扶贫外资网，（2014-03-27）．http：//www.scfpym.gov.cn/show.aspxid=25213.

② 刘解龙．经济新常态中的精准扶贫理论与机制创新［J］．湖南社会科学，2015（04）．

③ 孙璐．扶贫项目绩效评估研究——基于精准扶贫的视角［D］．北京：中国农业大学，2015.

④ 汪三贵，郭子豪．论中国的精准扶贫［J］．贵州社会科学，2015（05）．

据，当然还需要综合考虑住房、教育、健康等情况①。一般来说，精准识别要七个步骤：第一步农户申请；第二步组级评议；第三步组级公示；第四步村级审核；第五步村级公示；第六步乡级复核；第七步村级公告②。

（二）精准帮扶

精准帮扶是指，对识别出来的贫困户和贫困村，深入分析致贫原因，落实帮扶责任人，逐村逐户制定帮扶计划，集中力量予以扶持③。精准帮扶中最关键的一个环节是对贫困户的致贫原因进行精准把脉。如果对贫困户的致贫原因不能进行有效的甄别，则精准帮扶便不能找准突破口，事倍功半。精准扶贫下的帮扶不同于传统扶贫模式下的帮扶，不同点在于精准。每一个帮扶措施和手段都具有明显的针对性，是针对不同贫困群体、不同贫困户和不同致贫原因对症下药式的精准帮扶。从实质来看，精准帮扶已经实现了传统意义上的整体帮扶向个体帮扶的转变，实现了粗放式帮扶向精细化帮扶的转变。它之所以能取得预期的效果，是因为精准帮扶明确了帮扶的责任，将帮扶的任务和义务进行了一对一的捆绑，有利于结对帮扶干部切实有效地利用可以利用的人力、物力和财力，集中所有力量帮助贫困户摆脱贫困④。

（三）精准管理

精准管理是指对扶贫对象、扶贫资金和帮扶主体进行全方位、全过程的监测，实时反映帮扶情况，实施动态化、制度化管理，实现扶贫对象的有进有出，为扶贫开发工作提供决策支持⑤。精准管理中必须确保管理主体、客体、手段和目标的高度统一。管理的主体主要是上级扶贫机构，客体主要包括扶贫干部、资源、项目、产业等等，手段应该是一个多维的概念，包括各种管理制度、文件、技术设施等；目标是达到良好的扶贫多维瞄准绩效，早日步入小康社会。体现在具体的细节过程中就是，国家扶贫机构通过贫困户信息网络系统对扶贫对象实行动态管理⑥，及时跟踪监测扶贫举措与实施效果，实现扶贫对象的有效进出；通过建立扶贫资金信息的披露制度和扶贫项目、对象的公示公告制度，确保财政扶贫资金能够正规使用⑦。

---

① 孙璐．扶贫项目绩效评估研究——基于精准扶贫的视角［D］．北京：中国农业大学，2015.

② 刘丹萍．农村精准扶贫困境与对策研究——基于赣州市 4 个村的调查［D］．南昌：南昌大学，2018.

③ 吴雄周，丁建军．精准扶贫：单维瞄准向多维瞄准的嬗变——兼析湘西州十八洞村扶贫调查［J］．湖南社会科学，2015（06）.

④ 刘丹萍．农村精准扶贫困境与对策研究——基于赣州市 4 个村的调查［D］．南昌：南昌大学，2018.

⑤ 吴雄周，丁建军．精准扶贫：单维瞄准向多维瞄准的嬗变——兼析湘西州十八洞村扶贫调查［J］．湖南社会科学，2015（06）.

⑥ 杜萍．基于信息化发展视角下精准扶贫的策略研究［J］．学术论坛，2017（2）.

⑦ 孙璐．扶贫项目绩效评估研究——基于精准扶贫的视角［D］．北京：中国农业大学，2015.

（四）精准考核

精准考核是考核机构设定科学可行的考核指标、收集真实可靠的考核数据、实施不折不扣的考核组织，对扶贫机构、帮扶主体进行扶贫绩效考核。精准考核本质上是一种准确评估方式，基本内容包括对贫困村、贫困户精准扶贫过程的各项指标进行数据鉴定，以及对贫困县在实施扶贫的成果进行量化考核。考核的手段主要包括现场查看贫困户的基本生活状况、系统数据、电话询问等[①]。精准考核是精准扶贫的最后一个阶段和最后一个环节。该环节的目的是对精准识别的精度、精准帮扶的效度和精准管理的效果进行综合意义的评估，确定精准扶贫的过程中出现了多大程度的对象瞄准偏离、帮扶瞄准偏离和管理瞄准偏离。当然，最关键的一点在于，通过设定考核的手段将考核的结果与精准扶贫主体（下级扶贫机构和扶贫干部）的前途和利益建立有效的链接渠道。考核的最终目标是让整个精准扶贫的过程只出现最小程度的对象、过程、资源、项目的瞄准偏离，真正实现精准意义上的扶贫。

二、精准扶贫内涵嬗变的动力

我国的扶贫实践没有跳出单维瞄准的视角限制，精准扶贫实现了从单维瞄准向多维瞄准的内涵嬗变。这种嬗变的内在动力来自于哪里？吴雄周、丁建军（2015）从以下几个方面考察了精准扶贫内涵嬗变的动力[②]。

（一）扶贫要素的关联性特征为精准扶贫内涵嬗变提供了内在动力

扶贫主体、对象、目标、手段和绩效等要素构成了扶贫系统。系统关联性原理表明，扶贫要素必须有机链接才能有效完成扶贫功能。但从关联性视角考察粗放扶贫的内涵，我们发现扶贫要素并未形成关联性系统。例如，在瞄准的维度层面，单维瞄准将贫困对象作为唯一的“靶点”，忽视了主体、目标和程序等众多其他“靶点”的瞄准。这只是局部瞄准，不是关联瞄准。主体、目标和程序都是扶贫瞄准系统的要素，具有内在关联性。所以，要提高瞄准的精度，必须扩大瞄准的“靶点”，注重要素关联性对扶贫功能的价值。精准扶贫将单向“靶点”扩大为多向“靶列”，确保扶贫主体不缺位、贫困对象不漏出和扶贫资金不截留等，注重一个“靶点”对其他“靶点”的关联影响，最终构建一个关联性强的精准扶贫“靶点”序贯系统。上述分析表明，关联性要求孕育了粗放扶贫的单维瞄准向精准扶贫的多维瞄准嬗变的内在动力[③]。

---

① 刘丹萍．农村精准扶贫困境与对策研究——基于赣州市 4 个村的调查［D］．南昌：南昌大学，2018.

② 吴雄周，丁建军．精准扶贫：单维瞄准向多维瞄准的嬗变——兼析湘西州十八洞村扶贫调查［J］．湖南社会科学，2015（06）．

③ 吴雄周，丁建军．精准扶贫：单维瞄准向多维瞄准的嬗变——兼析湘西州十八洞村扶贫调查［J］．湖南社会科学，2015（06）．

（二）扶贫信息的动态性特征为精准扶贫内涵嬗变提供了内在动力

扶贫主体特征、贫困对象状况、扶贫资金流动、扶贫目标展开等众多信息都有自身的结构特征，处在动态变化中。单维瞄准没有将扶贫信息的动态性要求认真贯彻，对扶贫信息的处理方式植根于静态特征，没有考虑贫困对象的身份变迁、收入变化和需求变更等信息变化。这显然与信息的动态性要求相违背。因此，必须给予扶贫信息结构的动态性以应有的重视，而精准扶贫的多维瞄准正好弥补了扶贫信息的静态性缺陷。精准扶贫已经突破了单维瞄准的信息“自封地”。例如，精准识别中扶贫信息卡的动态性构建、精准帮扶中帮扶人员的动态性匹配、精准管理中管理目标的动态性设置以及精准考核中考核数据的动态性寻找等。这些做法既是多维瞄准内涵嬗变对精准扶贫的实践响应，也是后者对前者的理论召唤①。

（三）扶贫环节的反馈性特征为精准扶贫的内涵嬗变提供了内在动力

扶贫工作既可以看作是一个由扶贫主体、对象、资金和产业等要素组成的实体，也可以看作是一个由精准识别、帮扶、管理和考核等环节组成的实体。每个环节包括很多要素，每个要素镶嵌在不同的环节之中。要素和环节构建了一个错综复杂的反馈系统。一方面，环节内部包括要素之间的横向反馈。例如在精准识别环节，扶贫主体和贫困对象之间存在横向反馈。另一方面，环节之间包括同一要素的纵向反馈。以扶贫对象为例，贫困对象会经过四个环节的反馈，形成一个反馈闭路。对于这种反馈系统，单维瞄准没有强调反馈功能对扶贫绩效的理论指导价值，忽视贫困对象的特征变化对扶贫主体的及时反馈，反馈机制不能找到动力源泉。精准扶贫的多维瞄准可以给予反馈机制足够大的驱动力量。它通过四个环节之间的要素运动构建了功能完备的反馈机制。精准识别环节将扶贫对象锁定好后，将贫困深度和需求特征等情况传输给精准帮扶环节，帮扶主体为帮扶对象寻求帮扶方式，并将帮扶信息反馈给管理环节，精准考核环节对帮扶和管理环节进行考核，将考核结果作为新一轮扶贫工作的新起点。精准扶贫的四个组成部分构成了一个完整的反馈网络。反馈性特征要求扶贫瞄准不能停留在单维瞄准的层面上，必须实现向多维瞄准的升华②。

---

① 吴雄周，丁建军. 精准扶贫：单维瞄准向多维瞄准的嬗变——兼析湘西州十八洞村扶贫调查［J］. 湖南社会科学，2015（06）.

② 吴雄周，丁建军. 精准扶贫：单维瞄准向多维瞄准的嬗变——兼析湘西州十八洞村扶贫调查［J］. 湖南社会科学，2015（06）.

第五节 精准扶贫的基本要求与主要途径[①]

刘永富指出，精准扶贫和精准脱贫的基本要求与主要途径是：六个精准和五个一批。六个精准是：扶持对象精准、项目安排精准、资金使用精准、措施到户精准、因村派人精准、脱贫成效精准。五个一批是：发展生产脱贫一批、异地搬迁脱贫一批、生态补偿脱贫一批、发展教育脱贫一批、社会保障兜底一批[②]。

一、基本要求

（一）扶持对象精准

精准识别扶持对象，是精准扶贫取得良好成效的前提。扶持对象精准是指，要牢牢把握“遵循标准、逐户调查、公示公告、分类确认、动态调整”的原则，确保符合标准的一户不留，不符合标准的一户不进，为整个精准扶贫工作提供可靠的依据。精准扶贫的核心内容是做到“真扶贫、扶真贫”[③]，实质是使扶贫资源更好地瞄准贫困目标人群[④]。没有扶持对象层面的精准，“真扶贫、扶真贫”必定是无稽之谈。

（二）项目安排精准

项目安排精准是指，应该根据贫困村致贫原因、资源禀赋、自然条件等各种因素，特别是根据贫困村和贫困户的需要程度，为每一个贫困村和贫困户安排能有效发挥带动功能、市场前景和创收能力的项目，并对这些项目的实施过程进行全方位的精准检测。每个贫困村和贫困户面临的各种条件和发展潜能都具有很大的差异性，必须坚持“一村一品”的思路，为它们安排不同的项目。

（三）资金使用精准

资金使用精准是指，根据资金用户的特征，采取灵活多样的使用方式，确保每笔扶贫资金实现自身最大的效率，满足用户的需求。每个贫困地区和贫困户对资金的需要都不相同，这就要求扶贫干部在资金使用过程中，必须准确识别贫困地区的致贫原因和产业发展情况，合理规划资金的使用用途和数量，并对用途和数量进行及时的跟进，提高资金使用效益，强化资金监督管理，将每一分每一厘扶贫资金都用在恰当的地方[⑤]。

---

① 苏丹，梅杰．习近平“精准扶贫”思想研究［J］．继续教育研究，2018（12）．

② 史志乐．1978—2015 中国扶贫演进历程评述［J］．中国市场，2016（24）．

③ 黄承伟，覃志敏．论精准扶贫与国家扶贫治理体系建构［J］．中国延安干部学院学报，2015（01）．

④ 张硕，何得桂．论习近平同志扶贫开发战略思想及其重要特征［J］．特区经济，2018（04）．

⑤ 汪三贵，刘未．“六个精准”是精准扶贫的本质要求——习近平精准扶贫系列论述探析［J］．毛泽东邓小平理论研究，2016（01）．

（四）措施到户精准

措施到户精准是指，一定要因户施策，确保各项精准扶贫措施到位。要一户一户逐项落实精准识贫、精准帮扶、精准退出的要求，切实提高扶贫工作的准确率[①]。有了良好的项目和足够的资金，如果没有相应的措施，让项目和资金落地，也不能保证取得良好的扶贫绩效。所以，扶贫干部必须针对每个贫困户的致贫原因，结合贫困人口致贫因素的多样性、复杂性和动态性，采取差异化的措施。贫困人口致贫原因各不相同，不能“眉毛胡子一把抓”，要“一把钥匙开一把锁”。对不同原因、不同类型的贫困，要采取不同的脱贫措施，对症下药、精准滴灌、靶向治疗[②]。

（五）因村派人精准

因村派人精准是指，根据对不同乡（镇）的熟知程度，安排不同的工作组进村开展挂钩服务工作。当下的农村已经演变成“空心村”，劳动力几乎都已经外出打工，留下的几乎都是文化素质低的孤寡老人，村级治理能力受到了严重的削弱。这就要求上级政府委派第一书记和扶贫工作队到贫困村进行结对帮扶，必须针对每个村的贫困深度和致贫原因，选派思想好、作风正、能力强、了解当地实际并愿意为群众服务的优秀干部到农村基层担任第一书记，使他们能够沉下去、呆得住和干得好。第一书记充当筑牢农村基层党组织这一扶贫攻坚的战斗堡垒的基石，探索将第一书记和村民自治两套机制相结合起来的制度安排，实现村社的良性治理秩序[③]。

（六）脱贫成效精准

脱贫成效精准是指，在对贫困县、贫困村和贫困户脱贫摘帽的过程中，必须一切以事实为依据，严格按照国家脱贫摘帽的时间表，对它们实施真脱贫、脱真贫。脱贫成效精准的两个核心要求：第一个是真实性。必须结合贫困县、贫困村和贫困户的真实情况，让他们找到自我发展的能力，不再返贫。坚决打击为了脱贫而脱贫的“数字脱贫”和“签字脱贫”现象。第二个是时间性。时间性要求每个贫困县、贫困村和贫困户的脱贫时间和脱贫攻坚总要求、总任务对表，和全面建设小康社会对表，每年退出多少要精准到县、精准到村、精准到户甚至到人[④]，脱贫一批摘帽一批，有条不紊，按部就班。

---

① 彭青林 . 扶贫措施一定要因户施策精准到位［N］. 海南日报，2016-12-09.

② 刘永富 . 确保在既定时间节点打赢扶贫攻坚战——学习贯彻习近平关于扶贫开发的重要论述［J］. 老区建设，2015（21）.

③ 汪三贵，刘未 .“六个精准”是精准扶贫的本质要求——习近平精准扶贫系列论述探析［J］. 毛泽东邓小平理论研究，2016（1）.

④ 聚焦新词热词［N］. 理论导报，2016-06-20.

二、主要途径

（一）发展生产脱贫一批

《中共中央国务院关于打赢脱贫攻坚战的决定》指出，要“制定贫困地区特色产业发展规划。出台专项政策，统筹使用涉农资金，重点支持贫困村、贫困户因地制宜发展种养业和传统手工业等”①。每个贫困村都应该根据自身的资源条件，因地制宜，宜农则农，宜旅则旅。如发展农村电商、光伏工程项目，实现“一村一品”，“一户一项”。

（二）易地搬迁脱贫一批

《中共中央国务院关于打赢脱贫攻坚战的决定》指出，“对居住在生存条件恶劣、生态脆弱、自然灾害频发等地区的农村贫困人口，加快实施易地扶贫搬迁工程”。对于一些地理位置非常偏僻，存在安全隐患，基础设施建设成本太高的贫困村和贫困户，应该根据自愿和因地制宜原则确定安置方式，在各种类型的移民新村、小城镇等区域集中安置。考虑到搬迁户自身的心理成本，也可以采取“插花”式的方式分散安置，确保搬迁人口在新的生活环境中稳得住②。

（三）生态补偿脱贫一批

《中共中央国务院关于打赢脱贫攻坚战的决定》指出，“国家实施的退耕还林还草、天然林保护、防护林建设、石漠化治理、防沙治沙、湿地保护与恢复、坡耕地综合整治、退牧还草、水生态治理等重大生态工程，在项目和资金安排上进一步向贫困地区倾斜，提高贫困人口参与度和受益水平”。对于那些生活在生态脆弱区的贫困户而言，通过搬迁、发展产业等方式来使他们脱贫的模式具有很大的难度。怎么让这部分人脱贫？可以利用生态补偿和生态保护工程资金为有劳动能力的贫困户提供就业机会的方式，切实提升他们的收入水平，使他们脱贫③。

（四）发展教育脱贫一批

《中共中央国务院关于打赢脱贫攻坚战的决定》指出，“加快实施教育扶贫工程，让贫困家庭子女都能接受公平有质量的教育，阻断贫困代际传递”。治穷先治愚，文化素质低下是贫困村致贫的核心原因之一。发展教育脱贫一批体现在三个方面：一是对贫困学生实施学杂费资助。二是改善贫困地区办学条件，落实连片特困地区教师生活补助制度。三是引导各类社会教育资源进入贫困地区④。

---

① 党建·人民网．“五个一批”作答脱贫大考［EB］．党建·人民网．http://dangjian.peop.

② 李长文．“五个一批”作答脱贫大考［J］．党的生活（黑龙江），2016（01）．

③ 李长文．“五个一批”作答脱贫大考［J］．党的生活（黑龙江），2016（01）．

④ 李长文．“五个一批”作答脱贫大考［J］．党的生活（黑龙江），2016（01）．

（五）社会保障兜底脱贫一批

《中共中央国务院关于打赢脱贫攻坚战的决定》指出，“完善农村最低生活保障制度，对无法依靠产业扶持和就业帮助脱贫的家庭实行政策性保障兜底”①。中国贫困人口中，约有2000万人是几乎丧失劳动能力的人。对于这一类贫困人口，不能采取前面的措施让他们脱贫。他们是生活在社会最底层的群体，国家必须通过社会保障的方式，保障他们的基本生活。尤其是医疗保障，要加大财政对兜底扶贫户的医疗救助力度，加大医疗救助、临时救助、慈善救助等对兜底扶贫户的帮扶力度，使他们的大病医治得到有效保障②。

第六节　精准扶贫蕴含的多维瞄准

精准扶贫的四个内容或步骤中，每个步骤都包括瞄准的多维性在里面。

每个内容或步骤包含了多个维度的扶贫瞄准，实现了扶贫瞄准从单维瞄准向多维瞄准的内涵嬗变③。

一、精准识别蕴含的多维瞄准

精准识别是指，通过申请评议、公示公告、抽检核查、信息录入等步骤，将贫困户和贫困村有效识别出来④。该定义主要是从精准识别对象的角度对精准识别进行了内涵界定。我们认为，“对象”是精准识别的第一维度，除了这个维度之外，精准识别还包括“标准”“行为”“程序”和“结果”维度的精准识别。“标准”维度体现为确立贫困对象所依存的标准是否具有高的执行力度，“行为”维度体现为扶贫干部在识别对象的时候是否采取了高频次的识别行为，“程序”维度体现为在确立贫困户时是否让广大的村民参与到过程中去。“结果”维度体现为识别的对象结果是否令农户满意。

二、精准帮扶蕴含的多维瞄准

精准帮扶是指，对识别出来的贫困户和贫困村，深入分析致贫原因，落实帮扶责任

---

① 关于深入贯彻《中共中央国务院关于打赢脱贫攻坚战的决定》的实施意见［N］.湖南日报，2016-05-23.

② 黄承伟，王猛.“五个一批”精准扶贫思想视阈下多维贫困治理研究［J］.河海大学学报（哲学社会科学版），2017（05）.

③ 吴雄周，丁建军.精准扶贫：单维瞄准向多维瞄准的嬗变——兼析湘西州十八洞村扶贫调查［J］.湖南社会科学，2015（06）.

④ 汪三贵，郭子豪.论中国的精准扶贫［J］.贵州社会科学，2015（05）.

人，逐村逐户制定帮扶计划，集中力量予以扶持[①]。它蕴含“计划”“人员”“方式”“产业”和“资源”共五个维度的帮扶。“计划”维度体现为帮扶的计划是否完整，“人员”维度体现为帮扶干部队伍人员是否足够充裕，“方式”维度体现为帮扶的方式是否具有可持续性，“产业”维度体现为帮扶的产业是否能够带动农户就业和提升收入，“资源”维度体现为帮扶的资源能否与农户的情况进行有效匹配。

三、精准管理蕴含的多维瞄准

精准管理是指对扶贫对象、扶贫资金和帮扶主体进行全方位、全过程的监测，实时反映帮扶情况，实施动态化、制度化管理，实现扶贫对象的有进有出，为扶贫开发工作提供决策支持[②]。它蕴含“制度”“目标”“信息”“资金”和“项目”共五个维度的管理。“制度”维度体现为扶贫制度文件是不是完善和明确，“目标”维度体现为扶贫的目标是不是能够有效实现，“信息”维度体现为扶贫的信息是否与真实情况相吻合，“资金”维度体现为扶贫资金是否公开，“项目”维度体现为扶贫项目是否能够满足农户的需求。

四、精准考核蕴含的多维瞄准

精准考核是考核机构设定科学可行的考核指标、收集真实可靠的考核数据、实施不折不扣的考核组织，对扶贫机构、帮扶主体进行扶贫绩效考核[③]。它是对精准扶贫的效果进行考核，主要针对地方政府[④]。它蕴含“主体”“指标”“数据”“程序”和“结论”共五个维度的考核。“主体”维度体现为农户是否作为考核主体对扶贫干部的工作进行考核，“指标”维度体现为考核的指标是不是富有多样性，“数据”维度体现为考核的数据是否与真实情况相吻合，“程序”维度体现为整个考核的程序是不是公开的，“结论”维度体现为考核的结论是否与被考核者的前途、待遇等紧密相关。

---

① 吴雄周，丁建军．精准扶贫：单维瞄准向多维瞄准的嬗变——兼析湘西州十八洞村扶贫调查［J］．湖南社会科学，2015（06）．

② 汪三贵，郭子豪．论中国的精准扶贫［J］．贵州社会科学，2015（05）．

③ 吴雄周，丁建军．精准扶贫：单维瞄准向多维瞄准的嬗变——兼析湘西州十八洞村扶贫调查［J］．湖南社会科学，2015（06）．

④ 汪三贵，郭子豪．论中国的精准扶贫［J］．贵州社会科学，2015（05）．

第三章　精准扶贫多维瞄准系统的自组织机制分析

第一节　自组织和自组织机制

一、自组织

什么叫做自组织？自组织是指无特定外界干预而自行演化。自组织系统是指，无需外界特定指令而能自行组织、自行创生、自行演化，能够自主地从无序走向有序，形成有结构的系统①。例如，舞池中跳舞者都会自觉地选择逆时针的方向运动就是一个典型的自组织现象。在最开始的时候，舞者并没有遵循这个规则，而是有时候顺时针，有时候逆时针。后来发现，这样做会经常踩到脚。大家开始思考怎么避免这个问题。于是，有人会站起来带头选择逆时针转动，并引导其他舞者也这么做。到了一定的阶段以后，大部分的舞者都这样做。如果某个舞者不这样做，必定被很多人踩脚。最后，便形成了逆时针转动的不成文的行为规则。这个过程是典型的自组织过程，并没有什么外界的指令强制他们这么做，但大家都非常自觉地遵守规则，使跳舞顺利进行②。

人民对自组织概念的认识是一个不断深化的过程，经历了三个认识阶段。第一，由非组织到组织的过程演化。它是事物从混乱的无序状态到有序状态的演化，它是组织的起源阶段，研究的是组织的起点和临界问题。第二，由组织程度低的状态向组织程度高的状态演化。它是事物的组织程度得以提升的过程，研究组织的复杂性问题。第三，在相同组织层次上由简单到复杂的过程演化。它标志着组织结构与功能在相同组织层次上实现了从简单到复杂的水平型增长③。

二、自组织机制

“机制”原是物理学中的一个概念，是指一个系统中，满足其必要条件，就可以得到符合物理性质的状态和结果的现象④。后来，经济学、政治学和社会学等学科将“机制”的概念借用过来，泛指有机体的构造、功能以及部分之间相互作用的方式。

---

① 王忠厚 . 从混沌走向协同：课堂教学系统自组织境域研究 [D] . 重庆：西南大学，2011.

② 吴彤 . 自组织方法论研究 [M] . 北京：清华大学出版社，2001 年版 .

③ 司德鹏 . 基于自组织理论的城市公共交通运输结构演化研究 [D] . 北京交通大学，2012.

④ 司法部直属机关纪委课题组 . 从进一步完善机制入手，深入推进司法行政机关惩治和预防腐败体系建设 [J] . 中国司法，2011 (12) .

自组织机制是系统在没有外界特定指令的条件下，通过自行组织、自行创生和自行演化而形成的构造、功能以及部分之间相互作用的方式①。自组织机制包含了三个方面的内容：第一个是构造。在自组织环境下，“构造”体现为系统是否具有“耗散结构”特征，它是自组织机制的形成条件。第二个是功能。每个系统都有一定的功能，系统的构造不同，则功能不同，结构决定功能。自组织系统的功能至少包含两个层面的含义，一个是每个“构造”或者“部分”的自组织功能，另一个是整个系统的自组织功能。在具体的功能上，每个自组织系统都不相同。第三个是各部分之间相互作用的方式。自组织系统存在很多的内部“构造”或者“部分”，这些“构造”或者“部分”为了实现系统的功能，必须要相互作用。自组织系统各个部分之间的相互作用集中表现在竞争和协同两个大的层面，两者给予自组织系统源源不断的动力源泉。要实现从“构造”向“功能”的转换，必须赋予“构造”必要的“动力”。“耗散结构”只是自组织机制形成的条件，要实现“条件”向“功能”的转换，必须给予耗散结构必要的动力，构建动力机制，这个机制是竞争和协同机制。

三、精准扶贫多维瞄准系统自组织机制

精准扶贫多维瞄准系统自组织机制是精准扶贫在实施过程中，在没有外界特定指令的条件下，通过贫困村或者贫困户对各类资源的自行组织、自行创生和自行演化而形成的各种构造、功能以及部分之间相互作用的方式。精准扶贫多维瞄准系统自组织机制包含了三个方面的内容：第一个是构造。在精准扶贫多维瞄准系统的自组织环境下，“构造”体现为整个精准扶贫的宏观环境是否具有“耗散结构”特征，它是精准扶贫多维瞄准系统自组织机制的形成条件。第二个是功能。精准扶贫包含了很多系统，每一个维度和步骤都可以看做一个子系统，而每一个子系统都有一定的功能。第三个是精准扶贫每个维度之间和部分之间相互作用的方式。精准扶贫多维瞄准系统存在很多的内部构造或者部分，这些构造或者部分为了实现系统的功能，必须要相互作用。

接下来，我们分析精准扶贫多维瞄准系统自组织机制形成的条件、功能和动力，然后以此为基础，解析我国扶贫瞄准系统自组织机制发展的阶段。

第二节　扶精准贫瞄准系统自组织机制形成的条件分析

普里戈金认为，一个系统要成为耗散结构，必须具备以下四个条件。这四个条件是自组织系统结构形成的客观条件。我们运用这四个条件，考察扶贫瞄准系统自组织机制是否具备耗散结构的基本条件。

---

① 王阳，张攀．个体化存在与圈群化生活：青年群体的网络社交与圈群现象研究［J］．中国青年研究，2018（02）．

一、精准扶贫多维瞄准系统是一个开放系统

精准扶贫多维瞄准系统是不是一个开放的系统？这个问题应该比较简单，因为我们只需要观察精准扶贫多维瞄准系统是否与外界存在能量、物质和信息等的输入与输出即可。显然，该系统与外界存在各种不同形式、不同规模的能量、物质和信息的输入与输出。例如，在精准识别上，贫困建档立卡户将自己的贫困信息向政府扶贫机构不断反馈和更改；在精准帮扶上，帮扶主体对帮扶客体进行帮扶方式的解析，实施不同的帮扶策略，并根据帮扶过程的成效不断改变帮扶方式和帮扶手段等；在精准管理上，扶贫机构对扶贫对象、扶贫资金、扶贫项目和扶贫过程进行动态修正，根据瞄准情况改变资金投入的数量和方向，改变管理的模式和节奏等；在精准考核上，考核主体不断修正考核的目标和手段等。总之，精准扶贫的四个内容中，每个内容都融入了扶贫瞄准过程中信息、资金、项目、手段等各种要素的输入与输出。要素的输入和输出表明精准扶贫多维瞄准系统是一个完全开放的系统。

二、精准扶贫多维瞄准系统远离平衡态

平衡态是指系统内各个组成部分或要素没有差异，呈现出均衡一致性。精准扶贫多维瞄准系统是一个明显远离平衡态的系统。瞄准的主体、对象、资金、项目、时序都呈现出明显的非平衡性。瞄准的主体包括各级扶贫机构，每个扶贫机构的扶贫任务、扶贫政策、扶贫队伍都不同。集中连片特困区的扶贫机构所面临的扶贫任务比其他区域的扶贫任务要重很多，扶贫队伍也更加庞大。瞄准的对象也有很大的差异，这些差异性来自于贫困深度和致贫原因的差异性。连片区的贫困深度是非连片区不能比拟的，致贫原因千差万别，有因病致贫、区域致贫、教育致贫等多种多样的致贫原因。瞄准的资金层面，每个扶贫机构给扶贫对象和扶贫区域所拨付的扶贫资金在数量、用途、对象等方面都不同。瞄准的项目层面，扶贫机构可以瞄准基础项目，也可以瞄准产业项目，而产业项目又包括多种规模和类型，每个项目的投入数量、受益人员、扶贫效果等属性都不相同。在时序层面，扶贫资金到达贫困对象手中的时间顺序都不一致，有些资金能够及时到达，有些具有很大的滞后性。时序的不一致导致同样数量的资金产生的扶贫多维瞄准绩效都不一致。以上我们从五个方面分析了精准扶贫多维瞄准系统的非平衡态性质。除了从上述五个方面进行精准扶贫多维瞄准系统的非平衡态分析之外，我们还可以从精准扶贫的五个内容方面分析非平衡性。各种不同角度或不同内容非平衡性的存在确保了精准扶贫多维瞄准系统完全可以远离平衡态，从而为该系统的耗散结构形成和自组织运行机制的形成提供基本条件。

三、精准扶贫多维瞄准系统是一个非线性系统

判断一个系统是否非线性，必须有两个最基本的要求。第一个要求是系统内部要素或组成部分的数量必须大于等于三。第二个要求是各个要素或组成部分在性质上必须相互独立。根据这两个要求，我们来分析精准扶贫多维瞄准系统的非线性特征。从第一个要求来

看，精准扶贫多维瞄准系统的内部要素远远大于三个。该系统至少包括扶贫瞄准的主体、对象、方式、手段、过程、结果等各个要素。从第二个要求来看，该系统内部的各个要素基本上是相互独立的。以主体和对象这两个要素为例，扶贫的主体和对象之间的关系基本上是独立的。扶贫机构（瞄准主体）根据本区域的贫困深度和广度、产业发展的现状、致贫的具体原因和国家扶贫的整体战略制定不同的扶贫政策，并通过不同的扶贫手段进行实践推进。在政策制定和实施过程中，扶贫机构的地位都是相对独立的。尽管它必须考虑到扶贫对象在数量、收入、文化等各方面的差异性，但相对独立性显而易见。同样地，扶贫瞄准的对象作为一个有许多相同属性的群体，也存在很大的相对独立性。这种独立性表现在每个对象的行为选择、策略应对和脱贫方式上。群体之间的个体虽然存在一定的关联性，但独立性占了主导地位。拿致贫原因来说，尽管群体中每个成员可能面临同样的致贫原因，例如他们都处于极度贫瘠的土地上，但各有自身的致贫原因。这些原因不具有某种强烈的相关性。

四、精准扶贫多维瞄准系统面临涨落

涨落是指导致耗散结构从一种非平衡状态过渡到另一种非平衡状态的外部力量。这种力量可以是某个政策、某个突发事件、某个机会、某种技术等。涨落是耗散结构出现的触发器。涨落要形成耗散结构，必须要求涨落本身的力度足够大，而且要求出现的时间或空间位置在远离平衡态的地方。在平衡态的近端，涨落不能起到耗散结构触发器的作用。精准扶贫多维瞄准系统面临的涨落有很多。国务院扶贫办制定的《2010 —2020 年扶贫攻坚计划》以及习近平主席提出的精准扶贫战略都是多维瞄准系统涨落的鲜明例子。国家扶贫的顶层设计者们之所以提出这种高力度和高强度的计划和战略，最主要的原因是我国贫困地区的贫困面积如此之大，以及我国贫困人口的数量如此之多。我国贫困人口的致贫原因非常复杂，我国以往所采取的扶贫瞄准手段（如开发式扶贫、救济式扶贫、整村推进等）非常缺乏效率。这些事实都是有目共睹的。我国贫困局面的差异性不但表现在上述上，还表现在贫困面积、贫困人口数量、致贫原因等方面的差异性上，即我国贫困状态自始至终都是远离平衡态的。我国政府提出的扶贫攻坚计划和精准扶贫战略正是在这样一个远离平衡态的时间节点提出来的。把两者作为涨落来处理和分析完全可行。

从上述四个方面的分析中，我们可以看出，精准扶贫多维瞄准系统完全具备耗散结构的所有条件。它是一个典型的耗散结构，该性质为它的自组织机制运行提供了客观条件。

第三节　精准扶贫多维瞄准系统自组织机制运行的能力目标分析

精准扶贫包含精准识别、精准帮扶、精准管理、精准考核四个步骤，每个步骤都是一个子系统，都具有某种特定的功能。在自组织视野下，每个功能的完成都不需要太强烈的

指令。至少从长远来看，每个子系统功能的实现不要过分依赖外界的指令，否则，自组织功能便无法实现。下面，我们将按照四个步骤的思路，分析每个步骤或子系统的能力目标。

一、精准识别的自组织能力目标

精准识别是精准扶贫多维瞄准系统的第一步或第一个子系统，它包含识别的对象、标准、行为等要素。精准识别的自组织能力目标在于，整个精准扶贫瞄准过程中，精准识别可以获得各种自组织能力，包括对象自组织甄别能力、标准自组织执行能力和行为自组织实施能力等。例如，对象识别的自组织能力目标表现为，在给予国家贫困对象认定基本规则的情况下，农户之间以及农户与扶贫干部之间可以尽可能少地出现实质性的分歧，为国家提供一个比较完美的扶贫对象基本情况。

二、精准帮扶的自组织能力目标

精准帮扶是精准扶贫多维瞄准系统的第二步或第二个子系统，它包含帮扶的人员、产业、方式等要素。精准帮扶的自组织能力目标在于，整个精准扶贫瞄准过程中，精准帮扶可以获得各种自组织能力，包括人员自组织参与能力、产业自组织带动能力和方式自组织持续能力。例如，帮扶人员的自组织参与能力表现为，帮扶主体（扶贫干部或扶贫工作队）在国家扶贫政策整体要求下，能够对贫困户的各类需求做出有效回应，使自己处于一种“帮扶自组织”的自愿状态。又例如，帮扶产业的自组织带动表现为，遴选出的贫困户帮扶性产业即使脱离了国家或扶贫干部的进一步帮扶，也能够以各种方式和途径获得自我发展的资源和市场。为贫困村培育了光伏发电产业，但该村的技术人员明显缺乏，后期投入明显不足，从自组织功能的角度看，该产业并没有获得自我发展的能力。

三、精准管理的自组织能力目标

精准管理是精准扶贫多维瞄准系统的第三步或第三个子系统，它包含管理的信息、项目和资金等要素。精准管理的自组织能力目标在于，整个精准扶贫瞄准过程中，管理系统可以获得自组织能力，包括信息自组织处理能力、项目自组织实施能力和资金自组织运用能力。例如，信息的自组织处理能力表现为，在扶贫过程中出现的各种信息能够以顺利有效的方式进行收集、传递和储藏，能够自动地显示信息在扶贫决策中的引领作用。又例如，项目的自组织实施能力表现为，扶贫干部和贫困户经过相互的讨论之后选定的扶贫项目能够最大程度地发挥项目参与人（农户）的积极性和他们的优势条件，使这项项目在选定以后，即使没有扶贫干部的强制性指令，也能获得自组织能力，有效推动贫困户精准脱贫。

四、精准考核的自组织能力目标

精准考核是精准扶贫多维瞄准系统的第四步或第四个子系统，它包含考核的数据、程序等要素。精准考核的自组织能力目标在于，整个精准扶贫瞄准过程中，精准考核可以获得各种自组织能力，包括数据的自组织鉴定能力、程序自组织实施能力等。例如，精准考核数据的自组织鉴定能力目标表现为，扶贫瞄准系统能够对考核过程中的数据去伪存真，让考核者能够获得真正有效的考核数据，从而完成对扶贫干部的精准考核。

第四节　精准扶贫多维瞄准系统自组织机制运行的动力分析

一、精准扶贫多维瞄准系统的竞争动力分析

根据哈肯的观点，只要系统内部要素之间存在一定程度的差异性，就必定存在竞争。竞争是协同的基础和前提，是系统演化最重要的动力。事物发展的不平衡性是竞争存在的基础。系统诸要素或不同系统之间对外部环境和条件的适应与反应不同，获取的物质、能力以及信息的质量也存在差异，因此必定存在和造成竞争[①]。机制，指有机体的构造、功能及其相互关系。精准扶贫多维瞄准系统的竞争机制是指扶贫瞄准的主体、对象、手段、方式、项目、资金等要素之间的竞争关系。这种竞争机制至少包含两个方面的内涵，一个方面是要素内部的竞争，另一个是要素之间的竞争。两个方面的竞争都存在动力源泉。

（一）要素内部的竞争动力

精准扶贫多维瞄准系统存在瞄准的主体、对象、手段、方式、项目和资金等多方面的要素。每个要素内部的属性、目标和约束等都存在差异性。这种差异性的存在必定导致要素内部存在竞争关系，形成竞争机制，差异性是要素内部竞争的动力基础。以瞄准对象为例，不同区域的瞄准对象以及同一区域内不同收入或致贫原因的瞄准对象之间必定存在各自不同的目标，每个对象的目标都是使自己在法律允许的范围内获取尽可能多的扶贫资源，最终使自己脱贫。但扶贫资源总是有限的，存在预算约束。这样一来，扶贫瞄准对象之间存在的竞争关系就一目了然了。除了对象内部存在竞争关系外，扶贫瞄准方式内部也存在竞争关系。扶贫瞄准方式包括区域瞄准、人口瞄准等，也可以划分为粗放式瞄准和精确瞄准（精准扶贫）。无论从哪个角度进行划分，瞄准方式之间的竞争都很明显。我国最开始实施的主要是以贫困县和贫困村为主要方式的区域瞄准，后来才发展到以贫困户为核心特征的人口瞄准。在这个演变过程中，其实瞄准的两种方式是并存的，没有纯粹的区域瞄准，也没有纯粹的人口瞄准。区域瞄准和人口瞄准是在不断竞争的扶贫实践中不断相互推进的。两者之间的竞争关系一直都存在，实践和时局的变化使两种方式都在一定的历史条件下压制对方，伸展自己。

---

① 吴彤.自组织方法论研究［M］.北京：清华大学出版社，2001年版.

（二）要素之间的竞争动力

不但精准扶贫多维瞄准系统的要素内部各个构件之间存在竞争机制，存在竞争动力，而且要素之间也存在竞争机制，存在竞争动力。瞄准的主体在竞争过程中，不但和其他主体进行竞争，而且和瞄准对象之间也进行竞争。这些竞争关系的动力源泉是资源的有限性和行为主体欲望之间的矛盾。例如，就扶贫资金的使用来说，瞄准主体不可能赋予瞄准对象无限多的扶贫资金。赋予的扶贫资金必定是有限的，不但资金有限，而且主体和对象会根据精准扶贫政策的预期走势和扶贫实践的绩效大小对有限的扶贫资金进行各种不同形式的调整和优化。在整个的优化和调整过程中，扶贫瞄准的主体和对象都有某种动力去隐藏自己的信息结构，去截留或获取尽可能多的扶贫资源。扶贫主体认为扶贫的任务已经完成，投入的资源已经超过了实践的需要。而扶贫对象总是觉得扶贫资源美中不足，自己还这么穷，你们怎么就不扶贫了？这是明显的要素之间竞争的例子。

二、精准扶贫多维瞄准系统的协同动力分析

按照哈肯的观点，协同是系统中诸多子系统相互协调、相互合作的或保持同步的粘合作用和集体行动。协同是系统整体性、相关性的内在表现。子系统之间的协同在非平衡条件下使子系统中的某些运动趋势联合起来并加以放大，从而使之占有主导地位，支配整个体系的演化[①]。

在协同过程中，序参量是最基本的概念。序参量的原意是一个用来指示新结构出现、判断连续相变及其某些相变有序结构的类型和有序程度的概念[②]。哈肯借用了序参量的基本内涵，将序参量界定为这样一个变量：在某个系统的演化过程中，能够指示出系统演化的新结构，反应新结构的有序程度的变量就是序参量。在协同学里面，序参量首先是宏观状态或形成模式的有序程度的参量，是大量子系统集体运动的宏观整体模式之有序程度的参量。其次，序参量是系统内部大量子系统集体运动的产物[③]。

根据协同学的基本内涵以及序参量基本概念，我们可以分析精准扶贫多维瞄准系统的协同动力。

（一）扶贫瞄准项目子系统的协同动力分析

扶贫瞄准项目子系统的各种组成部分或各个子系统之间不但存在我们前面分析的竞争关系，同时存在协同关系。每个项目所投入的资金、所产生的扶贫效果、所要求的就业队伍既存在内部竞争关系，也存在协同关系。以湘西州凤凰县的旅游扶贫项目为例，该项目在扶贫过程中表现出来的协同作用就很明显。凤凰在上个世纪末只是一个不为人知的古老

---

① 裴德超，李国．协同学视野下竞技体育发展的动力机制分析［J］．安徽科技学院学报，2010（05）．

② 吴彤．自组织方法论研究［M］．北京：清华大学出版社，2001 年版．

③ 吴彤．自组织方法论研究［M］．北京：清华大学出版社，2001 年版．

小镇，当地居民的收入相当低下，贫困发生率相当高。21世纪初，凤凰的旅游开发得到了政府和社会各界的高度关注，开发凤凰古镇的项目横空出世。该项目实施以后，项目的投资人、项目的受益人之间出现剧烈的竞争。但竞争的另一面则是高度的协同。在项目带动下，当地居民的产业选择发生了翻天覆地的变化。从以前的农耕方式向小手工业方向剧烈变迁。各种风味小吃、民族手工艺等如雨后春笋般涌现。当地居民的产业选择和行为选择高度一致。在这个过程中，开始出现能够影响凤凰产业发展方向和凤凰区域发展结构的变量，这个变量就是民族手工业发育程度，它成为凤凰旅游扶贫实践工程的序参量。该变量能够度量出凤凰旅游产业发展的宏观稳定程度或态势，成为主导凤凰旅游扶贫未来走势的核心力量。在序参量的引导下，其他各种参量不得不向民族手工业让路。尽管其他产业尚有一定的市场，但他们的扶贫效果并不明显，对当地居民收入的提高没有太大的作用。某些产业（如种植业）的机会成本就会越来越高。以前从事种植业的贫困户收入没有增长，作为理性人，这些贫困户实施了产业战略转移，抛弃种植业，转向到民族手工业中来。谁转移的决心越坚定，速度越快，则谁就可以在旅游扶贫项目中得益最多、最快。整个过程中，没有外部的指令，项目系统内部各种主体自组织行动起来。序参量对贫困户形成了某种程度的“役使”，从而出现了一个“伺服系统”。在该系统中，每个贫困户似乎都是无能为力的，都被卷入到时代的潮流当中。如果他们要倒行逆流，则不能进入主流。贫困户只有发展民族手工业，才能融合在序参量支配下的总的发展模式中，才能早日走向脱贫的阳关大道。

（二）扶贫瞄准主体子系统的协同动力分析

扶贫瞄准的主体包括各级扶贫机构、社会各类扶贫团体、扶贫企业等。虽然理论上存在瞄准主体的多维性，但从实践来看，占绝对主导地位的还是各级扶贫机构。我们可以从两个方面来考察扶贫瞄准主体子系统的协同机制，一个是各级扶贫机构与其他扶贫机构的协同机制，另一个是扶贫机构内部之间的协同机制。

1. 各级扶贫机构与其他扶贫机构的协同机制

就各级扶贫机构与其他扶贫机构的协同机制而言，协同机制主要体现在各级扶贫机构和其他扶贫机构之间在扶贫义务的共同分担上。各级扶贫机构是我国扶贫队伍的中坚力量。税收取之于民，用之于民。国家扶贫办主导下的各级扶贫机构收集税收，再将税收用于实施扶贫工程，实施第二次分配。扶贫是政府的重要职能，是国家职能的题中之义，义不容辞。但社会各类团体或企业就不具有这种义务，它们或许应该承担某种社会责任，但企业的本质功能并没有要求它们真的应该这样做，尽管它们可以这样去做。这样一来，在扶贫社会责任上，国家是核心主体，企业或团体是有益补充。尽管地位存在一定的差异，但在扶贫推进的道路上，国家扶贫机构有太多的手段或魅力让社会各类团体或企业紧跟自己扶贫的节奏。毕竟，企业总是需要政府支持的。每个企业都明白，跟着政府的节奏跑，甜头总是在后头。该过程其实暗含这样一个事实：政府在扶贫过程中的意志力和执行力成为了支配其他瞄准主体的序参量。该序参量对其他所有类型的扶贫瞄准主体形成了一种引力，引导他们与自己的行动保持高度一致。各级扶贫办和其他各类扶贫瞄准主体会在很大范围内实施合作。例如，国家扶贫办在集中连片特困区正在实施的“扶贫工作队”方式就是协同机制运用的良好典范。以湖南省为例，湖南省扶贫办共派出了数百个（省级、市级和县级）扶贫工作队对大湘西地区的数百个典型贫困村进行对口帮扶。这些工作队利用自己的人力优势，认真贯彻国家的扶贫方针和政策，在湖南省扶贫办的意志力和执行力倡导下，统一行动。

2. 扶贫机构内部之间的协同机制

该协同机制主要是指，国家扶贫办、省级扶贫办、县级扶贫办和乡级扶贫干部之间的统一行动。由于各级扶贫机构存在行政上的隶属关系，它们之间的协同机制相对来说就比较容易形成。以精准扶贫为例，习近平主席 2013 年在湘西州提出精准扶贫理论后，全国掀起了一浪高似一浪的精准扶贫高潮。在湘西这片土地上，精准扶贫工作更是推向了高潮。整个过程中，国家扶贫办、省扶贫办的各级领导不断来湘西督促和视察精准扶贫进展情况。各级扶贫办在精准扶贫整体战略的指引下，按部就班，稳打稳扎，从精准识别到精准考核的每一个环节都认真过关。他们的行动一致性和协同性是值得高度肯定的。这种协同机制背后的序参量是什么？是精准扶贫的顶层设计思路和政策谋略！正是这个思路和谋略引导各级扶贫办以及各级政府的其他部门卷入到精准扶贫的浪潮中。如果说精准扶贫的实践推进在开始的时候还主要是一种他组织的话，那么，随着精准扶贫的实践推进，他组织正在向自组织的方向不断演化。在当下的湘西，扶贫工作队已经形成了某种自律了，它们已经把自己负责的贫困村当作自己的故乡，想尽各种办法帮助贫困村脱贫，将自己的行动和上级的行动联合起来、统一起来，将贫困村中贫困户的行动统一起来，通过自身的努力，将行动趋势加以放大，使精准扶贫在各项工作中占据优势地位，不断改变农村的贫困局面。

（三）扶贫瞄准对象子系统的协同动力分析

该协同机制主要是指各个贫困户在精准扶贫政策的引导下联合行动。各个贫困户如果选择独立行动，则不能分享精准扶贫政策的各种惠民待遇。以笔者调查的吉首市 LT 扶贫工作队对贫困户的协同作用为例，吉首市联团村地理位置相当偏僻，全村 76 户居民中有 72 户是贫困户，贫困的发生率是相当高的。精准扶贫政策实施以前，尽管各级扶贫办在不同程度和不同范围内对该村进行扶贫，但总体效果十分不理想。村民对产业化没有思路，村民有在外面打工的，有养殖的，有种植的，各行各业的人都有。全村没有产业特色，农产品商业化程度非常低，基本停留在自给自足的层面，各个贫困户千百年来在贫困线上挣扎。从协同学的角度来看，该村的扶贫之路上尚没有形成一个序参量，序参量的缺失不能够将联团村的非平衡状态打破，不能实现从一个旧的非平衡状态向新的结构，即新的非平衡状态的转变。由于没有序参量，各个贫困户之间不能实现有效的合作，不能联合行动，不能让各种力量整合起来。各种力量在非平衡状态的近端就过早消失，没有形成一个伺服系统。

2015年，湖南省扶贫办为了响应国家精准扶贫政策，委托吉首大学作为扶贫工作队。该工作队成立以后，先后制定了多项鼓励贫困户养殖的奖补措施。具体措施是：养一只鸡补贴30元，养一只鸭补贴20元，养一头牛补贴800元，一只羊补贴500元。该补贴政策一出来，就成为引导贫困户养殖行为的序参量。在该补贴政策的鼓励下，当地贫困户中进行养殖的户数达到58户（2016年调查数据）。养殖的参与率高达82.6%，养殖的规模提高了约5倍，养殖产品的市场价值是原来的6倍，商品化程度达到了70%左右。在整个协同发展的过程中，序参量就是扶贫工作队制定的养殖奖补政策。序参量引导全体贫困户向自己的轨道靠拢。那些不愿意参加养殖的贫困户不能分享补贴款，只能眼睁睁地看着别人领取一笔又一笔的补贴，只能永远处在贫困陷阱中。那些积极响应的贫困户通过自身的努力，能够获得不菲的补贴款，积极养殖，不断扩大养殖的规模，不断提高农产品的商业化程度，从而不断自我提升收入。谁响应的力度大，谁得到的好处就多，谁的收入提升就越明显。在这种局势下，各种贫困户争相养殖，统一行动，将其他产业卷入养殖产业中来。当这种态势成为一种主要态势以后，序参量已经形成了，指示一种新的结构即将形成。一种什么样的新型结构？我们可以预见的是，它是一个养殖产业蓬勃发展、贫困户收入明显提升、贫困户就业有充分保障、农产品市场渠道不断成熟的新型结构。这是一个新的非平衡状态，它是在旧的非平衡状态被打破的基础上不断形成的，而整个的形成过程中，作为序参量的补贴政策起到了至关重要的作用。当然，一旦几乎所有的贫困户都已经将养殖作为一种习惯，不需要补贴也可以获得某种自我发展能力的时候，亦即当某个新的序参量形成以后，旧的序参量就会慢慢地自我消隐，让位给新的序参量，形成新的伺服系统。当然，从扶贫对象目前的情况来看，这个过程可能相当漫长。至少从联团村的奖补政策来看，这个过程还是比较漫长的。所以，政策制定者和执行者要有足够的耐心，需要等待，等待时机成熟的那一刻。

（四）扶贫瞄准方式子系统的协同动力分析

扶贫瞄准方式大致可以划分为区域瞄准和人口瞄准，或者划分为粗放瞄准和精确瞄准。从某种意义上，我们可以将区域瞄准作为粗放瞄准来看待或处理，把人口瞄准作为精确瞄准来看待或处理。当然，严格说来这样处理也许并不妥当。这是因为，在人口瞄准中，其实我们瞄准的人口也带有某种粗放的成分在里面。我们瞄准的是人口，但人口或许可以是粗放的。为了分析简单起见，我们姑且作这样的处理。

前面我们已经分析了区域瞄准和人口瞄准之间存在竞争关系，竞争的结果是形成了某种协同机制。区域瞄准和人口瞄准在不断竞争的过程中，两者不断地凸显出自身的优缺点。区域瞄准方式最大的缺陷是瞄准的精度不高，在贫困县中，许多扶贫资源被非贫困对象所占用，并没有发挥扶贫资源应有的作用，导致大量扶贫资源被浪费，从而导致扶贫瞄准绩效十分低下。人口瞄准方式将瞄准对象从区域向人口不断锁定，旨在尽可能减少扶贫瞄准过程中的瞄准缺口。从瞄准绩效看，人口瞄准的绩效确实比区域瞄准的绩效要高。贫困毕竟归根结底都是一定贫困人口的贫困，区域贫困最终要通过人口贫困体现出来。所以，人口瞄准绩效比区域瞄准绩效要高，人口瞄准的目的性更加明显，操作性更强。尤其是在当今很多贫困地区中许多贫困户最终并没有分享到国家“扶贫红利”的普遍情况下，人口瞄准的优势更加明显。两种瞄准方式必须协同一致，否则，我国的扶贫事业必将遇到太多的“中梗阻”。这样一来，各个贫困地区必须实现瞄准方式的制度变迁，瞄准方式必须要协同。怎么协同？区域瞄准向人口瞄准让步，粗放瞄准向精确瞄准过渡。各个贫困地区的扶贫机构、贫困户以及扶贫资金的运作模式都统一行动起来，将瞄准对象向人口（即贫困户）聚焦。在聚焦过程中，出现了一个序参量，这个序参量就是瞄准绩效。高绩效将扶贫的各个方面、各个要素和各个环节纳入自己的运行轨道。贫困县退出机制就是瞄准绩效序参量伺服系统运行的良好例子。为什么要建立贫困县退出机制？如果没有构建一个良好的退出机制，则某些贫困县就会成为区域瞄准扶贫方式下的制度既得利益集团，让低瞄准绩效的态势永远延续。这显然有悖于我国扶贫政策的初心，也有悖于我国精准扶贫理论的初心。构建贫困县退出机制是对瞄准绩效序参量伺服原理的政策响应，也是扶贫瞄准方式之间协同机制的题中之义。

第五节　扶贫瞄准系统自组织机制的发展阶段分析

扶贫瞄准系统存在许多子系统，每个子系统内部存在诸多要素。每个子系统内部要素之间以及子系统要素之间都存在竞争和协同关系。系统与系统之间以及要素与要素之间存在一定的合作概率，郑小碧（2012）根据产业集群要素之间的合作概率高低将产业集群共性技术创新自组织过程划分为三个阶段①。我们借鉴郑小碧（2012）的分析方法，根据扶贫瞄准系统要素之间合作概率的高低，将扶贫瞄准自组织机制进行阶段划分，从开放性、非平衡性等维度分析每个阶段的对应特征。

一、第一个阶段：扶贫自乱瞄准

当扶贫子系统要素之间的合作概率大于 0 而小于 0.3 的时候，扶贫瞄准的组织过程处在“自乱瞄准”阶段。该阶段是瞄准自组织机制的初级阶段。它具有以下五个方面的特征：

（一）开放程度低

在该阶段，扶贫瞄准自组织机制各个子系统都没有太多的外界能量、信息和物质的输入和输出。扶贫瞄准主体子系统中，政府扶贫机构并没有针对专门的区域设置扶贫专项资金和项目，对贫困群体进行的扶贫是一种以改革开放整体政策为核心内容的普惠式扶贫或针对一些困难户的救济式扶贫，并没有投入大量的扶贫资源。与扶贫瞄准主体子系统相对

① 郑小碧 . 基于自组织理论的产业集群共性技术创新研究［J］. 科技进步与对策，2012（08）.

应，扶贫瞄准自组织机制的对象子系统、资金子系统、产业子系统和项目子系统等并没有大量相应的物质、能量和信息输入。因此，从开放性来看，该阶段总体的开放程度很低。

（二）非平衡性弱

在自乱瞄准阶段，扶贫瞄准自组织机制各个子系统内部要素之间并没有出现太大的差异性。在改革开放初期，农民的收入差异不大，基尼系数不高。地区之间虽然存在一定的差异，但总体上尚处于可容忍的范围。各个贫困户之间的致贫原因都不存在太大的差异，致贫原因基本上都是因为疾病、区位等，产业发展程度和教育公平程度都差不多，都处在产业发展的原始阶段，都没有太多的特殊机会接受与众不同的教育。在资金和项目上，各个贫困户都没有接受国家扶贫机构太多的资金，也没有因此进行扶贫项目的大面积开发。总体贫困率相当高，致贫原因大同小异，扶贫资金相差无几。这些事实表明，在该阶段中，尽管存在一定程度的非平衡性，但非平衡性比较弱。

（三）非线性度弱

尽管扶贫瞄准系统自组织机制中要素数量远远超过三个，但毕竟数量不够大，许多扶贫要素并没有介入。如扶贫对象瞄准中的建档立卡制度、方式瞄准中的人口瞄准、精准帮扶中的结对帮扶等扶贫基本要素并没有进入扶贫瞄准自组织机制总系统中。除了介入要素的数量不够庞大之外，更重要的一点是，此阶段中要素之间的正负反馈机制尚没有产生强大的动力源泉。以扶贫资金为例，在此阶段，扶贫资金的数量非常有限，对贫困户产业带动和就业带动作用十分有限。贫困户只能从国家扶贫机构拨付的少量资金中维持自己的生活来源，没有多余的资金进行原始积累，似乎永远无法走出资金约束的“低水平收入陷阱”。换言之，扶贫资金无法让贫困户在整个生存过程中形成一个有效的正反馈闭环。而这个闭环的形成对系统非线性作用的发挥是至关重要的。简言之，扶贫瞄准系统自组织机制中要素数量的不足和要素正反馈闭环形成的缺失共同导致了整个系统非线性度的弱小。

（四）随机涨落小

在该阶段中，市场经济尚处于萌芽阶段，农产品市场的开放度很低。贫困户几乎不可能通过进入到农产品市场让自己走上一条脱贫致富的道路。农业技术也并没有产生某种质变，农业耕作方式也并没有发生飞跃。国家的扶贫政策并没有将农村扶贫纳入到议事日程。城市对农村的剥夺以及工业对农业的剥夺在一如既往地进行。注入到农村的扶贫资金也只是一股涓涓细流。上述几个方面的原因共同导致了扶贫瞄准自组织机制系统接收的随机涨落幅度不是很大。没有一定力度的随机涨落，扶贫瞄准系统的自组织过程不可能找到动力。动力的缺乏导致扶贫瞄准处在自乱阶段。

（五）学习能力弱

学习能力体现的是学习主体在分析事物发生的环境和过程的基础上，认识事物发展基本规律，并利用这些规律指导自身实践过程的能力。在扶贫瞄准自乱阶段，扶贫瞄准主体和对象（客体）等学习者的学习能力都不够强大。作为扶贫瞄准的主体，各级扶贫机构并没有大面积地实施扶贫惠民工程，可供借用的理论不多，可供借鉴的经验不多，扶贫资金的拨付、扶贫产业的遴选和扶贫项目的设定都只能摸着石头过河。在扶贫瞄准对象或客体层面，千百年来，贫困户对自己的致贫原因习惯于懒于思考，消极对待。没有什么成功的脱贫模式可以让自己去脱贫。文化素养不高，对别人成功的经验也无法去效仿，终日活在对自身和对社会的抱怨中。扶贫瞄准主体和客体弱小的学习能力使扶贫瞄准过程无法寻求出一条恰当的自为和自律道路。

二、第二个阶段：扶贫自为瞄准

自为瞄准是指瞄准的各个子系统或要素能够在一定程度上有自己的行为，自组织行为有了一定的力度。各个要素的协同效应找到了一定的源泉。从协同概率的角度看，如果子系统要素之间的合作概率介于 0.3 和 0.7 之间，则扶贫瞄准系统便进入到扶贫第二个阶段：扶贫瞄准自为阶段。下面同样从以下五个方面描述此阶段的特征。

（一）开放程度中等

在该阶段，扶贫瞄准各个子系统有较多的外界能量、信息和物质的输入和输出。扶贫瞄准主体子系统中，政府设立了专门的扶贫机构，企业和社会团体在很小的规模上介入到扶贫工程中来。政府扶贫机构开始设立贫困县制度，财政拨款中设定了针对贫困县的扶贫专项资金和项目，对贫困群体进行的扶贫不再是一种以改革开放整体政策为核心内容的普惠式扶贫，而是一种针对特定区域和特定领域的开发式扶贫。很明显，开发式扶贫方式的出现必定伴随着大量扶贫资金的投入。与扶贫瞄准主体子系统相对应，扶贫瞄准的对象、资金、产业和项目等子系统中有较多的物质、能量和信息输入。因此，从开放性来看，该阶段总体的开放程度处于中等。

（二）非平衡性中等

在自为瞄准阶段，扶贫瞄准各个子系统内部要素之间的差异性显现出来，并且呈现出越来越大的势头。在改革开放初期存在的农民内部收入微小差异不断扩大，基尼系数不断增加。东西部地区之间的差异以及城乡差异不断扩大。各个贫困户之间的致贫原因千差万别，尤其是教育缺失、资金短缺、区位偏僻等因素造成的贫困差异越来越大。以扶贫资金为例，在第一个阶段，扶贫投入的资金少，不存在太大的差异性。到了第二个阶段，政府投入的扶贫资金数量增加，但总体上数量仍然不够。这样一来，政府扶贫机构不得不实施选择性拨付。结果是，各个贫困县或者贫困户接受的扶贫资金呈现出一定的非平衡性。

（三）非线性度增强

在自为瞄准阶段，渗入到瞄准系统和过程中的要素数量明显增加。扶贫对象瞄准中的建档立卡制度、方式瞄准中的人口瞄准、精准帮扶中的结对帮扶等扶贫基本要素开始进入扶贫瞄准总系统中。除了介入要素的数量不断增加之外，更重要的一点是，此阶段中要素之间的正负反馈机制开始发挥自己的力量。仍然以扶贫资金为例，在此阶段，扶贫资金数量明显增加，足够多的资金可以在很大程度上和范围内对贫困户产生产业带动和就业带动作用。在此以前，贫困户或许只能勉强维持自己的生存需要，没有多余的资金进行原始积累，确实很难走出资金约束的“低水平收入陷阱”。但到了自为阶段，扶贫资金可以通过产业的发展带动贫困户收入的增加，收入的增加可以使自己进行一定数量的原始积累，资金的积累可以强化发展的经济基础。换言之，扶贫资金在整个过程中实质上已经形成了有效的正反馈闭环，尽管这个闭环是原始的，增益倍数尚不够大。但它的存在至关重要，因为它是非线性度增强的重要标志。简言之，扶贫瞄准系统中要素数量的增加和要素正反馈闭环的初步形成使得整个系统非线性度开始增强。

（四）随机涨落的影响变大

在自为瞄准阶段，国家基本上已经确立了市场经济的基础地位，虽然市场经济还有待进一步完善。农产品市场的开放度较高，农民的市场经济主体地位无论从法律上还是其他层面都得到了一定程度的承认，贫困户可以通过进入到农产品市场让自己走上一条脱贫致富的道路。某些实用的农业技术开始出现，农业耕作方式开始发生变化，农业机械化程度和农业现代化程度有了一定的进展。尤其是，国家和政府的决策高层已经认识到农村普遍贫困的基本事实和城乡差异与工农差异不断扩大的基本事实，并基于这些基本事实，将扶贫攻坚和缩小城乡差异与工农差异纳入执政的主旋律中来。例如，继贫困县制度之后的贫困村制度、取消农业税制度、农业补贴制度等都是我国政府对农村发展和扶贫工程的政策响应。这些制度无疑是我国扶贫瞄准过程中不能忽视的重大随机涨落。众多随机涨落的存在为我国扶贫瞄准系统的自组织过程找到了巨大的动力。

（五）学习能力变强

在扶贫瞄准的自为阶段，扶贫瞄准的主体和对象（客体）等学习者的学习能力逐渐变强。学习能力增强的一个重要原因是教育机会均等化程度提升使得贫困户的文化素质大幅度提升。在扶贫瞄准自乱阶段，作为瞄准系统中重要参与主体，贫困户受到了文化素质的限制，对脱贫的方式、路径、手段等方面的学习尚停留在所谓的机械性或利用性萌芽阶段。但到了瞄准自为阶段，贫困户的素质提升以后，不再是以前的利用性学习，而是提升到探索性学习阶段。他们利用自身所掌握的文化知识，分析自身贫困的各种原因，并尝试性地采取各种方式和手段去加以解决，尽管这些方式或手段可能无果而终，甚至以失败而告终。有很多可以说明这个道理的例子。很多养殖户通过对养殖产业的不断摸索，最终走上一条脱贫致富的道路。湘西州龙山县的比尔村是另一个通过种植业脱贫致富的成功例子。

三、第三个阶段：扶贫自律瞄准

（一）开放程度高

在扶贫自律阶段，扶贫瞄准各个子系统都有大量的外界能量、信息和物质的输入和输出。扶贫瞄准主体子系统中，瞄准主体从单一化向多元化演化，从原来的几乎全是政府扶贫机构的状态向政府、团体、企业三位一体化状态演变。主体的多元化必定伴随着外界能量、信息和物质输入的剧增。与主体多元化相对应，扶贫瞄准的对象子系统、资金子系统、产业子系统和项目子系统等必将有大量相应的物质、能量和信息输入。以产业子系统为例，在第二个阶段中，扶贫产业的投入虽然不断出现，但数量不是很大。到了扶贫瞄准自律阶段，各个扶贫区域都因地制宜地发展了自己的产业，劳动力资源在地域间和产业间的流动剧烈增加，农产品的流动剧烈增加。这些情况表明，从开放性来看，该阶段总体的开放程度已经达到很高的水平。

（二）非平衡性巨大

在自律瞄准阶段，扶贫瞄准各个子系统内部要素之间的差异性进一步扩大。这些差异性表现在很多方面：贫困户的收入、农业耕作的方式、产业发展的水平、积累的资金数量等都出现了似乎越来越大的差异。扶贫瞄准系统对不同的贫困地区和对不同的贫困户投入的扶贫资源肯定有差异，但每个贫困地区和每个贫困户在资金的利用效率上必定存在差异，从而导致收入水平差距不断扩大。农业耕作方式方面，在本阶段以前，大家都习惯于刀耕火种的农耕方式，那时候农业科技的投入量和面积不大。到了本阶段，各个贫困地区对农业技术的吸收能力存在差异。有些地方容易推行农业机械化，更多的贫困区无法实施农业机械化。机械化程度的不同导致的直接后果就是农业耕作方式的分化。产业发展的水平也是如此。在本阶段以前，产业之间没有太大的差异。为什么？因为所有的贫困地区都缺资金，所有的贫困户都主要以农业为生。但到了扶贫瞄准自律阶段，扶贫资金的大量投入给各个贫困地区和贫困户带来了前所未有的机遇。每个贫困地区和贫困户自身存在的禀赋差异导致他们对扶贫瞄准资源的吸收和盘活能力产生分离，这种分离在时间的长河中会越来越大，最后出现产业非平衡发展的局面。

（三）非线性度高

前面的分析过程中，我们得知，在自为瞄准阶段，渗入到瞄准系统和过程中的要素数量明显增加。到了自律瞄准阶段，对贫困地区和贫困户实施投入的手段、方式和实行的政策等各个方面可谓是达到了无以复加的地步。习近平总书记提出的精准扶贫战略是这种局面的真实写照。精准扶贫战略一提出来，整个神州大地上不知道有多少机构、有多少人员、有多少地方、有多少资源被席卷到精准扶贫战略的汹涌波涛中来。这表明，扶贫瞄准系统中要素的数量已经出现了指数级增长。要素数量的指数级增长为扶贫瞄准系统非线性程度的增加提供了客观前提。非线性作用的发挥尚需要要素之间反馈作用的极大强化。以前面提到的扶贫工作队结对帮扶对产业发展的非线性作用为例。扶贫工作队结对帮扶是指，政府扶贫机构派出某一个行政或事业单位中的一个工作队，常驻在某个贫困村，对该村实施点对点的帮扶。该帮扶方式是一种新的帮扶方式，许多工作队在政策的响应下，对自己负责的贫困村进行了非常详细和非常到位的点对点帮扶。几乎所有的扶贫工作队都制定了周详的产业扶贫具体政策和举措，向政府扶贫机构和社会各界人士争取到了大量的扶贫资源，将这些资源真正用在贫困村和贫困户的产业发展上，形成一个强有力的反馈闭环路：扶贫资源→帮扶对象→产业发展→贫困户就业→资金积累→自我投入扶贫资源。在该正反馈闭路的影响下，扶贫工作队结对帮扶方式最终放大了要素间的非线性作用。

（四）随机涨落的影响巨大

到了扶贫瞄准自律阶段，许多原始的涨落不再成为新阶段的涨落。市场经济不再是一个新鲜的概念，它已经在经济生活中占据了核心地位；农产品市场化程度也在不断提高的过程中；农业耕作方式或许也不可能有太大的改变；农业税也已经取消了。这些“原始”涨落不可能继续成为“在位”涨落。能够称得上划时代意义的涨落非精准扶贫战略不可。精准扶贫战略无论在理论上还是实践上都堪称扶贫瞄准新阶段下的巨大涨落。该战略是对我国过去存在的粗放式扶贫思想的重大方向性改变。该理论提出后，扶贫实践界也在如火如荼地推进精准扶贫。许多配套政策先后被制定出来，大量人力、物力资源介入其中。这种情况表明，精准扶贫绝对称得上我国扶贫瞄准的巨大涨落。我国以前的扶贫瞄准是以贫困县和贫困村为主要瞄准方式的粗放式瞄准，该瞄准方式的致命弱点是瞄准精度低、绩效差。精准扶贫是一个巨大的政策涨落，通过精准识别、精准帮扶、精准管理和精准考核将整个扶贫过程串联起来，彻底解决扶贫过程中的“最后一公里”问题。该涨落的力量是相当巨大的。

（五）学习能力相当强大

在扶贫瞄准自律阶段，扶贫瞄准的主体和对象（客体）等学习者的学习性质发生了质的变化，从自为阶段的以探索性学习为主演化成以模仿性学习为主，学习能力逐渐变强，并达到了一个相当高的水平。在探索性学习阶段，由于扶贫瞄准各个子系统的要素不够完备，发育程度不够高，许多过程尚有待于我们去探索，许多原因需要我们去探寻。而到了扶贫瞄准自律阶段，瞄准子系统的要素日臻完善，发育程度不断提高，过程和原因基本已经梳理清楚，扶贫的模式和道路基本清楚。这样一来，瞄准的主体和客体完全可以对一些成功的模式和道路进行模仿。这种模仿学习的成本和风险不是很大。学习能力变强的原因是什么呢？学习能力急剧增强的一个重要原因仍然是教育机会均等化程度的极大提升。在瞄准自为阶段，贫困户接受教育的机会已经有了实质性的提高，而到了瞄准自律阶段，教育公平化程度已经很高了，九年制义务教育已经实施了多年。由教育公平化导致的整个社会阶层整体素质普遍提升。贫困户接受教育的机会与非贫困户相差无几。这种局面使得各个贫困户完全可以和非贫困户站在同一条起跑线上，至少从学习机会和资源方面来说是如此。

根据上面的特征，可以将三个阶段的特征总结如下表所示（表 3.1）：

表 3.1　扶贫瞄准自组织机制运行的三个阶段

自组织阶段	第一阶段：自乱瞄准	第二阶段：自为瞄准	第三阶段：自律瞄准
合作概率大小	[0，0.3]	[0.3，0.7]	[0.7，1]
开放程度高低	低	中	高
非平衡度高低	低	中	高
非线性度强弱	低	中	高
随机涨落高低	低	中	高
学习能力大小	弱（利用性学习）	中（探索性学习）	强（模仿性学习）

第四章　精准扶贫多维瞄准系统的演化博弈模型分析①

本章当中，我们将建立一个精准扶贫多维瞄准系统的演化博弈模型，目的在于为精准扶贫瞄准过程中不同行为主体的行为选择提供一个分析框架。

第一节　模型的基本假设

一、博弈参与人假设

扶贫瞄准系统中牵涉的参与人许多，为了简单起见，我们假设参与扶贫瞄准的参与人只包括两个大类的群体。第一个群体是“配合型贫困群体”（cooperative poor groups），第二个群体是“非配合型贫困群体”（non-cooperative poor groups）。配合型贫困群体是指在国家实施扶贫瞄准的过程中，能够比较客观公正地展示自己的贫困状态，在接受到扶贫资源后能够配合扶贫瞄准的政策，激发自己的脱贫积极性，真正将扶贫资源用到实处，力争产生良好的扶贫绩效的一个群体。显然，该群体不会有意去掩藏不利的信息，在扶贫瞄准过程中，产生道德风险的概率比较小。非配合型贫困群体是指在国家实施扶贫瞄准的过程中，不能够比较客观公正地展示自己的贫困状态，在接受到扶贫资源后会采取各种措施和手段阻挠扶贫瞄准政策的实施，对扶贫瞄准的态势是消极的，不能够真正将扶贫资源用到实处，从而最终导致整个扶贫瞄准的绩效十分低下的一个群体。显然，该群体想尽一切可能的办法，掩藏对自己不利的信息，在扶贫瞄准过程中，产生道德风险的概率非常大。“非配合型贫困户”群体中的小种类有很多种。一个典型的小种类就是，很多非贫困户在向扶贫瞄准主体报告自己的贫困状态时“装穷”，通过有悖于道德规范甚至于违法的手段让自己混入贫困户群体中。这类群体就是典型的“非配合型贫困户”。还有一个典型的小种类就是，从各个方面来看，他们的确属于完整意义上的贫困户，但他们在接受到扶贫资源后，并没有贯彻扶贫机构的扶贫政策，利用已经获得的扶贫资源做出一些“非脱贫”的“分内之事”。例如，他们将金融扶贫项目得来的资金不是用来进行项目开发，而

① 吴雄周．扶贫瞄准中贫困户竞争与协同行为的演化博弈分析［J］．吉首大学学报（社会科学版），2017（6）．

是用来赌博或是用来购买奢侈品。

二、策略假设

“非配合型贫困群体”和“配合型贫困群体”都只有两个策略可以选择：竞争（competition）和协同（synergism）。竞争在这里体现的具体含义是，一个群体中（如“非配合型贫困群体”）的一个个体（如非配合者A）与另一个群体（如“配合型贫困群体”）的一个个体（配合者B）存在某种利益冲突而采取一些排斥性的行为。例如，非配合者A和配合者B都想成为贫困户后获得扶贫金融贷款，但受到贷款数量或名额的限制，不可能两者都获得贷款。此时，非配合者A和配合者B的关系就是典型的竞争关系。显然，竞争的结果很可能是使得扶贫瞄准系统丧失整体性，导致某个新的情况出现。协同在这里体现的具体含义是，一个群体中（如“非配合型贫困群体”）的一个个体（如非配合者A）与另一个群体（如“配合型贫困群体”）的一个个体（配合者B）存在某种利益一致性而采取一些合作性的行为。如果某个个体一意孤行，采取某些“天理难容”的手段去对待整个扶贫瞄准的过程，那他的行为很可能会受到整个集体的反对，从而导致该行动者处于孤立无援的状态，失去合作伙伴，最终不能获得应有的利益。举例来说，非配合者A凭借自己的各种势力，强行攫取各种本应该由“配合型贫困群体”获得的各种扶贫资源。攫取资源后，并没有将扶贫资源“好钢用在刀刃上”，导致整个扶贫瞄准的绩效十分低下。一旦瞄准的绩效十分低下，国家扶贫机构就可能会考虑对拨付的扶贫资源的流向进行彻查。显然，非配合者A经不起彻查，最终东窗事发，落个不好的下场。政府扶贫机构很可能不会考虑继续将大量的扶贫资源拨付给该地区，因为扶贫绩效太低。这样一来，“配合型贫困群体”就会联合起来，或者与扶贫机构进行合作，一致对付非配合者A。非配合者A是一个理性人，能够预见自己行为的各种后果，因而可能不会太大胆，而是保持与“配合型贫困群体”的合作，产生协同效果，保障扶贫瞄准的绩效存在一个“满意解”。

三、收益假设

Πv 和 Πm 分别为“配合型贫困群体”和“非配合型贫困群体”中某个贫困户（即“非配合型贫困户”或“配合型贫困户”）采取竞争策略时的预期收益，该收益的大小是扶贫多维瞄准绩效的函数；ΔZ 为扶贫多维瞄准绩效的总协同效应，即为配合型贫困户和非配合型贫困户均采取协同策略时给整个贫困对象群体带来的扶贫多维瞄准绩效协同效果，表现为某种超额绩效。ΔZv 和 ΔZm 分别为“配合型贫困户”和“非配合型贫困户”在协同策略下获得的扶贫绩效期望值增量，显然应该有 $\Delta Zv+\Delta Zm=\Delta Z$。$\alpha v$ 为“配合型贫困户”对扶贫多维瞄准绩效的协同效应系数，它反映的是“配合型贫困户”在整个扶贫瞄准过程中的获得的协同效应的比重。αm 为“非配合型贫困户”对扶贫多维瞄准绩效的协同效应系数，它反映的是“非配合型贫困户”在整个扶贫瞄准过程中的获得的协同效应的比重。显然，有 $\alpha v+\alpha m=1$，且有 $\Delta Zv=\alpha v\Delta Z$ 和 $\Delta Zm=\alpha m\Delta Z$ 成立。在获取协同脱贫效应（瞄准绩效）的同时，协同主体间可能会出现某些系统风险，如高度协同导致的产业结构雷同可能让全体贫困户经不起市场风险，扶贫产业结构的单一化很可能就会出现此类风险，用 βv 和 βm 分别表示的风险系数。该风险系数可以看做是“配合型贫困户”和“非配合型贫困户”各自分担的协同策略初始成本比重。用 C 表示协同总成本，Cv 和 Cm 分别表示“配合型贫困户”和“非配合型贫困户”各自分担的协同策略初始成本。则有 βv+βm=1，Cv+Cm=C，Cv=βvC 和 Cm=βmC 成立。

四、比例假设

在所有配合型贫困户中，选择协同策略的比例为 m，则选择竞争策略的比例为（1-m）。在所有非配合型贫困户中，选择协同策略的比例为 n，则选择竞争策略的比例为（1-n）。

第二节　扶贫瞄准对象协同竞争演化博弈模型的建立

“配合型贫困群体”和“非配合型贫困群体”的博弈行为是不断重复进行的，是一种重复博弈。在博弈的每一个步骤中，博弈的参与人都不可能是完全理性的，只能是有限理性的。两者都根据每一个博弈的步骤对方的收益和自己的成本收益情况进行动态调整，从调整中不断改进自己的行为，最终达到一个可能的稳定状态。根据这种局面，我们可以构建一个扶贫瞄准对象的协同竞争演化博弈模型。

一、配合型贫困户和非配合型贫困户的得益矩阵

根据前面的收益假定，可以构建博弈参与人的得益矩阵：

表 4.1　博弈参与人的得益矩阵

收益		恶性贫困户	
		协同	竞争
配合型贫困户	协同	iv ＋ αvZ-βvC，im+αmZ-βmC	iv-βvC，im
	竞争	iv，im-βmC	iv，im

我们来解释每一个情况下的得益：

（1）当“配合型贫困户”和“非配合型贫困户”都选择竞争策略时，整个扶贫瞄准的绩效中没有产生协同效应。两者获得的得益分别为 iv 和 im。

（2）当“配合型贫困户”和“非配合型贫困户”都选择协同策略时，整个扶贫瞄准的绩效中产生了协同效应 Z，但也付出了协同成本 C。“配合型贫困户”获得的协同效应为 αvZ，付出的协同成本是 βvC，在扶贫瞄准中获得的总收益是 iv ＋ αvZ-βvC。“非

配合型贫困户”获得的协同效应为 αmZ，付出的协同成本是 βmC，在扶贫瞄准中获得的总收益是 im ＋ αmZ– βmC。

（3）当“配合型贫困户”和“非配合型贫困户”分别选择竞争和协同策略时，整个扶贫瞄准的绩效中并没有产生协同效应，但“非配合型贫困户”为此付出了协同成本 βmC。“配合型贫困户”没有付出协同成本。此时，“配合型贫困户”在扶贫瞄准中获得的总收益是 iv，“非配合型贫困户”在扶贫瞄准中获得的总收益是 im– βmC。

（4）当“配合型贫困户”和“非配合型贫困户”分别选择协同和竞争策略时，整个扶贫瞄准的绩效中并没有产生协同效应，但“配合型贫困户”为此付出了协同成本 βvC。“非配合型贫困户”没有付出协同成本。此时，“非配合型贫困户”在扶贫瞄准中获得的总收益是 im，“配合型贫困户”在扶贫瞄准中获得的总收益是 iv– βvC。

二、配合型贫困户和非配合型贫困户的得益期望值

根据前面的得益矩阵和比例或概率假设，我们可以得到配合型贫困户和非配合型贫困户分别选择协同和竞争策略下的期望收益和总体平均收益。

（一）配合型贫困户的收益

配合型贫困户选择协同策略的期望收益是：

Evs=n*（iv ＋ αvZ– βvC）+（1–n）*（iv– βvC）=iv+nαvZ– βvC （式 4.1）

配合型贫困户选择竞争策略的期望收益是：

Evc=n*iv+（1–n）*iv=iv （式 4.2）

这样，我们就可以得到配合型贫困户的平均收益：

$$\begin{aligned}\overline{E_v} &= m\times E_{vs} + (1-m)\times E_{vc}\\ &= m\times (i_v + n\alpha_v Z - \beta_v C) + (1-m)\times i_v\\ &= i_v + mn\alpha_v Z - \mathrm{m}\beta_v C\end{aligned} \quad \text{（式 4.3）}$$

（二）非配合型贫困户的收益

非配合型贫困户选择协同策略的期望收益是：

Ems=m*（im ＋ αmZ– βmC）+（1–m）*（im– βmC）=iv+nαvZ– βvC （式 4.4）

非配合型贫困户选择竞争策略的期望收益是：

Emc=m*im+（1–m）*im=im （式 4.5）

这样，我们就可以得到非配合型贫困户的平均收益：

$$\begin{aligned}\overline{E_m} &= n\times E_{ms} + (1-n)\times E_{mc}\\ &= n\times (i_m + m\alpha_m Z - \beta_m C) + (1-n)\times i_m\\ &= i_m + mn\alpha_m Z - \mathrm{n}\beta_m C\end{aligned} \quad \text{（式 4.6）}$$

（三）构建动态方程组

我们可以根据前面的期望值大小分别构建良性和非配合型贫困户的复制动态方程组，

$$U(m)=\frac{dm}{dt}=m(E_{vs}-\overline{E_v})=m(1-m)(n\alpha_v Z-\beta_v C)$$
$$U(n)=\frac{dn}{dt}=n(E_{ms}-\overline{E_m})=n(1-n)(m\alpha_m Z-\beta_m C)$$
（式 4.7）

第三节　扶贫瞄准对象协同竞争演化博弈模型的稳定性分析

一、构建雅克比矩阵

复制动态方程的雅克比矩阵是：

$$J=\begin{bmatrix}(1-2m)(n\alpha_v Z-\beta v C) & m(1-m)\alpha_v Z \\ n(1-n)\alpha_m Z & (1-2n)\left[m\alpha_m Z-\beta_m C)\right]\end{bmatrix}$$
（式 4.8）

根据雅克比矩阵，容易得到该矩阵的迹，如下所示：

$$tr(J)=(1-2m)(n\alpha_v Z-\beta v C)+(1-2n)(m\alpha_m Z-\beta_m C)$$
$$=(1-2m)(n\alpha_v Z-\beta v C)+(1-2n)\left[m(1-\alpha_v)Z-(1-\beta v)C\right]$$
（式 4.9）

二、演化博弈稳定性分析

（一）稳定性条件分析

由上述方程组，可以得到配合型贫困户和非配合型贫困户各自都有两个动态复制状态：m=0，m=1 和 n=0，n=1。为了保证该博弈能够稳定进化，还必须要求两个复制动态表示式的二阶导数小于 0。即要求：

$$\frac{dU(m)}{dm}=(1-2m)(n\alpha_v Z-\beta_v C)<0$$
$$\frac{dU(n)}{dn}=(1-2n)(m\alpha_m Z-\beta_m C)<0$$
（式 4.10）

令 m*=β mC/ α mZ，n*=β vC/ α vZ。当 n=n*=β vC/ α vZ 时，则 Um=0，即所有的 m 都是稳定的。当 m=m*=β mC/ α mZ 时，则 Un=0，即所有的 n 都是稳定的。

（二）述复制动态方程组中，我们可以令 dm/dt=0，dn/dt=0

当 dm/dt=0 的时候，要么 m=0，或者 1，要么 n= β vC/ α vZ。这表明，此时候，配合型贫困户中采取协同策略的比例要么等于 0，即全部采取竞争的策略（对应 m=0）；要么采取全部协同的策略（对应 m=1）；要么是既不全部采取协同，也不采取竞争，但要求非配合型群体中采取协同的比例应该等于协同成本与协同效应之比。这个时候的状态是稳定的。

当 dn/dt=0 的时候，要么 n=0，或者 1，要么 m= β mC/ α mZ。这表明，此时候，非配合型贫困户中采取协同策略的比例要么等于 0，即全部采取竞争的策略（对应 n=0）；要么采取全部协同的策略（对应 n=1）；要么是既不全部采取协同，也不采取竞争，但要求良性群体中采取协同的比例应该等于协同成本与协同效应之比。这个时候的状态也是稳定的。

根据这里的分析结果，我们不难找到复制动态方程存在五个稳定点，它们分别是：（0，0），（1，0），（1，1），（0，1），（$\beta mC/\alpha mZ$，$\beta vC/\alpha vZ$）。我们，并把上面的五个均衡点分别命名为 O，A，B，C，D。

（三）四种不同的稳定演化情况

可以根据 m，n 是否分别大于 m*，n*，对演化过程分四种情况进行讨论。讨论每一中情况下的配合型贫困户和非配合型贫困户选择协同与竞争策略的复制动态相位图及其演化趋势。

1．当 $\alpha vZ < \beta vC$ 且 $\alpha mZ < \beta mC$ 时，即当 $m < m^* = \beta mC/\alpha mZ$，$n < n^* = \beta vC/\alpha vZ$ 时。此时，为了保证非配合型贫困户和配合型贫困户的复制动态方程表达式的二阶导数小于 0，只能取 m=0 和 n=0。这时候的雅克比行列式符号是正，且迹的符号为负，表明该均衡点（m=0，n=0）是稳定点（ESS）。即无论是“配合型贫困户”还是“非配合型贫困户”，他们采取协同策略时的预期收益都小于采取协同策略时的初始成本。根据此时的雅克比行列式的符号和迹的符号，可以确定到底哪个均衡点是稳定点、不稳定点还是鞍点。见表 4.2 所示：

表 4.2　第一种情况下的稳定点分析结果

均衡点	雅克比行列式符号	迹的符号	结果
m=0，n=0	+	–	ESS
m=1，n=0	–	不确定	鞍点
m=0，n=1	–	不确定	鞍点
m=1，n=1	+	+	不稳定
m=m*，n=n*	不确定	0	鞍点

我们可以通过图形 4.1 将两类贫困群体中协同参与人数的比例变化复制的动态关系表示出来。

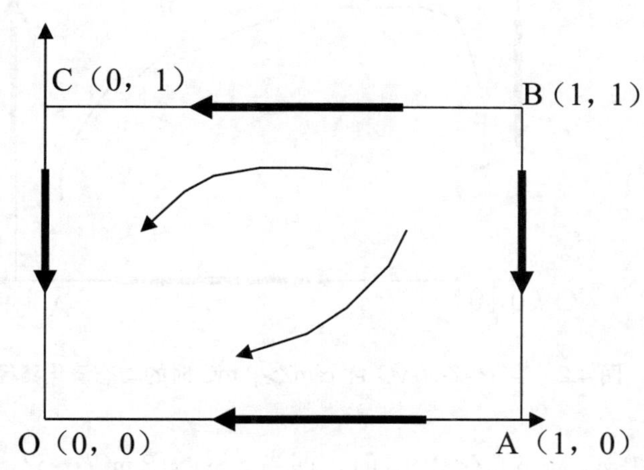

图 4.1　$\alpha vZ < \beta vC$ 且 $\alpha mZ < \beta mC$ 时的动态演化路径图

在此情况下，

2．当 $\alpha vZ<\beta vC$ 且 $\alpha mZ>\beta mC$，即当 $m<m^*=\beta mC/\alpha mZ$，$n>n^*=\beta vC/\alpha vZ$ 时。此时，为了保证配合型贫困户复制动态方程表达式的二阶导数小于 0，只能取 n=0；保证非配合型贫困户复制动态方程表达式的二阶导数小于 0，只能取 m=1。这时候的雅克比行列式符号是正，且迹的符号为正，表明该均衡点（m=1，n=0）不是稳定点。此时，虽然“非配合型贫困户”采取协同策略时的预期收益大于它采取协同策略时的初始成本，但“配合型贫困户”采取协同策略时的预期收益小于它采取协同策略时的初始成本。根据此时的雅克比行列式的符号和迹的符号，可以确定到底哪个均衡点是稳定点、不稳定点还是鞍点。见表 4.3 所示

表 4.3 第二种情况下的稳定点分析结果

均衡点	雅克比行列式符号	迹的符号	结果
m=0，n=0	+	–	ESS
m=1，n=0	+	+	不稳定
m=0，n=1	–	不确定	鞍点
m=1，n=1	–	不确定	鞍点
m=m*，n=n*	不确定	0	鞍点

我们可以通过图形 4.2 将两类贫困群体中协同参与人数的比例变化复制的动态关系表示出来。

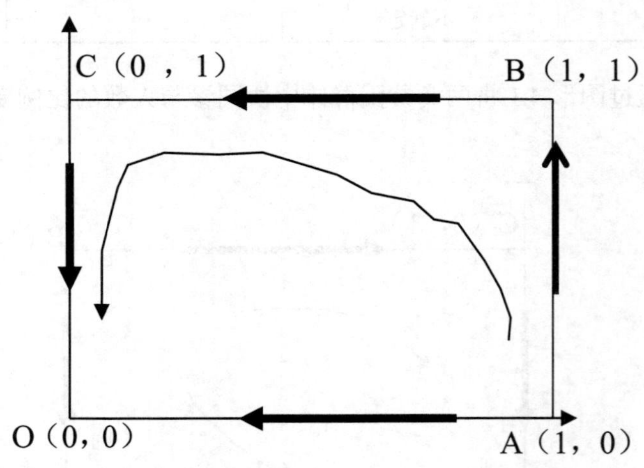

图 4.2 当 $\alpha vZ<\beta vC$ 且 $\alpha mZ>\beta mC$ 时的动态演化路径图

3．当 $\alpha vZ>\beta vC$ 且 $\alpha mZ<\beta mC$ 时，即当 $m>m^*=\beta mC/\alpha mZ$，$n<n^*=\beta vC/\alpha vZ$ 时。此时，为了保证配合型贫困户复制动态方程表达式的二阶导数小于 0，只能取 n=1；保证

非配合型贫困户复制动态方程表达式的二阶导数小于 0，只能取 m=0。这时候的雅克比行列式符号是负，但迹的符号不确定，表明该均衡点（m=0，n=1）不是稳定点，而是一个鞍点。此时，虽然“配合型贫困户”采取协同策略时的预期收益大于“配合型贫困户”采取协同策略时的初始成本，但“非配合型贫困户”采取协同策略时的预期收益小于“非配合型贫困户”采取协同策略时的初始成本。根据此时的雅克比行列式的符号和迹的符号，可以确定到底哪个均衡点是稳定点、不稳定点还是鞍点。见表 4.4 所示：

表 4.4　第三种情况下的稳定点分析结果

均衡点	雅克比行列式符号	迹的符号	结果
m=0，n=0	+	–	ESS
m=1，n=0	–	不确定	鞍点
m=0，n=1	–	不确定	鞍点
m=1，n=1	+	+	不稳定
m=m*，n=n*	不确定	0	鞍点

我们可以通过图形 4.3 将两类贫困群体中协同参与人数的比例变化复制的动态关系表示出来。

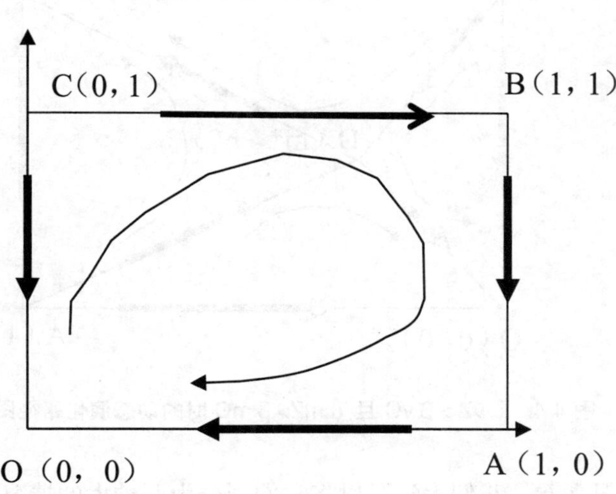

图 4.3　αvZ > βvC 且 αmZ< βmC 时的动态演化路径图

4．当 αvZ > βvC 且 αmZ> βmC，即当 m >m*= βmC/ αmZ，n >n*= βvC/ αvZ 时。此时，为了保证非配合型贫困户和配合型贫困户的复制动态方程表达式的二阶导数小于 0，只能取 m=1 和 n=1。这时候的雅克比行列式符号是正，且迹的符号为负，表明该均衡点（m=1，n=1）是稳定点（ESS）。此时，无论是“配合型贫困户”还是“非配合型贫困户”

采取协同策略时的预期收益都小于他们采取协同策略时的初始成本。我们可以考察此时的雅克比行列式的符号和迹的符号，然后根据符号确定到底是稳定点、不稳定点还是鞍点。见表 4.5 所示：

表 4.5　第四种情况下的稳定点分析结果

均衡点	雅克比行列式符号	迹的符号	结果
m=0，n=0	+	–	ESS
m=1，n=0	–	不确定	鞍点
m=0，n=1	–	不确定	鞍点
m=1，n=1	+	–	ESS
m=m*，n=n*	不确定	0	鞍点

我们可以通过图形 4.4 将两类贫困群体中协同参与人数的比例变化复制的动态关系表示出来。

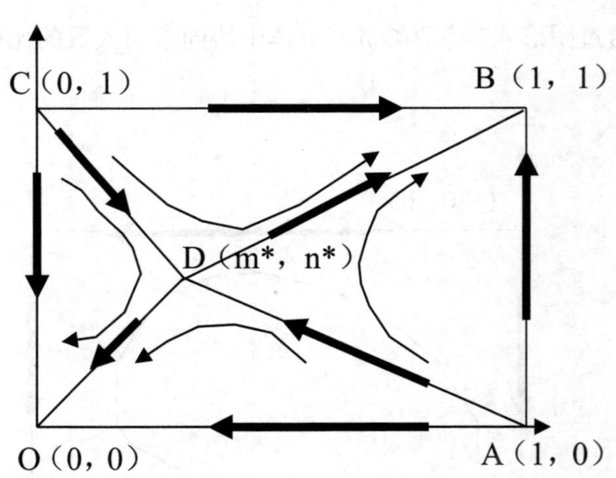

图 4.4　αvZ＞βvC 且 αmZ>βmC 时的动态演化路径图

上面的四种情况来看，我们大致可以将它们划分为两种大的情况。第一种大的情况就是“配合型贫困户”和“非配合型贫困户”中至少有一个群体选择协同策略的预期收益小于它的初始成本，此时的演化方向都是各自选择竞争。上面四种情况的第一、二和三种小情况属于第一大类，它们的 ESS 点都是 O（0，0），即最终都会选择竞争的策略。第四个小情况对应的是第二大类，此时无论是“配合型贫困户”还是“非配合型贫困户”，两者的协同预期收益都大于初始成本。此时的 ESS 稳定点有两个：O（0，0）和 B（1，1）。

那到底现实的状态到底收敛于点 O（0，0）还是点 B（1，1）？这个结果依赖于初始状态。曲线 ADC 实质上是一条收敛边界线。凡是处在多边形 ADCB 范围内的状态都将向稳定点 B（1，1）演化，即“配合型贫困户”和“非配合型贫困户”都选择竞争的策略；凡是处在多边形 ADCO 范围内的状态都将向稳定点 O（0，0）演化，即“配合型贫困户”和“非配合型贫困户”都选择协同的策略。

第四节　演化途径的影响因素分析

从前面的分析容易得知，扶贫瞄准对象系统演化的最终方向是点 O（0，0）和 B（1，1）。从图形 4 可以看出，演化到点 O（0，0）和 B（1，1）各自的概率取决于多边形 ABCD 面积的大小。该面积越大，表明越有可能演化到点 B（1，1），即越有可能演化到两者都采取协同的策略。用 S_{ABCD} 表示多边形 ABCD 的面积。则应该有：

$$S_{ABCD}=\frac{1}{2}(1-\frac{\beta_v C}{\alpha_v Z})+\frac{1}{2}(1-\frac{\beta_m C}{\alpha_m Z})=1-\frac{(1-\beta_v)C}{2(1-\alpha_v)Z}-\frac{\beta_v C}{2\alpha_v Z} \quad （式 4.11）$$

下面我们来分析演化途径的影响因素。

一、扶贫瞄准协同成本对演化路径的影响

将上面的面积函数对协同成本 C 求出一阶偏导数，可以得到

$$\frac{\partial S_{ABCD}}{\partial C}=-\frac{(1-\beta_v)}{2(1-\alpha_v)Z}-\frac{\beta_v}{2\alpha_v Z}<0 \quad （式 4.12）$$

这表明，多边形 ABCD 的面积是协同成本的单调递减函数。当协同成本增加的时候，多边形 ABCD 的面积减少，演化的路径越有可能向点 O（0，0）靠拢，越有可能走向相互竞争的结局，无法获得扶贫瞄准的协同效应。当协同成本减少的时候，多边形 ABCD 的面积增加，演化的路径越有可能向点 B（1，1）靠拢，越有可能走向相互协同的结局，可以获得扶贫瞄准的协同效应。因此，为了获得尽可能多的协同效应，应该尽量缩小扶贫瞄准过程中的协同成本。

二、扶贫瞄准协同成本的分担系数对演化路径的影响

成本分担系数 β_v 对演化路径的影响可以通过求多边形 ABCD 对 β_v 的一阶偏导数得出。

$$\frac{\partial S_{ABCD}}{\partial \beta_v}=\frac{C}{2Z}(\frac{1}{1-\alpha_v}-\frac{1}{\alpha_v}) \quad （式 4.13）$$

上式中，C>0，且 Z>0。该偏导数的符号依赖于表达式 $1/(1-\alpha_v)-1/\alpha_v$ 的大小。可

以分两个小情况来讨论。

①当 αv>0.5 的时候。

$$\frac{\partial S_{ABCD}}{\partial \beta_v}=\frac{C}{2Z}(\frac{1}{1-\alpha_v}-\frac{1}{\alpha_v})>0 \qquad (式 4.14)$$

此时，面积 S 是 βv 的单调增函数。表明 S 和 βv 是同一个方向变化，即当 βv 增加的时候，面积 S 也增加，扶贫瞄准对象系统向点 B（1，1）靠拢的可能性增加。它意味着，在扶贫对象瞄准中，如果配合型贫困户在扶贫多维瞄准绩效的预期收益分享比例大于非配合型贫困户分享的比例，那么，即使配合型贫困户分担的成本比例增加，它也会采取合作的策略，最终向两者都向协同的方向演化。

②当 αv<0.5 的时候。

$$\frac{\partial S_{ABCD}}{\partial \beta_v}=\frac{C}{2Z}(\frac{1}{1-\alpha_v}-\frac{1}{\alpha_v})<0 \qquad (式 4.15)$$

此时，面积 S 是 βv 的单调减函数。表明 S 和 βv 是按照不同的方向变化的，即当 βv 增加的时候，面积 S 减少，扶贫瞄准对象系统向点 B（1，1）靠拢的可能性减少。它意味着，在扶贫对象瞄准中，如果配合型贫困户在扶贫多维瞄准绩效的预期收益分享比例小于非配合型贫困户分享的比例，那么，当配合型贫困户分担的成本比例增加时，它会采取竞争的策略，最终向两者都向竞争的方向演化。

三、扶贫瞄准绩效预期收益对演化路径的影响

预预期收益 Z 对演化路径的影响可以通过求多边形 ABCD 对 Z 的一阶偏导数得出。

$$\frac{\partial S_{ABCD}}{\partial Z}=\left[\frac{(1-\beta_v)C}{2(1-\alpha_v)}+\frac{\beta_v C}{2\alpha_v}\right]\frac{1}{Z^2}>0 \qquad (式 4.16)$$

该偏导数的值恒大于 0，表明当扶贫瞄准中瞄准绩效的预期收益越大，越有可能将良性和非配合型贫困户的策略引入协同的演化方向。

四、扶贫瞄准绩效预期收益分享比例对演化路径的影响

预期收益分担系数 αv 对演化路径的影响可以通过求多边形 ABCD 对 αv 的一阶偏导数和二阶偏导数得出：

$$\frac{\partial S_{ABCD}}{\partial \alpha_v}=\frac{C}{2Z}\left[\frac{\beta_v}{\alpha_v{}^2}-\frac{(1-\beta_v)}{(1-\alpha_v)^2}\right] \qquad (式 4.17)$$

上面的表达式不能够断定正负符号，为了进一步考察面积随 αv 变化而变化的情况，可以进一步求出二阶偏导数，如下所示：

$$\frac{\partial^2 S_{ABCD}}{\partial^2 \alpha_v} = \frac{C}{2Z}\left[-\frac{2\beta_v}{{\alpha_v}^3} - \frac{2(1-\beta_v)}{(1-\alpha_v)^3}\right] < 0 \qquad \text{（式 4.18）}$$

从上式可以看出，在区间 [0，1] 之间存在一个特定的 αv 值，使得多边形的面积达到极大值。从经济学的含义来看，存在且只存在一个最佳的预期收益分担系数使良性和非配合型贫困户都采取协同的策略，将演化路径导入到点 B（1，1）。

第五节　扶贫瞄准系统中政府行为对演化路径的影响分析

在前面的演化路径稳定性分析中，我们知道，当配合型或非配合型贫困户中任何一方在扶贫瞄准过程中所获得的期望收益小于其协同成本的时候，都会出现同一个结果：都向均衡点 O（0，0）靠拢，即最终都是会采取竞争的策略。这种结果使得扶贫机构不能有效实施精准扶贫的政策，不能获得扶贫瞄准过程中的协同效应。此时，需要政府采取有关的补贴或者惩罚措施引导贫困户的行为，使整个演化的路径向点 B（1，1）迈进，即，将贫困户的行为引导到协同的轨道中去。根据这个思想，接下来分析政府的补贴政策对贫困户策略或演化路径的影响。

如果政府想引导贫困户进行协同，则可以对他们进行一定数量的补贴。假设政府给贫困户给予的补贴为 Su（为了简单起见，假设给每个贫困户的补贴数量是相同的）。

一、政府补贴下得益矩阵的变化

在配合型贫困户和非配合型贫困户获得相同补贴的情况下，两者的得益矩阵发生了变化，从原来的表 4.1 变化到表 4.6，如下所示：

表 4.6　博弈参与人得益矩阵（政府补贴下）

收益		恶性贫困户	
		协同	竞争
配合型贫困户	协同	iv ＋ αvZ− βvC+Su，im+αmZ−βmC+Su	iv−βvC+Su，im
	竞争	iv，im−βmC+Su	iv，im

二、配合型贫困户和非配合型贫困户在政府补贴下的得益期望值

根据前面的得益矩阵和比例或概率假设，我们可以得到配合型贫困户和非配合型贫困户分别选择协同和竞争策略下的期望收益和总体平均收益。

（一）配合型贫困户在政府补贴下的收益

配合型贫困户选择协同策略的期望收益是：

Evs=n*（iv ＋ α vZ− β vC+Su）+（1−n）*（iv− β vC+Su）=iv+n α vZ− β vC+Su（式 4.19）

配合型贫困户选择竞争策略的期望收益是：

Evc=n*iv+（1−n）*iv=iv （式 4.20）

这样，我们就可以得到配合型贫困户的平均收益：

$$\begin{aligned}\overline{E_v} &= m\times E_{vs} + (1-m)\times E_{vc} \\ &= m\times(i_v + n\alpha_v Z - \beta_v C + S_u) + (1-m)\times i_v \\ &= i_v + mn\alpha_v Z - m\beta_v C + mS_u\end{aligned} \quad （式 4.21）$$

（二）非配合型贫困户在政府补贴下的收益

非配合型贫困户选择协同策略的期望收益是：

Ems=m*（im ＋ α mZ− β mC+Su）+（1−m）*（im− β mC+Su）=iv+n α vZ− β vC+Su（式 4.22）

非配合型贫困户选择竞争策略的期望收益是：

Emc=m*im+（1−m）*im=im （式 4.23）

这样，我们就可以得到非配合型贫困户的平均收益：

$$\begin{aligned}\overline{E_m} &= n\times E_{ms} + (1-n)\times E_{mc} \\ &= n\times(i_m + m\alpha_m Z - \beta_m C + S_u) + (1-n)\times i_m \\ &= i_m + mn\alpha_m Z - n\beta_m C + nS_u\end{aligned} \quad （式 4.24）$$

（三）构建在政府补贴下的动态方程组

我们可以根据前面的期望值大小分别构建良性和非配合型贫困户在政府补贴下的复制动态方程组：

$$\begin{aligned} dm/dt &= m(E_{vs} - \overline{E_v}) = m(1-m)(n\alpha_v Z - \beta_v C + S_u) \\ dn/dt &= n(E_{ms} - \overline{E_m}) = n(1-n)(m\alpha_m Z - \beta_m C + S_u)\end{aligned} \quad （式 4.25）$$

（四）构建政府补贴下的雅克比矩阵

政府补贴下的复制动态方程的雅克比矩阵是：

$$J = \begin{bmatrix} (1-2m)(n\alpha_v Z - \beta v C + S_u) & m(1-m)\alpha_v Z \\ n(1-n)(1-\alpha_v)Z & (1-2n)\left[m(1-\alpha_v)Z - (1-\beta v)C + S_u\right] \end{bmatrix} \quad （式 4.26）$$

根据雅克比矩阵，容易得到政府补贴下的矩阵的迹，如下所示：

$$tr(J)=(1-2m)(n\alpha_v Z-\beta vC+S_u)+(1-2n)(m\alpha_m Z-\beta_m C+S_u)$$
$$=(1-2m)(n\alpha_v Z-\beta vC+S_u)+(1-2n)[m(1-\alpha_v)Z-(1-\beta v)C+S_u]$$
（式 4.27）

三、政府补贴下的扶贫瞄准系统演化途径分析

我们分四个情况来讨论政府补贴下的扶贫瞄准系统演化途径。

（一）当 Su>max｛βvC，（1-βv）C｝时

从动态方程组可以看出，如果 Su>βvC，则方程组中 nαvZ-βvC+Su>0。令 dm/dt=0，可以得到配合型贫困户的两个不动点 m=0 和 m=1。根据微分方程的稳定性定理和稳定进化论的性质，容易知道两个不动点中点 m=1 是最终的均衡点。该过程可以通过下面的协同战略复制动态相位图表示出来：

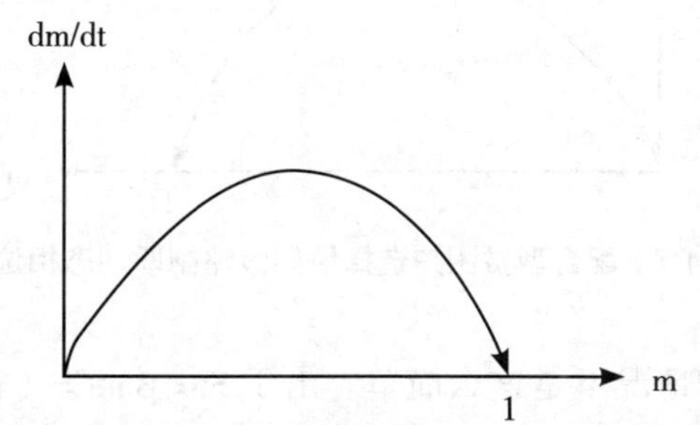

图 4.5　配合型贫困户选择协同策略复制动态相位图

同样的理由，当 Su>βmC=（1-βv）C 时，则方程组中 nαmZ-βmC+Su>0。令 dn/dt=0，可以得到非配合型贫困户的两个不动点 n=0 和 n=1。根据微分方程的稳定性定理和稳定进化论的性质，容易知道两个不动点中点 n=1 是最终的均衡点。该过程可以通过下面的协同战略复制动态相位图表示出来：

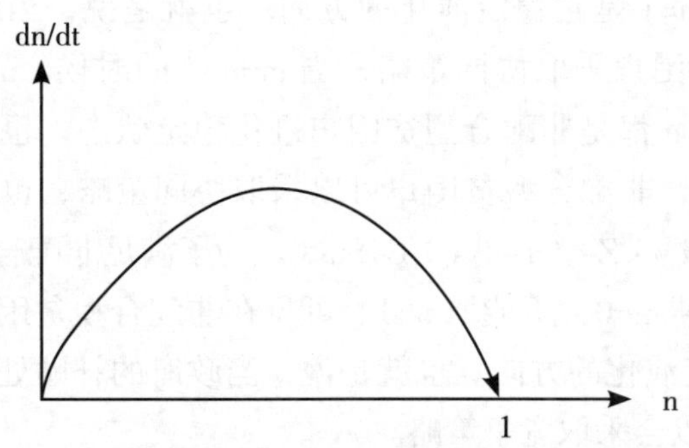

图 4.6　非配合型贫困户选择协同策略复制动态相位图

此时，容易看出，系统存在的四个均衡点 O（0，0）、A（1，0）、B（1，1）和 C

（0，1）中，只有点 B（1，1）是稳定点（ESS）。它表明，只要政府给配合型贫困户和非配合型贫困户的补贴超过各自的协同成本，就会导致两者都采取协同的策略。

（二）当 βvC<Su<（1–βv）C 时

从动态方程组可以看出，如果 βvC<Su，则方程组中 nαvZ–βvC+Su>0。令 dm/dt=0，可以得到配合型贫困户的两个不动点 m=0 和 m=1。根据微分方程的稳定性定理和稳定进化论的性质，容易知道两个不动点中点 m=1 是最终的均衡点。该过程可以通过下面的协同战略复制动态相位图表示出来：

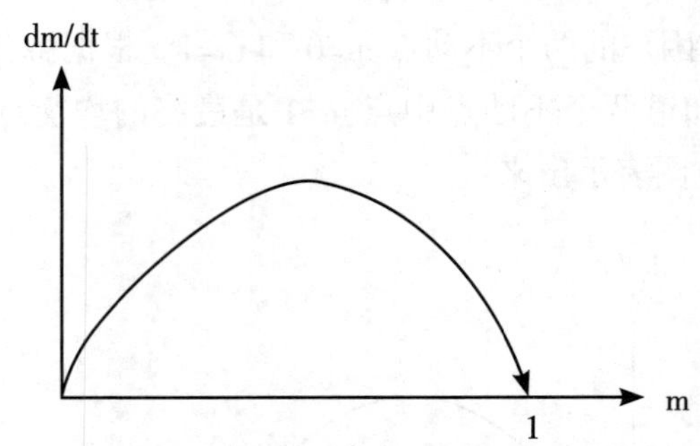

图 4.7　配合型贫困户选择协同策略副职动态相位图

但非配合型贫困户的情况不是这么简单。由于 Su<βmC=（1–βv）C，则方程组中 m（1–αv）Z–（1–βv）C+Su 的值可以小于、等于和大于 0。令 m（1–αv）Z–（1–βv）C+Su=0，解得：

$$m^{S*}=\frac{\beta_m C-S_u}{\alpha_m Z}=\frac{(1-\beta_v)C-S_u}{(1-\alpha_m)Z} \quad （式 4.28）$$

当 m>ms* 的时候，m（1–αv）Z–（1–βv）C+Su>0。为了满足非配合型贫困户复制动态方程进化稳定条件，必须要求 n=1，不能取 n=0。可见在非配合型贫困户的两个不动点 n=1 和 n=0 中，n=1 是它稳定演化的方向。也就是说，当政府的补贴足够大的时候，可以让非配合型贫困户采取协同策略。当 m=ms* 的时候，m（1–αv）Z–（1–βv）C+Su=0。此时，所有的 n 都是非配合型贫困户进化稳定状态。也就是说，当政府的补贴处在某个临界点的时候，非配合型贫困户可以采取协同策略，也可以采取竞争策略。当 m<ms* 的时候，m（1–αv）Z–（1–βv）C+Su<0。为了满足非配合型贫困户复制动态方程进化稳定条件，必须要求 n=0，不能取 n=1。可见在非配合型贫困户的两个不动点 n=1 和 n=0 中，n=0 成为它稳定演化的方向。也就是说，当政府的补贴处在小于某个临界点的时候，非配合型贫困户可以会采取竞争策略。

令 dn/dt=0，可以得到非配合型贫困户的两个不动点 n=0 和 n=1。根据微分方程的稳定性定理和稳定进化论的性质，容易知道两个不动点中点 n=1 是最终的均衡点。该过程可以通过下面的协同战略复制动态相位图表示出来：

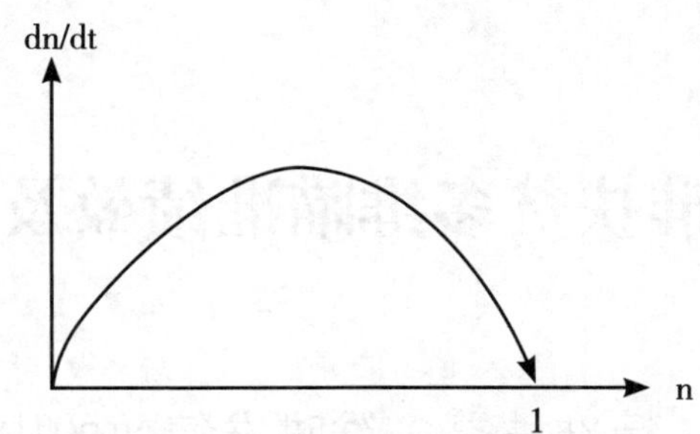

图 4.8　非配合型贫困户选择协同策略复制动态相位图

此时，容易看出，系统存在的四个均衡点 O（0，0）、A（1，0）、B（1，1）和 C（0，1）中，只有点 B（1，1）是稳定点（ESS）。它表明，只要政府给配合型贫困户和非配合型贫困户的补贴超过各自的协同成本，就会导致两者都采取协同的策略。

上述复制动态方程组中，我们可以令 dm/dt=0，dn/dt=0。

当 dm/dt=0 的时候，要么 m=0，或者 1，要么 n= βvC/αvZ。这表明，此时候，配合型贫困户中采取协同策略的比例要么等于 0，即全部采取竞争的策略（对应 m=0）；要么采取全部协同的策略（对应 m=1）；要么是既不全部采取协同，也不采取竞争，但要求非配合型群体中采取协同的比例应该等于协同成本与协同效应之比。这个时候的状态是稳定的。

当 dn/dt=0 的时候，要么 n=0，或者 1，要么 m= βmC/αmZ。这表明，此时候，非配合型贫困户中采取协同策略的比例要么等于 0，即全部采取竞争的策略（对应 n=0）；要么采取全部协同的策略（对应 n=1）；要么是既不全部采取协同，也不采取竞争，但要求配合型群体中采取协同的比例应该等于协同成本与协同效应之比。这个时候的状态也是稳定的。

第五章　精准扶贫多维瞄准绩效及其评价指标

第一节　精准扶贫多维瞄准绩效的内涵解析

一、绩效和瞄准绩效

（一）绩效

绩效是组织中个人（群体）特定时间内可描述的工作行为和可衡量的工作结果，以及组织结合个人（群体）在过去工作中的素质和能力，指导其改进完善，从而预计该人（群体）在未来特定时间内所能取得的工作成效的总和①。绩效包括“绩”和“效”两个维度的内容。“绩”是业绩，包括目标管理（MBO）和职责要求。目标管理能保证组织向着希望的方向前进，采用奖金、提成、效益工资等形式对目标实现的个人进行奖励。职责要求是对个人日常工作的要求，通过工资的形式体现职责要求。“效”是效率、效果、态度、品行、行为、方法、方式等，它体现的是组织的管理成熟度，包括纪律和品行两方面②。绩效是指组织、团队或个人，在一定的资源、条件和环境下，能够完成任务的程度，是对目标实现程度及达成效率的衡量与反馈③。从管理学的角度看，绩效是组织期望的结果，是组织为实现自身目标而展现在不同层面上的有效输出，它包括个人绩效和组织绩效两个方面④。

（二）瞄准绩效

前文中指出，瞄准是指“射击时注视目标，以期命中”，是一个集主体、媒介、对象、动作、环境和目标于一体的完整过程，是由一系列要素结合而成的系统。扶贫瞄准是扶贫机构将一定数量的扶贫资金和资源，以一种特定的方式投放给贫困对象，对资金的运用情况进行监管，营造良好的扶贫外界环境，使贫困对象及时脱贫的一系列过程的总称⑤。从这个定义和它的本质可以看出，瞄准绩效是指国家扶贫机构、扶贫干部在一定的扶贫资源、条件和环境下，能够完成扶贫终极目标任务的程度，是对扶贫目标实现程度及

---

① 李爱莉．上海市青少年曲棍球团队信任与团队绩效的关系研究［D］．上海：华东师范大学，2018.

② 马飞林．HLG 煤矿五型绩效考核实施与完善研究［D］．西安：西安建筑科技大学，2016.

③ 连英杰．股权结构与公司绩效的关系研究［D］．开封：河南大学 2017.

④ 百度百科．绩效［EB］．https：//baike.baidu.com/item/ 绩效 /2219888?fr=aladdin.

⑤ 许源源．中国农村扶贫瞄准问题研究［D］．广州：中山大学，2006.

达成效率的衡量与反馈[①]。"绩"是扶贫业绩，包括扶贫的目标管理（MBO）和扶贫干部的职责要求。扶贫的目标是多维的，如贫困率下降、贫困户收入提升、就业渠道拓展等。扶贫的目标管理能保证扶贫干部按照国家扶贫的步骤和方向实施行动，采用政治考核的形式（职位升迁）对扶贫干部进行奖励或惩罚。"效"既包括扶贫资源的效率和效果，也包括扶贫干部的态度、品行、行为、方法、方式等。表现在具体的层面上是，扶贫资源有没有真正发挥应有的作用？扶贫干部在整个扶贫过程中有没有做到公平公正？有没有采取恰当的方式和方法与广大的贫困户进行有效沟通？贫困户对他们的行为是否满意？等等。在扶贫多维瞄准绩效中，"绩"和"效"其实是很难严格分开的。扶贫多维瞄准绩效包括了很多的方面、很多的维度、很多的要素，是一个立体式概念。

二、精准扶贫多维瞄准绩效

（一）精准识别绩效

精准识别绩效是指政府在精准扶贫实践过程中，从识别的对象、标准、行为、程序和结果共五个方面体现出的目标实现程度。"对象"层面的识别绩效体现了贫困村中建档立卡情况与真实贫困情况的吻合程度。"标准"层面的识别绩效体现了识别标准的执行效果。"行为"层面的识别绩效体现了识别行为的有效性。"程序"层面的绩效体现了贫困信息的公开度。"结果"层面的识别绩效体现了调查对象对贫困建档立卡结果的满意度。

（二）精准帮扶绩效

精准帮扶绩效是指政府在精准扶贫实践过程中，从帮扶计划、人员、方式、产业和匹配性共五个方面体现出的目标实现程度。"计划"层面的帮扶绩效体现了帮扶计划制定的可行性。"人员"层面的帮扶绩效体现了帮扶人员配备的数量和力度。"方式"层面的帮扶绩效体现了帮扶方式的有效性。"产业"层面的帮扶绩效体现了产业的带动力。"匹配"性层面的帮扶绩效体现了帮扶资源和帮扶对象之间的匹配度。

（三）精准管理绩效

精准管理绩效是指政府在精准扶贫实践过程中，从扶贫机构、目标、信息、资金和项目的管理共五个方面体现出的目标实现程度。"机构"层面的管理绩效体现了管扶贫主体责任办法制定的明确程度。"目标"层面的管理绩效体现了扶贫目标的可实现性。"信息"层面的管理绩效体现了扶贫信息与真实情况的吻合度。"资金"层面的管理绩效体现了扶贫资金达到目标对象与领域的时间跨度以及扶贫资金数量、使用等情况的公开程度。"项目"层面的管理绩效体现了扶贫项目满足农户各种需要的强度。

---

① 张振良 . 基于双优势和标杆矩阵的发电设备制造商效能评价研究［D］. 北京：华北电力大学，2017.

（四）精准考核绩效

精准考核绩效是指政府在精准扶贫实践过程中，从考核的主体、指标、依据、程序和结论共五个方面体现出的目标实现程度。“主体”层面的考核绩效体现了扶贫主体参与考核工作的广度。“指标”层面的考核绩效体现了考核指标的多样性。“依据”层面的考核绩效体现了扶贫考核数据的真实度。“程序”层面的考核绩效体现了考核组织程序的公正性。“结论”层面的考核绩效体现了考核结论与扶贫责任主体的关联度。

第二节　精准扶贫多维瞄准绩效评价指标的设置原则

一、科学性原则

科学性原则体现为，绩效评价的每个指标都必须有明确的指向性，有明确的内容和严格的外延，能够被学术界和政府机构所理解和接受。一旦指标的内涵产生歧义，科学性原则必定荡然无存。科学性原则是扶贫多维瞄准绩效评价指标体系设置的首要原则。

二、综合性原则

综合性原则体现为，所有的扶贫多维瞄准绩效指标构成了一个相对完整的体系。每个指标都从某个角度反映了精准扶贫多维瞄准系统的特征，全体指标浑然一体，展示出一幅完整的精准扶贫瞄准画面。精准扶贫多维瞄准系统是横向多维瞄准和纵向多维瞄准的统一体，综合性原则要求既存在横向多维瞄准的指标，也存在纵向多维瞄准的指标。

三、操作性原则

操作性原则体现为，每个扶贫多维瞄准绩效指标都必须能够找到具体的数据，能够尽量被量化，不能量化的尽量标准化，不能标准化的尽量行为化。只有这样，我们才可以对指标进行数据处理，否则，一切都是空中楼阁。

四、导向性原则

导向性原则体现为，扶贫多维瞄准绩效指标的设计应该与精准扶贫瞄准绩效存在明确的目标一致性关系。那些不能有效体现精准扶贫多维瞄准绩效的指标一概不用，不能为了指标而取指标，为了指标而取指标的导向是错误的[①]。

---

① 孔玉生，赵叶灵，李靠队．基于可持续发展的企业绩效评价指标的构建［J］．科技与管理，2013（05）．

第三节　精准扶贫多维瞄准绩效评价的具体指标

根据精准扶贫多维瞄准的基本内涵和外延，课题组将精准扶贫多维瞄准绩效划分成精准识别绩效、精准帮扶绩效、精准管理绩效和精准考核绩效（四个一级指标），并且为每个绩效一级指标设计了五个二级指标。每个二级指标分为五个档次：非常低（差、小）、较低（差、小）、一般、较高（好、大）和非常高（好、大），分别赋值1、2、3、4、5分。具体情况见表5.1。

表5.1　精准扶贫多维瞄准绩效评价指标体系

一级指标	二级指标	等级内涵及其对应分值
精准识别绩效 U_1	识别对象吻合度 U_{11}	很低（1分）、较低（2分）、一般（3分）、较高（4分）、很高（5分）
	识别标准执行力度 U_{12}	很低（1分）、较低（2分）、一般（3分）、较高（4分）、很高（5分）
	识别行为有效性 U_{13}	很低（1分）、较低（2分）、一般（3分）、较高（4分）、很高（5分）
	识别程序参与度 U_{14}	很低（1分）、较低（2分）、一般（3分）、较高（4分）、很高（5分）
	识别结果满意度 U_{15}	很低（1分）、较低（2分）、一般（3分）、较高（4分）、很高（5分）
精准帮扶绩效 U_2	帮扶计划完美度 U_{21}	很低（1分）、较低（2分）、一般（3分）、较高（4分）、很高（5分）
	帮扶人员充裕度 U_{22}	很低（1分）、较低（2分）、一般（3分）、较高（4分）、很高（5分）
	帮扶方式可持续性 U_{23}	很低（1分）、较低（2分）、一般（3分）、较高（4分）、很高（5分）
	帮扶产业带动力 U_{24}	很低（1分）、较低（2分）、一般（3分）、较高（4分）、很高（5分）
	帮扶资源匹配度 U_{25}	很低（1分）、较低（2分）、一般（3分）、较高（4分）、很高（5分）

续　表

一级指标	二级指标	等级内涵及其对应分值
精准管理绩效 U_3	扶贫制度文件明确度 U_{31}	很低（1分）、较低（2分）、一般（3分）、较高（4分）、很高（5分）
	扶贫目标可实现度 U_{32}	很低（1分）、较低（2分）、一般（3分）、较高（4分）、很高（5分）
	扶贫信息吻合度 U_{33}	很低（1分）、较低（2分）、一般（3分）、较高（4分）、很高（5分）
	扶贫资金公开程度 U_{34}	很低（1分）、较低（2分）、一般（3分）、较高（4分）、很高（5分）
	扶贫项目需求满足率 U35	很低（1分）、较低（2分）、一般（3分）、较高（4分）、很高（5分）
精准考核绩效 U_4	考核主体参与度 U_{41}	很低（1分）、较低（2分）、一般（3分）、较高（4分）、很高（5分）
	考核指标多样性 U_{42}	很低（1分）、较低（2分）、一般（3分）、较高（4分）、很高（5分）
	考核数据真实度 U_{43}	很低（1分）、较低（2分）、一般（3分）、较高（4分）、很高（5分）
	考核程序公开性 U_{44}	很低（1分）、较低（2分）、一般（3分）、较高（4分）、很高（5分）
	考核结论关联度 U_{45}	很低（1分）、较低（2分）、一般（3分）、较高（4分）、很高（5分）

一、精准识别绩效 U_1 的指标

精准识别绩效包括五个指标：识别对象吻合度、识别标准执行力度、识别行为有效度、识别程序参与度和识别结果满意度。

（一）识别对象吻合度 U_{11}

识别对象吻合度是指精准识别贫困对象或贫困户情况与贫困真实情况相吻合的程度。在建档立卡过程中，某种原因导致整体家庭情况很贫困的家庭并没有被评定为贫困户。显然，这是对象瞄准或识别对象的一种“漏出”。吻合度分为“非常低”“较低”“一般”“较高”和“很高”。

（二）识别标准执行力度 U_{12}

识别标准执行力度是指在评定贫困户过程中执行国家标准政策的力度大小。国家制定

了明确的识别标准，但在识别过程中，有没有严格按照国家政策标准执行？如果标准没有得到很好的执行，则不能取得良好的标准识别绩效，从而影响扶贫多维瞄准整体绩效。执行力度 U_{12} 解决的是标准的执行力度问题，课题组将它划分成了五个档次：执行力“很差”“较差”“一般”“较好”和“很好”。

（三）识别行为有效度 U_{13}

识别行为有效度是指基层扶贫干部一年内对村民进行深入细致的实地调查行为所产生的真实识别效果大小。效果主要体现在识别行为是否真正了解了农户的真实贫困状态，是否找准了该农户或贫困村的真正致贫原因，以及是否真正识别出了让贫困村或贫困户精准脱贫的有效途径。识别行为有效度划分成五个档次：有效度“很低”“较低”“一般”“较高”和“很高”。

（四）识别程序参与度 U_{14}

识别程序参与度是指在贫困户评定过程中，扶贫干部让农户参与整个过程的程度。程序的公开必须要让全体村民参与到整个贫困识别过程中去，发挥全体村民的智慧，群策群力，集思广益，找准真正的贫困户，找出贫困村致贫的真正原因，找对真正有带动力的产业。参与度划分成五个档次：参与度“很低”“较低”“一般”“较高”和“很高”。

（五）识别结果满意度 U_{15}

识别结果满意度是指农户对识别结果的满意程度。满意程度表现在两个方面：一方面是农户对自身被评为或者没有被评定为贫困户是否满意；另一方面是农户对别人被被评为或者没有被评定为贫困户是否满意。识别结果的满意度划分成五个档次：满意度“很低”“较低”“一般”“较高”和“很高”。

二、精准帮扶绩效 U_2 的指标

精准帮扶绩效包括五个方面的指标：帮扶计划完美度、帮扶人员充裕度、帮扶方式可持续性、帮扶产业带动力和帮扶资源匹配度。

（一）帮扶计划完美度 U_{21}

帮扶计划完美度是指帮扶主体结合帮扶对象的致贫原因、资源禀赋等，为他们制定帮扶计划的可行性大小。计划是行动的指南，帮扶计划能够让贫困户在精准脱贫的道路上稳步推进，步步为营，早日走上脱贫致富的阳关大道。帮扶计划制订的完美度划分成五个档次：完美度““很低”“较低”“一般”“较高”和“很高”。

（二）帮扶人员充裕度 U_{22}

帮扶人员充裕度是指上级扶贫机构为每个贫困村、贫困户配置的帮扶人员的充裕程度。每个贫困村和每个贫困户都有自身致贫的原因，依靠它们自身的能力，很难从贫困的

泥潭中脱离出来。而帮扶人员要么具有足够多的知识储备、要么具有足够广泛的社交网络。专业知识和社交网络能够大大强化贫困村和贫困户在精准脱贫道路上的薄弱环节，能够源源不断地为他们提供力量的源泉。帮扶人员充裕度可以用贫困村配置的扶贫干部来衡量。帮扶人员充裕度划分成五个档次：充裕度“很低”“较低”“一般”“较高”和“很高”。

（三）帮扶方式可持续性 U_{23}

帮扶方式可持续性是指帮扶人员在对贫困村和贫困户的帮扶实践中，所采取的帮扶方式在特定贫困村或贫困户身上体现出来的持续能力大小。可持续性主要体现在能否让贫困村或者贫困户获得持续的收入增长能力，能否获得一种自组织能力，从根本意义上消除贫困村和贫困户的致贫原因。每种帮扶方式的可持续性不同，生活帮扶的可持续性比产业帮扶的可持续性弱。即使是同一种帮扶方式，在不同贫困村和不同贫困户身上体现的可持续性也有一定的差异性。帮扶方式的可持续性划分成五个档次：可持续性“很低”“较低”“一般”“较高”和“很高”。

（四）帮扶产业带动力 U_{24}

帮扶产业带动力是指帮扶人员引导贫困村和贫困户发展的产业对该贫困村和贫困户在就业增长、收入增长两个方面的提升力度。产业对贫困村与贫困户的带动力主要通过就业渠道扩展和收入增长两个方面体现出来，尽管它的带动力还包括基础设施、文化等领域。产业的发展为贫困村和农户收入的增长提供了源源不断的来源。帮扶产业带动力划分成五个档次：带动力“很小”“较小”“一般”“较大”和“很大”。

（五）帮扶资源匹配度 U_{25}

帮扶资源匹配度是指帮扶的资源与贫困户（帮扶对象）相匹配或相适应的程度。帮扶匹配是指帮扶过程中所消耗的资源、所运用的帮扶方式等能够与帮扶对象进行有效率的组合，能够发挥帮扶资源的价值，有效地被帮扶对象所接受，并能有效地进行，有可持续推进的动力，能获得自组织发展的能力。每种资源都有自身的使用条件和配置空间，离开了这些条件和空间，资源便失去了应有的作用。帮扶资源匹配度划分成五个档次：匹配度“很低”“较低”“一般”“较高”和“很高”。

三、精准管理绩效 U_3 的指标

精准管理绩效的指标主要包括扶贫制度文件明确度、扶贫目标可实现度、扶贫信息吻合度、扶贫资金公开程度和扶贫项目需求满足率共五个方面的指标。

（一）扶贫制度文件明确度 U_{31}

扶贫制度文件明确度是指制定出来的与扶贫机构日常运行有关的制度文件的明确程度。制定相应的制度文件是扶贫机构有效运行的先决条件。在制度文件体系中，与扶贫主体责任有关的制度文件具有举足轻重的地位和意义。必须建立制度、制定文件对政府扶贫机构和扶贫干部的责任提出细节化的要求并明确处罚措施。责任越细节化、处罚措施越对应化，则扶贫主体责任的明确程度越高，从而扶贫机构的制度文件越明确。精准扶贫是习近平新时代中国特色社会主义思想的重要内容，是各级政府必须高度重视的政治任务。任务的顺利完成必须有明确的主体责任制度作为根基。否则，问责制无法真正落实，2020年彻底脱贫的任务也不可能如期完成。对扶贫主体进行责任管理是精准管理绩效的必然要求，制定明确的、可行的责任制度是精准管理绩效提升的基本前提。明确度划分成五个档次：明确度“很小”“较小”“一般”“较大”和“很大”。

（二）扶贫目标管理可实现度 U_{32}

扶贫目标可实现度是指扶贫主体对本贫困村脱贫的人数、脱贫的时间、产业发展的规模等确立的扶贫目标可以实现的程度。制定的扶贫目标既应该是明确的，也应该是可以实现的。扶贫目标可实现度反映的是贫困村充分利用自己的资源、发挥主观能动性最终实现扶贫目标的可能性大小。扶贫目标可实现度划分成五个档次：目标可实现度““很小”“较小”“一般”“较大”和“很大”。

（三）扶贫信息吻合度 U_{33}

扶贫信息既包括扶贫过程中贫困户的人口、收入、就业、致贫原因、资产情况以及帮扶的方式、举措、效果等多方面的信息，也包括国家扶贫政策的出台、扶贫对象的变更、扶贫资金的拨付、扶贫项目的启动和扶贫贷款的运行情况等方面的信息。扶贫信息管理主要是指对各种扶贫信息的采集、整理、归类和反馈等。扶贫信息吻合度是指关于扶贫政策、资金、对象、产业和项目等方面的信息与真实情况相吻合的程度。吻合度划分成五个档次：吻合度“很低”“较低”“一般”“较高”和“很高”。

（四）扶贫资金公开程度 U_{34}

扶贫资金公开程度是指扶贫资金的数量、方向等整体情况向贫困户公开的程度。扶贫资金应该向每个贫困户公开，每个贫困户有知情权。扶贫资金的公开程度划分成五个档次：公开程度“很低”“较低”“一般”“较高”和“很高”。

（五）扶贫项目需求满足率 U_{35}

扶贫项目需求满足率是指扶贫项目满足贫困户需要的强度大小。需求满足率是指某个或某类项目能够解决贫困户最大困难的能力。扶贫项目的需求满足率划分成五个档次：需求满足率“很低”“较低”“一般”“较高”和“很高”。

四、精准考核绩效 U_4 的指标

精准考核绩效包括考核主体参与度、考核指标多样性、考核数据真实度、考察程序公开度和考核结论关联度。

（一）考核主体参与度 U_{41}

考核主体参与度是指贫困户作为扶贫主体参与到整个扶贫绩效考核过程中的覆盖率高低。考核主体应该是多位一体的整体概念，既包括上级扶贫机构，也包括作为扶贫对象的贫困户。贫困户作为考核主体的内在逻辑在于，必须从贫困户自身的角度去考核扶贫绩效，才可能真正衡量精准扶贫政策推行的效度。我们拟将贫困户的政策响应纳入考核体系，将贫困户作为重要的考核主体对待。贫困户是扶贫干部的工作对象，他们作为考核主体参与考核工作，发挥应有的监督或改进作用，对于精准扶贫的精准考核工作具有重要的实践价值。考核主体参与度划分成五个档次：参与度“很小”“较小”“一般”“较大”和“很大”。

（二）考核指标多样性 U_{42}

考核指标多样性是指精准扶贫绩效考核指标设计的具体方面的丰富程度。考核指标不能只是某个方面的指标，而应该包括人口、资金、项目、时间和信息等多个方面的立体型、多维性的指标。我们按照指标涉及到的指标数量，将多样性分为五档：多样性“很小”“较小”“一般”“较大”和“很大”。

（三）考核数据真实度 U_{43}

考核数据是指对扶贫干部进行绩效考核的基本事实和数据。考核数据真实度是指事实和数据的丰富程度以及他们的真实性大小。考核指标解决的是考核的具体方面问题，而考核数据考查的是每个小的方面到底有没有具体的数据或事实存在。两者既有联系，也有区别。考核必须用真实的数据说话，数据的真实性可以从扶贫干部和贫困户两个主体层面去进行调查。考核数据的真实度划分成五个档次：数据真实性“很小”“较小”“一般”“较大”和“很大”。

（四）考核程序公开性 U_{44}

考核程序公开性是指考核过程采取的具体步骤、方式和方法等的公开性。公开性体现在对扶贫干部和扶贫过程等的考核是否以公开的方式进行。例如，是否将贫困户纳入考核的主体？是否公开考核的具体标准？是否将考核结果进行公示？课题组将公开性分为五个档次：公开性“很低”“较低”“一般”“较高”和“很高”。

（五）考核结论关联度 U_{45}

考核结论是指考核的机构或组织对扶贫干部的扶贫工作进行考核的具体结果，它大概可以分为优秀、良好、合格和不合格四个档次。关联度主要体现在考核结论与扶贫责任主体的关联上，即上级扶贫机构是否将考核的结论和扶贫干部的职业晋升或行政处罚等关联起来。考核结论的关联度划分成五个档次：关联度“很弱”“较弱”“一般”“较强”和“很强”。

第六章　精准扶贫多维瞄准绩效评价的方法

第一节　绩效评价方法概述

绩效评价在社会科学中占据了越来越重要的地位，已经涉及到了人类生活的方方面面，应用的范围和场合越来越宽广，所使用的方法越来越多样化。方法如此之多，以至于我们在众多的方法面前不知道作何取舍。评价的方法很多，按照评价与所使用的信息特征的关系，可分为基于数据的评价、基于模型的评价、基于专家知识的评价以及基于数据、模型和专家知识的评价①。绩效评价的方法大概划分为四大类：

第一大类：专家评价方法，如专家打分法、德尔菲法。

第二大类：运筹学和其他数学方法，如层次分析法、数据包络分析法、模糊综合评价法。

第三大类：新型评价方法，如人工神经网络评价法、灰色关联综合评价法。

第四大类：混合法，即几个方法的综合，如 AHP+ 模糊综合评价、模糊神经网络分析法②。

由于方法是多样化的，所以从逻辑的角度看，可能会出现对同一个事物运用不同的评价方法得出的评价结论并不吻合的情况。这个问题的本质是评价目的和评价方法是否相匹配。不同的评价目的要求我们运用不同的评价方法。我们或许不能说，这种方法比另一种方法更好，只能说，对于某个特定的评价目的而言，这种方法比另一种方法更加恰当。因此，我们在绩效评价过程中，必须明确自己的评价目的，掌握现有的数据和资料，作出科学合理的选择。绩效评价方法的选择既是一门科学，也是一门艺术，是科学和艺术的辩证统一。在具体方法的选择过程中，可以参考以下几点进行：一是要尽量选择评价者最熟悉的评价方法。只有选择熟悉的方法，才能驾轻就熟，事半功倍。二是所选择的方法必须简单明朗。绩效评价属于社会科学领域范畴，没有必要追求太复杂的方法，尤其是算法要简单。三是要尽量选择数据容易找到的方法。数据是绩效评价的基础，没有夯实的数据，就不可能作出有效的绩效评价。巧妇难为无米之炊，对于绩效评价来说，也是如此。四是要尽量选择有良好理论基础的评价方法。不要刻意追求新奇的评价方法，新的方法固然可以给人一种耳目一新的感觉，但不太容易被人所接受，而绩效评价最终的目的是要让别人

---

① 杜林，庞庆华，吴炎 . 现代综合评价方法和案例精选［M］. 北京：清华大学出版社，2008.

② 赖诚 . 基于价值工程理论的住宅全装修方案消费者评价研究［D］. 南昌：南昌大学，2018.

接受，当别人因为不熟悉你的评价方法而拒绝接受你的评价结论的时候，你为绩效评价所作出的众多努力有何价值？所以，我们在选择评价方法的时候，尽量应该选择那些有良好“群众基础”的方法。五是要选择能正确反映评价目的的方法。这一点或许是最重要的，为什么？因为评价的最终目的是要能够反映客观事实，为决策服务。如果所选择的方法与评价者的评价目的风马牛不相及，那再好再新的方法也是空中楼阁。

在众多的绩效评价方法中，我们重点介绍以下两种赋权方法：层次分析法和熵权法。

第二节　精准扶贫多维瞄准绩效评价指标赋权的层次分析法和熵权法

一、层次分析法

人们在进行社会、经济问题的分析中，常常面临一个由相互关联、相互制约的众多因素构成的复杂系统，这需要人们对多个目标或方案作出决策。为了解决多目标、多准则、多要素、多层次的非结构化的复杂决策问题，美国运筹学家 T. L. Saaty 教授于二十世纪 70 年代提出了层次分析法，即 AHP（Analytic Hierarchy Process）法。层次分析法最大的优点是简单明了、适应性强。运用层次分析法建模，大体上可按下面六个步骤进行：

第一步，明确所要分析的问题。

通过对系统的深刻认识，确定所研究问题的性质和目标，所要采取的实施方案与政策，以及实现目标的准则和约束条件。

第二步，建立递阶层次结构。

在深入分析实际问题的基础上，将所有因素根据属性特征按照自上而下的顺序进行分解，分解成若干个层次。上一层次的元素作为准则对下一层次有关元素起支配作用。最上层为目标层，通常只有一个因素，一般为分析问题的预定目标或理想结果①。最上层的下面是中间层，一般为实现目标所涉及的中间环节，可以由若干个层次组成，包括所需考虑的准则、子准则，因此也称为准则层。最下层通常为方案层或对象层，一般为实现目标可供选择的各种措施、决策方案等，因此也称为措施层或方案层②。

第三步，构造出各层次中的所有判断矩阵。

从层次结构模型的第 2 层开始，对于从属于（或影响）上一层每个因素的同一层诸因素，用成对比较法和 1–9 比较尺度构造成对比较矩阵，直到最下层。成对比较是对准则层、指标层内部之间的因素进行两两比较，完成对各个因素重要性的赋值，具体的赋值大

① 唐春燕 . 层次分析法建立结构模型方法研究［J］. 当代化工研究，2017（10）.

② 娄圣睿 . 转型国家银行竞争力比较研究——以 CEE 四国和 CIS 四国为例［D］. 上海：复旦大学，2008 .

小是 1–9 比较尺度[①]。以 i 和 j 表示任意两个具体因素，则各个标度的内涵可以用下表表示：

表 6.1　成对比较中各个标度的赋值和内涵

C_{ij} 赋值	重要性等级或内涵
1	i 和 j 两因素同等重要
3	i 比 j 稍微重要
5	i 比 j 明显重要
7	i 比 j 强烈重要
9	i 比 j 极端重要
1/3	i 比 j 稍不重要
1/5	i 比 j 明显不重要
1/7	i 比 j 强烈不重要
1/9	i 比 j 极端不重要

具体来说，假定准则层有某一个准则 B_k，对下一层次的元素 C_1，C_2，…，C_n，有支配关系。在该准则下，每个具体的下一层次元素对于准则 B_k 的权重到底有多大？为了获得权重值，我们可以对任何两个元素 C_i 和 C_j 按照对准则 B_k 的重要性大小进行比较，赋予重要性以一定的数值。赋值的来源可以是决策者的意见，可以是技术咨询，但更多的是来自于对专家的调查途径。由熟悉的专家进行判定最富有权威性，在实践中用得最多。

对于 n 个元素，我们可以得到判断矩阵如下：

B_k	C_1	C_2	…	C_n
C_1	C_{11}	C_{12}	…	C_{1n}
C_2	C_{21}	C_{22}	…	C_{2n}
⋮	⋮	⋮		⋮
C_n	C_{n1}	C_{n2}	…	C_{nn}

上述矩阵的性质如下：

（1）$C_{ij}>0$；（2）$C_{ij}=1/C_{ji}(i\neq j)$；（3）$C_{ii}=1(i,j=1,2,\cdots)$

① 赖诚．基于价值工程理论的住宅全装修方案消费者评价研究［D］．南昌：南昌大学，2018.

第四步，判断矩阵的一致性检验。

判断思维的一致性是指专家在对各种因素做出重要性判断时，各个判断之间应该协调一致，不要出现相互矛盾的结果。但在实际过程中，由于客观事物非常复杂，认识上存在多样性，所以，要求每一个判断都具有完全一致性是很苛刻的。这样一来，在判断过程中出现一定程度的认识偏差完全情有可原，但必须在许可的范围内，不能太偏离准线。这就要求判断矩阵必须进行一致性检验。

根据矩阵理论，当矩阵具有一致性时，最大的特征根应该等于向量维度，即 $\lambda_1=\lambda_{max}=n$，其他的特征根均为零；当它不具有一致性时，应该有 $\lambda_1=\lambda_{max}>n$，其他的特征根 λ_1，λ_2，λ_3，…，λ_n 有如下的关系：

$$\sum_{i=2}^{n}\lambda_i = n-\lambda_{max} \qquad （公式 6.1）$$

我们可以引入最大特征根以外的其余特征根的负平均值作为衡量判断矩阵偏离一致性程度的具体指标，即用 $CI=\frac{\lambda_{max}-n}{n-1}$ 来检查决策者判断思维的一致性程度。CI 值越大，表示偏离一致性的程度越大，CI 值越小，表示偏离一致性的程度越小。

对于不同的判断矩阵，为了衡量不同阶的判断矩阵是否具有满意的一致性，可以引入 RI 指标，即平均随机一致性指标。对于 1–9 阶判断矩阵，RI 的值如下表所示：

表 6.2　平均随机一致性指标

阶数	1	2	3	4	5	6	7	8	9
RI 值	0.00	0.00	0.58	0.90	1.12	1.24	1.32	1.41	1.45

定义判断矩阵一致性指标 CI 与同阶平均随机一致性指标 RI 之比为随机一致性比率，记为 CR。当 $CR = CI / RI < 0.10$ 时，则该判断矩阵的一致性程度是满意的，即具有满意的一致性。

第五步，层次单排序。

计算出某层次所有因素相对于上一个层次中某一因素的相对重要性，被称为层次单排序。层次单排序的实质是，根据判断矩阵计算对于上一层次某元素来说本层次与之有联系的元素重要性次序的权重值。层次单排序的计算问题可以归结为计算判断矩阵的最大特征根及其特征向量的问题。此类方法很多，下面介绍方根法求特征向量和特征根①。

（1）计算判断矩阵每一行的乘积 M_i：

$$M_i=\prod_{j=1}^{n}a_{ij} \qquad （公式 6.2）$$

① 赖诚 . 基于价值工程理论的住宅全装修方案消费者评价研究［D］. 南昌：南昌大学，2018.

（2）计算 M_i 的 n 次方根：

$$\overline{W_i} = \sqrt[n]{M_i} \quad （公式 6.3）$$

（3）对向量 $\overline{W} = \left[\overline{W_1}, \ \overline{W_2}, \ ..., \ \overline{W_3}\right]^T$ 进行归一化处理：

$$W_i = \frac{\overline{W_i}}{\sum_{j=1}^{n} \overline{W_j}} \ （i=1，2，\cdots，n） \quad （公式 6.4）$$

（4）计算矩阵最大特征根：

$$\lambda_{\max} = \sum_{i=1}^{n} \frac{(AW)_i}{nW_i} \quad （公式 6.5）$$

第六步，层次总排序。

依次沿递阶层次结构由上而下逐层计算，就可以算出最底层的因素相对于最高层因素的相对重要性，从而完成层次总排序。

二、熵权法

熵权法植根于各个指标的变异程度，利用信息熵计算出各个具体指标的熵权值，再通过熵权值对各指标的权重进行修正，最终得到各个指标的权重[①]。具体的步骤如下：

第一步，对指标进行归一化处理，得到归一化后的指标数据值 u_{ij}。

考虑到采用熵权法确定指标权重的过程中归一化后的值必须大于 0 才能取对数值，所以，采用如下方法对指标进行归一化处理：

对于指标 u_{ij}

$$u_{ij归} = \frac{u_{ij} - \min u_{ij}}{\max u_{ij} - \min u_{ij}} \times 0.9 + 0.1 \quad （公式 6.6）$$

第二步，计算比重 p_{ijm}。

计算第 i 个子系统中第 j 个指标下 m 个对象中某个具体对象的某归一化指标值的比重 p_{ijm}：

$$p_{ijm} = \frac{u_{ij归}}{\sum_{j=1}^{k} u_{ij归}} \quad （公式 6.7）$$

① 刘兴旺，阮任辉．基于熵权灰色关联模型的 PPP 项目风险评价［J］．价值工程，2018（07）．

上式中，m 表示对象数，数字“k”表示每个子系统中有 k 个下一级指标。

第三步，计算熵值 e_{ij}。

计算第 i 个子系统中第 j 个指标的熵值 e_{ij}：

$$e_{ij} = -\lambda \sum_{1}^{m} \left[p_{ijm} \times Ln(p_{ijm}) \right] \quad （公式 6.8）$$

其中：

$$\lambda = 1 / Ln(m) \quad （公式 6.9）$$

第四步，计算熵权 w_{ij}。

计算第 i 个子系统中第 j 个指标的熵权 w_{ij}：

$$w_{ij} = (1 - e_{ij}) \Big/ \sum_{j=1}^{k} (1 - e_{ij}) \quad （公式 6.10）$$

数字“k”表示每个子系统中有 k 个二级指标。

第七章　武陵山片区贫困现状考察和精准扶贫实践推进

第一节　武陵山片区简介

一、行政区划

武陵山片区包括湖北、湖南、重庆、贵州四省市交界地区的71个县（市、区），其中，湖北11个县市（包括恩施土家族自治州及宜昌市的秭归县、长阳土家族自治县、五峰土家族自治县）、湖南37个县市区（包括湘西土家族苗族自治州、怀化市、张家界市及邵阳市的新邵县、邵阳县、隆回县、洞口县、绥宁县、新宁县、城步苗族自治县、武冈市，常德市的石门县，益阳市的安化县，娄底市的新化县、涟源市、冷水江市）、重庆市7个县区（包括黔江区、酉阳土家族自治县、秀山土家族苗族自治县、彭水苗族土家族自治县、武隆县、石柱土家族自治县、丰都县）、贵州16个县市（包括铜仁地区及遵义市的正安县、道真仡佬族苗族自治县、务川仡佬族苗族自治县、凤冈县、湄潭县、余庆县）[①]。国土总面积为17.18万平方公里[②]。2017年末，总人口达到3800万人，其中城镇人口约1000万人，乡村人口2800万人；片区内少数民族人口约占全国少数民族总人口的1/8，其中民族自治地方少数民族人口约1300万人。区域内有土家族、苗族、侗族、白族、回族和仡佬族等9个世居少数民族。

表7.1　武陵山片区行政区划分布

省（市）	地（市、州）	县（市、区）
湖北省（11个）（10个★，1个△，10个※）	宜昌市	秭归县★、长阳土家族自治县★ ※、五峰土家族自治县△ ※
	恩施土家族苗族自治州	恩施市★ ※、利川市★ ※、建始县★ ※、巴东县★ ※、宣恩县★ ※、咸丰县★ ※、来凤县★ ※、鹤峰县★ ※

① 卢平．武陵山片区区域发展与扶贫攻坚规划［J］．今日中国论坛，2012（12）．

② 国家民委政府网．武陵山片区基本情况．2012-03-16，引用日期2015-11-10.

省（市）	地（市、州）	县（市、区）
湖南省（37个）（15个★，12个△，14个※）	邵阳市	新邵县△、邵阳县★、隆回县★、洞口县、绥宁县、新宁县△、城步苗族自治县★ ※、武冈市
	常德市	石门县△
	张家界市	慈利县△、桑植县★、武陵源区△、永定区△
	益阳市	安化县★
	怀化市	中方县、沅陵县★、辰溪县、溆浦县、会同县、麻阳苗族自治县△ ※、新晃侗族自治县△ ※、芷江侗族自治县△ ※、靖州苗族侗族自治县 ※、通道侗族自治县★、鹤城区、洪江市
	娄底市	新化县★、涟源市、冷水江市
	湘西土家族苗族自治州	泸溪县★ ※、凤凰县★ ※、保靖县★ ※、古丈县★ ※、永顺县★ ※、龙山县★ ※、花垣县★ ※、吉首市△ ※
重庆市（7个）（7个★，4个※）		丰都县★、石柱土家族自治县★ ※、秀山土家族苗族自治县★ ※、酉阳土家族苗族自治县★ ※、彭水苗族土家族自治县★ ※、黔江区★、武隆县★
贵州省（16个）（10个★，6个※）	遵义市	正安县★、道真仡佬族苗族自治县★ ※、务川仡佬族苗族自治县★ ※、凤冈县、湄潭县、余庆县
	铜仁地区	铜仁市、江口县★、玉屏侗族自治县、石阡县★、思南县★、印江土家族苗族自治县★、德江县★、沿河土家族自治县★ ※、松桃苗族自治县★ ※、万山特区

备注：

1. 数据来源：国家民委政府网（http：//www.seac.gov.cn/art/2012/3/16/art_6491_179360.html）

2. 其中标★号的是42个国家扶贫开发重点县，标△号的是13个省级扶贫重点县，标※号的是34个民族自治地方县。

二、自然条件

武陵山片区属亚热带向暖温带过渡类型气候。区域内有乌江、清江、澧水、沅江、资水等主要河流，水能资源蕴藏量大。土地资源丰富。矿产资源品种多样，锰、锑、汞、石膏、铝等矿产储量居全国前列。旅游资源丰富，自然景观独特，组合优良，极具开发潜力[①]。区域内森林覆盖率达53%，是我国亚热带森林系统核心区、长江流域重要的水源涵养区和生态屏障。生物物种多样，素有“华中动植物基因库”之称[②]。

① 卢平．武陵山片区区域发展与扶贫攻坚规划［J］．今日中国论坛，2012（12）．

② 武陵网．武陵山片区区域发展和扶贫发展规划（2011—2020年）［EB/OL］．［2012-03-22］．

三、经济发展

2010年到2017年期间，片区地区生产总值和财政收入有了实质性的增长，增幅分别达到3.02倍和3.18倍；2017年，居民人均收入水平约14600元；城镇化水平已经达到39.7%；一、二、三产业结构向合理化方向演进，三大产业之间的比例为21 ∶ 37 ∶ 42；城镇化率由16%增长到28%①。基础设施建设取得明显进展。建设有渝怀、枝柳等铁路，沪昆、渝黔、渝湘等高速公路，张家界、黔江、铜仁等机场，以及规划和建设中的渝利、黔张常高速和沪昆客运专线等跨区域重大交通项目，初步构筑起武陵山区对外立体交通大通道，具备了一定的发展基础和条件②。

四、民族文化

片区民族融合和文化开放程度高，内外交流不存在语言文化障碍。在漫长的历史过程中，形成了以土家族、苗族、侗族、仡佬族文化为特色的多民族地域性文化，民俗风情浓郁，民间工艺和非物质文化遗产十分丰富。各民族团结和睦，社会和谐稳定③。

第二节　武陵山片区贫困现状考察

武陵山片区是我国典型的贫困连片地区，具有贫困面积大、贫困人口多、致贫原因杂和返贫概率高等特点。

一、贫困面积大

71个县中有42个国家扶贫开发工作重点县，占比高达59.15%；42个国家扶贫开发工作重点县中有13个省级重点县，占30.95%；有34个自治地方县，18个自治县。71个县共有1376个乡镇，其中民族乡122个，占8.9%；有23032个行政村，其中国家级贫困村11303个，贫困村的占比为49.1%。从面积看，71个县的国土面积为17.18万平方公里，42个贫困县的面积之和约占10万平方公里④。

二、贫困人口多

武陵山片区在精准扶贫政策实施前的贫困人口高达500万之多，精准扶贫政策实施

---

① 根据武陵山片区内各市州统计年鉴和统计公报整理。

② 武陵网 . 武陵山片区区域发展和扶贫发展规划（2011—2020年）［EB/OL］.［2012-03-22］.

③ 武陵网 . 武陵山片区区域发展和扶贫发展规划（2011—2020年）［EB/OL］.［2012-03-22］.

④ 刘英 . 医药院校图书馆民间医药文献建库的设想［J］. 内蒙古科技与经济，2018（21）.

后，大量的贫困人口不断脱贫，但基数仍然很大。以湖南省为例，2015 年，湖南武陵山片区内农村居民人均可支配收入 7205 元，仅为湖南省的 74.3%。贫困村 4884 个，占湖南省贫困村总数的 61.1%；未脱贫贫困人口 253.7 万人，占湖南省未脱贫贫困人口总数的 56%；农村低保人口达 133.2 万人，占湖南省的 42.2%①。2016 年底，湘西自治州贫困发生率为 16.2%，全州 7 个国家级贫困县贫困发生率分列全省前 7 位；2017 年底湘西自治州贫困发生率为 10.55%，远高于全省 3.86% 的贫困发生率。2017 年，湖南省根据贫困程度、实际情况和国务院的批复，确定了 11 个深度贫困县：湘西土家族苗族自治州的保靖县、泸溪县、古丈县、花垣县、永顺县、凤凰县、龙山县，张家界市的桑植县，怀化市的通道侗族自治县、麻阳苗族自治县，邵阳市的城步苗族自治县②。

三、致贫原因杂

致贫的原因各种各样，大致可以分为自然条件、基础设施、文化习俗、因病因学等。从武陵山片区来看，各种原因错综复杂，共同导致了武陵山片区的贫困局面。从自然环境看，武陵山片区属海拔较高山区，自然条件差，人均耕地少，自然肥力低，有效灌溉率不足，农业成本较高，贫困与恶劣的自然环境共生共存③。从历史人文看，片区属于典型的少数民族地区和革命老区，文化氛围相对封闭落后，文明程度相对较低，各种陈规陋俗长期存在，脱贫攻坚形势比较复杂④。

四、返贫概率高

致贫原因的复杂性决定了返贫概率高。自然条件具有不可控性，贫困人口生计具有不稳定性和高度脆弱性，这些特征非常容易导致武陵山片区出现返贫现象。一旦有新的不利因素干扰，已实现脱贫的人口会继续返回到贫困状态。高返贫率的存在使武陵山片区处于深度贫困之中。

第三节　武陵山片区精准扶贫实践推进

一、区域发展和扶贫攻坚规划的制定

根据《中国农村扶贫开发纲要（2011 — 2020 年）》（中发［2011］10 号）的要求，依据《国民经济和社会发展第十二个五年规划纲要》《中共中央国务院关于深入实施西部大开发的若干意见》（中发［2010］11 号），国家发改委编制了《武陵山片区区域发展

---

① 数据来源：湖南省武陵山片区区域发展与扶贫攻坚“十三五”实施规划。

② 何绍辉 . 不让一个贫困群众在小康路上掉队［N］. 湖南日报，2018-06-19.

③ 刘丹萍 . 农村精准扶贫困境与对策研究——基于赣州市 4 个村的调查［D］. 南昌：南昌大学，2018.

④ 何绍辉 . 不让一个贫困群众在小康路上掉队［N］. 湖南日报，2018-06-19.

与扶贫攻坚规划（2011 — 2020 年）》。该规划按照“区域发展带动扶贫开发，扶贫开发促进区域发展”基本思路，把集中连片扶贫攻坚和跨省合作协同发展有机结合起来，明确了片区区域发展与扶贫攻坚的总体要求、空间布局、重点任务和政策措施，是指导片区区域发展和扶贫攻坚的纲领性文件①。该规划对武陵山片区的基本情况进行了简单的概述，对贫困局面进行了客观的分析。在此基础上，从战略定位、空间布局、基础设施建设、产业发展、产业化扶贫和农村人力资源开发等多个角度明确了武陵山片区的发展方向，并提出了扶贫攻坚的主要措施。该规划提出，要做好武陵山片区的扶贫攻坚工作，必须探索扶贫攻坚与跨省合作的协同机制、扶贫攻坚与生态建设的共赢机制、扶贫工作机制、扶贫投入增长机制和扶贫攻坚瞄准机制。

湖南是武陵山片区扶贫攻坚的主战场。71 个县市中，湖南占据 37 个；42 个贫困县中，湖南占据了 15 个。为了推进湖南武陵山片区的发展，打好扶贫攻坚战，确保湖南省武陵山片区到 2020 年全面建成小康社会，湖南省根据《国务院扶贫办、国家发展改革委关于编制集中连片特困地区区域发展与扶贫攻坚“十三五”省级实施规划的通知》（国开发办〔2015〕4 号）、《湖南省武陵山片区区域发展与扶贫攻坚实施规划（2011—2020 年）》（湘政函〔2012〕233 号）、《湖南省“十三五”脱贫攻坚规划》（湘政发〔2017〕12 号）等文件精神，制定了《湖南省区域发展与扶贫攻坚“十三五”实施规划》。该规划从基础设施、产业发展、扶贫举措等很多方面勾画了湖南武陵山片区区域发展的蓝图，提出了片区扶贫攻坚的总体目标。

71 个县市中，贵州片区占据 16 个。贵州制定的省级层面扶贫政策文件主要有《关于加快创建全国扶贫开发攻坚示范区的实施意见》《贵州省扶贫开发条例》《创新产业化扶贫利益联结机制的指导意见》《贵州省困难残疾人生活补贴和重度残疾人护理补贴制度实施办法》等。

湖北片区占了 11 个，制定的扶贫政策文件主要有《湖北省农村扶贫开发纲要（2011-2020 年）》《湖北省促进革命老区发展条例》《湖北省干部驻村帮扶贫困村和贫困户工作考核办法》《湖北省社会扶贫捐赠管理暂行办法》等。

重庆片区占了 7 个，制定的扶贫政策文件有《重庆市（武陵山片区、秦巴山片区）农村扶贫开发规划（2011 — 2020 年）》《重庆市农村残疾人扶贫开发规划（2011 — 2020 年）》《关于开展扶贫就业工作的通知》《促进农民工等人员返乡创业实施方案》等②。

二、国家对武陵山片区重点贫困县的结对帮扶

2012 年，国务院发文确立了 26 个中央国家机关和有关单位定点结对帮扶 42 个武陵山片区国家扶贫县。其中湖北省有武陵山片区国家扶贫开发工作重点县 10 个，5 个单位

---

① 见《武陵山片区区域发展与扶贫攻坚规划（2011 — 2020 年）》.

② 游俊，冷志明，丁建军 . 连片特困区蓝皮书：中国连片特困区发展报告（2016 — 2017）［M］. 北京：社会科学文献出版社，2017.

对口帮扶；湖南省有国家扶贫开发工作重点县15个，9个单位对口帮扶；重庆武陵山片区国家扶贫开发工作重点县7个，5个单位对口帮扶；贵州省有国家扶贫开发工作重点县10个，7个单位对口帮扶。下表是具体的对应关系①：

表7.2 重点贫困县结对帮扶对应单位

省份	贫困县	帮扶单位
湖北	咸丰、来凤、宣恩、鹤峰	农业部
	巴东、秭归、长阳	国家电网公司
	利川	中国国新控股有限责任公司
	恩施	武汉大学
	建始	华中农业大学
湖南省	龙山、永顺、保靖、古丈	农业部
	凤凰、泸溪	中国石油化工集团公司
	花垣	中国五矿集团公司
	桑植	国家知识产权局
	通道	中国林业集团公司
	城步	商务部
	新化	中国光大（集团）总公司
	邵阳	东方资产管理公司
	隆回	湖南大学
	沅陵、安化	中国远洋运输（集团）总公司
重庆	丰都、武隆	水利部
	秀山、黔江	国家开发银行
	彭水	包商银行
	石柱	中国核工业集团公司
	酉阳	致公党中央
贵州省	思南	新华社
	江口	国家旅游局
	松桃	中国电子信息产业集团有限公司
	印江	中国中煤能源集团公司
	沿河、德江	中国冶金科工集团有限公司
	石阡	北京有色金属研究总院
	道真、务川、正安	国家开发银行

① http://blog.sina.com: 武陵山片区区域发展与扶贫攻坚规划（2011年—2020年）［EB/OL］..

第八章　精准扶贫多维瞄准绩效整体情况描述性统计

武陵山片区精准扶贫的实践在不断地推进，在推进的过程中，各种问题开始显山露水。我们按照扶贫瞄准的基本内涵、基本内容和指标体系，从精准识别、精准帮扶、精准管理和精准考核四个方面考察存在的各种问题。课题组在 2016、2017、2018 年对片区内 9 个贫困村进行了实地调查。

第一节　调查基本情况

一、调查过程和区域

对于武陵山片区，课题组利用 2015、2016、2017、2018 年的暑假时间和平时的节假日时间，对武陵山片区的花垣县、龙山县、吉首市、芷江县、娄底市内的涟源市内以及贵州片区内的碧江区、江口县内共 9 个贫困村进行了实地调查。所调查的 9 个贫困村基本情况如下。

（一）花垣县的 BH 村

1. 基本情况

BH 村位于花垣县双龙镇东南部，距花垣县城与州府吉首 41 公里，距习主席亲临的十八洞村 30 公里，2016 年人均纯收入 2850 元，属国家级贫困村。导致该村贫困的主要原因有：一是交通建设滞后，群众出行困难；二是水利设施落后，人畜饮水困难；三是基础设施欠缺，生活质量不高；四是没有主导产业，增产增收困难；五是致贫原因突出，内生动力不足。

2. 扶贫情况

①道路设施。修建了通村公路 20 多公里，基本解决了村民出行难的问题。②房屋改造。累计到 2017 年底，全村进行了房屋改造，解决了 40 多户贫困户的住房问题。③社会捐赠。成功争取到了社会捐赠，为帮助 BH 村早日摆脱贫困，湖南省江西商会已向 BH 村捐助了 20 万元的第一期扶贫资金。④投资项目。引进了投资项目，湖南星月联合网络科技服务有限公司根据 BH 村的地情地貌为 BH 村推荐引进“迷迭香”种植项目。⑤技术培训。为了扩大 BH 村拥有的“厨师村”品牌，长沙创业佳品牌管理有限公司为 BH 村厨师

从业者提供培训机会和工作平台。

（二）花垣县的 SBD 村

1. 基本情况

全村辖 4 个自然寨，有 6 个村民小组，225 户，939 人，属纯苗族聚居区。SBD 村是一个苗族聚居的山寨，地处武陵山区腹地，全村总面积 14162 亩，耕地面积 817 亩，全村人均耕地仅有 0.83 亩，林地面积 11093 亩，森林覆盖率 78%。千百年来，这个村庄的祖祖辈辈“只能”也“只会”靠田、靠山吃饭。2013 年以前，村里的产业几乎是空白的，2013 年人均纯收入仅 1668 元，为当年全国农民人均纯收入的 18.75%①。

2. 扶贫情况

①基础设施。全村修建了 10 多公里的村级道路，建设完工了 4 个可以同时容纳数十个游客的公共厕所，修造了 4 个停车场，能容纳 100 多台车辆。②产业项目。累计投资数千万元，进行了旅游项目开发，“精准扶贫”红色旅游的品牌已经产生了巨大的价值；开发以猕猴桃、烤烟、蔬菜等为主的种植业，扶持以湘西黄牛、生猪、山羊、稻田养鱼为主的养殖业，推广以苗绣为主的手工艺加工业。③合作方式。启动以“旱涝保收”为主的劳务经济村苗绣特产农民专业合作社，采取“公司 + 合作社 + 农户”的经营模式，与吉首金毕果公司、花垣蚩尤美苗乡民族民间工艺品有限责任公司、花垣五新湘西苗绣研发有限公司等公司签订订单合同，公司提供绣品、负责收购。④就业渠道。本村的旅游项目至少解决了 50 人的就业问题，将 30 多个外地务工的村民成功吸引到旅游产业项目中来，极大地提升了村民的就业机会。

（三）龙山县的 BR 村

1. 基本情况

BR 村为亚热带山区季风湿润气候，地势总体由西北向东南倾斜，土地类型俱全，西水河流经，河谷深壑，由两村合并，共 7 个村民小组，213 户，总人数 1048 人。耕地共 645 亩，人均耕地不足一亩。地少岩多的自然条件限制了 BR 村传统的包谷或水稻种植业的发展。交通体系不完善，信息闭塞，民风淳朴。90 年代的 BR 村人均收入不足 500 元，是典型的贫困村。

2. 扶贫情况

①基础设施建设。目前已经完成了全部的村级公路硬化，累计硬化里程数约 18 公里。②产业扶贫。改革开放以来，特别是精准扶贫以来，对村的扶贫力度非常大，目前该村已经发展脐橙种植 3800 亩，再加上村民在周边租赁的面积，现在已经达到了 5100 多亩的种植规模，整个产值达到了 1500 多万元，脐橙产业已成为快速增收致富的大产业。

---

① http://news.gmw.cn/n: 老支书当起了“俏绣娘”　滚动读报 _ 新闻中心。

（四）碧江区的 LMT 村

1. 基本情况

LMT 村属于滑石乡的典型贫困村，全村约有人口 1700 多人，其中建档立卡户 69 户，220 人。该村致贫原因主要为劳动力缺乏，交通不方便，村民致富意识不够强烈。

2. 扶贫情况

①产业扶贫。LMT 村与旁边的白水村种植的大米因为味道鲜美被称为“白水贡米”。精准扶贫后，驻村工作队加大了对该村“白水贡米”的发展力度，从 2017 年的 1400 多亩扩大到 2018 年的 2500 多亩。②收入渠道。扶贫工作队通过“白水贡米”、山羊养殖和食用菌项目的建设，使每个贫困户每年可以分到 1500 元的红利。

（五）江口县的 MS 村

1. 基本情况

MS 村位于贵州省桃映镇，辖区面积 8.06 平方公里，距离县城 28 公里。全村有 13 个村民小组组成，2017 年底共有 1490 人，全村共有低保户 115 户，280 人，建档立卡户 103 户，370 多人。2014 年到 2017 年期间，共脱贫 95 户，261 人。截止到 2017 年底，该村尚有贫困户 11 户，35 人，贫困发生率 2.34%。该村地理位置偏僻，交通不方便，油茶等主导产业的带动力很弱小，村民的就业机会受到严重制约。

2. 扶贫基本情况

①全村修建了通村公路 3 条 19 公里，解决了居民的用水问题，并完成了危房改造 92 户。②解决了全村 173 人的就读问题，为中小学学生提供了 1000 元到 2000 元不等的教育资助。③进行了文化基础设施建设，修建了图书馆 1 个、文化广场 1 个和篮球场 1 个。④进行了产业扶贫，全村共种植油茶 3800 亩，并补贴养牛、养鸡等项目，补贴款项 8.6 万元。

（六）吉首市的 LT 村

1. 基本情况

LT 村距吉首市城区 32 公里，是一个典型的苗族聚居村寨。全村共 82 户，338 人，有建档立卡贫困户 70 户，296 人。该村地处高寒山区，自然条件恶劣。全村基础设施十分薄弱，经济结构单一，主要种植水稻、玉米等粮食作物，生产方式较为原始。

2. 扶贫情况

①发展特色产业。建成猕猴桃百亩示范园和养殖基地，引进农业公司 2 家，建立农民专业合作社 3 家，实现年户均 5000 元以上产业收益。②改善基础设施和公共服务。吉首大学投入并协调项目资金近 1000 万元，全面改善 LT 村的公路、饮水、通讯、网络、电力等基础建设和文化广场、办公、旅游等场地设施。③创新高校帮扶机制。通过实施科技帮扶、教育帮扶、消费帮扶和医疗、文化等公共服务帮扶全面推进 LT 村扶贫开发。加强基层组织建设。大力推进基层服务型党组织建设，不断发展壮大集体经济，2016 年实现 10

万元集体经济收入。

（七）芷江县的 JCP 村

1. 基本情况

JCP 村是芷江最偏远的移民村、贫困村，全村建档立卡贫困户有 161 户，498 人，占全村人口四分之一。该村距县城 38 公里，20 世纪 70 年代修建水库后，全部搬迁至半山腰上生活。全村人均田地不足五分，生态公益林不得砍伐，水库被人承包不得养鱼。一时间，大部分村民也只有靠外出务工来填补家用。

2. 产业扶贫情况

①绿壳鸡蛋：由村里使用扶贫资金统一购买鸡苗和饲料等，有意愿抚养的贫困户就发放 35 只鸡苗。②红心猕猴桃：占地 380 余亩，贫困户提前报告欲种植多少，由村里统一购买种苗和种植所需物料，按需发给贫困户。③荷花养鱼：由大户承包地，并由其养殖，农户最后分得 10% 的分红和土地征用费。④光伏发电，该项目的收益不佳。

（八）芷江县的 MYX 村

1. 基本情况

该村原先是由三个小村合并而成的，一共有 600 多户，共 2000 多人。扶贫以来贫困户共 108 户，335 人。2014—2015 年，共脱贫了 49 户；2016 年，脱贫了 21 户，76 人；2017 年脱贫了 5 户，25 人；到 2018 年底还有 39 户未脱贫。MYX 村距县城 18 公里，全村区域总面积 3.6 平方公里，其中耕地面积 790 亩，人均耕地不足 1 亩，林地 10618 亩。

2. 扶贫情况

①光伏发电：正处在并网阶段。②高山紫秋葡萄：紫秋葡萄合作开发协会在县内已有注册会员 620 户，种植紫秋葡萄约 1.3 万亩，年产鲜葡萄约 3.6 万吨，产值约 1.2 亿元。省外基地遍布湖北、贵州、四川、广西等 8 个省（市），年产鲜葡萄约 20 万吨，惠及 8000 多户群众及多家企业。③开发旅游景点：还处在起步阶段。优势：青山绿水，无污染、无噪音。④黄金梨：发展了黄金梨基地。

（九）涟源市的 JB 村

1. 基本情况

JB 村位于金石镇，离市区有 50 公里，全村有 776 户，3014 人，其中贫困建档立卡户 135 户，427 人。耕地面积 1580 亩，人均耕地约 0.5 亩。

2. 扶贫情况

①产业扶贫。全村投资建立了沙塘山煤矿、陶瓷厂、光涛砖厂、养蛇基地等企业，农民的就业渠道得到了有效扩展，解决了 100 多人的就业问题，收入水平有了显著提高。②道路建设。全村修建了 17 公里的村级公路，2018 年前还有约 9 公里的道路没有完全硬化。③社会保障。全村将 27 户 57 人纳入低保户，解决了他们的生活之忧。④合作社建设。全村成立了养蛇合作社、农机合作社和种养殖合作社，其中养蛇合作社 2017 年才成

立，目前正处于投资阶段，种养殖合作社运行状态良好。

二、调查对象和表格

（一）调查对象

本次调查过程牵涉到的调查对象共分为三大类：贫困户、非贫困户和扶贫干部。每个贫困村中选择 40 至 50 个贫困户，15 个左右的非贫困户和 3 个扶贫干部作为调查的对象。所调查的扶贫干部既包括村干部、也包括扶贫工作队干部，还包含结对帮扶干部、乡镇扶贫干部。

（二）调查表格

我们调查的三类对象的数量累计为 602 个，除掉调查问卷明显残缺不全的对象 21 个后，还剩有效调查对象或调查问卷 581 个（份）。为了开展调查工作，课题组分别对贫困户、非贫困户和扶贫干部设计了调查问卷。具体的表格见附录 1。

第二节 精准识别绩效整体情况的描述性统计

为了考察所有调查区域内精准识别绩效的整体性情况，我们将 581 个调查对象分解为三个类群：扶贫干部、贫困户和非贫困户，然后考察每个类群中调查对象在某个二级指标上的人数及其具体占比，从而形成对精准识别绩效整体情况的认识。

一、识别对象绩效整体情况的描述性统计

识别对象绩效体现在对象吻合度层面上。为了考察扶贫干部、贫困户和非贫困户对识别对象吻合度的判定情况，课题组为三者设计了同样的问题："您觉得您所在的村中贫困户评选的结果与真实情况相吻合的程度如何？"该问题的下面提供了五个选项：吻合度"很低""较低""一般""较高"和"很高"。吻合度越高，则说明识别对象越精准，绩效越高。具体的数据分布如下：

表 8–1 扶贫干部、贫困户和非贫困户对识别对象吻合度的判定

吻合度	很低	较低	一般	较高	很高
扶贫干部人数	0	0	1	4	22
贫困户人数	1	17	29	92	289
非贫困户人数	94	12	10	5	5

数据来源：根据实地调查数据整理

扶贫干部中，没人认为识别对象的吻合度处于很低或较低的水平，只有 3.7% 的扶贫干部认为吻合度一般，有 96.3% 的扶贫干部认为吻合度很高或较高。整体而言，扶贫干部认为对象吻合度高。

贫困户中，有 89.0% 的贫困户认为对象吻合度较高或很高，有 6.8% 的贫困户认为对象吻合度一般，4.2% 的贫困户认为对象吻合度较低或很低。整体而言，贫困户认为对象吻合度高。

非贫困户中，只有 7.9% 的非贫困户认为对象吻合度较高或很高，有 7.9% 的非贫困户认为对象吻合度一般，84.1% 的非贫困户认为对象吻合度较低或很低。整体而言，非贫困户认为对象吻合度低。

二、识别标准绩效整体情况的描述性统计

识别标准是指在贫困户识别过程中所遵循的基本依据。识别标准绩效体现在标准的执行力上。为了考察扶贫干部、贫困户和非贫困户对识别标准执行力的判定情况，课题组为三者设计了同样的问题："您认为本村扶贫干部执行贫困户评定标准的力度如何？"执行力："很差""较差""一般""较好"和"很好"。具体的数据分布如下：

表 8–2　扶贫干部、贫困户和非贫困户对识别标准执行力的判定

标准执行力	很差	较差	一般	较强	很强
扶贫干部人数	0	1	3	16	7
贫困户人数	19	80	94	160	75
非贫困户人数	104	6	8	5	3

数据来源：根据实地调查数据整理

从表 8–2 中可以看出：扶贫干部中，认为标准执行力较强和很强的百分比高达 85.2%，只有 14.8% 的扶贫干部认为执行力一般和较差。

贫困户中，认为标准执行力较强或很强的百分比高达 54.9%，22.0% 的贫困户认为标准执行力一般，有 23.1% 的贫困户认为执行力很差或较差。

非贫困户中，认为标准执行力较强或很强的百分比只占 6.3%，有 11.1% 的非贫困户认为执行力一般和较差，而认为标准执行力很差的则高达 82.5%。

三、识别行为绩效整体情况的描述性统计

精准识别的行为主要是指扶贫干部识别贫困对象所采取的行动。识别行为绩效体现在行为的有效性上。为了考察扶贫干部、贫困户和非贫困户对识别行为效果的判定情况，课题组为三者设计了同样的问题："您认为本村的扶贫干部当初在评定贫困户的时候，有没有真正采取有效的行为了解农户家庭的基本情况？"了解程度："很差""较差""一

般”“较好”和“很好”。具体的数据分布如下：

表 8–3　扶贫干部、贫困户和非贫困户对识别行为有效性的判定（了解程度）

了解程度	很差	较差	一般	较好	很好
扶贫干部人数	0	0	0	2	25
贫困户人数	19	33	102	157	117
非贫困户人数	98	18	6	2	2

数据来源：根据实地调查数据整理

从表 8–3 中可以看出：扶贫干部中，认为行为有效性较好或很好的百分比高达 100%，没有人认为行为有效性一般、较差或很差。扶贫干部向调查组反映，当初在评贫困户的时候，他们多轮次挨家挨户去了解每个家庭的每一个方面的情况，对每个家庭的情况非常了解。对于有争议的点，他们会到各个部门去查实。有一个扶贫干部举例：“为了核实我们村一个患重病的想申请贫困户的材料的真实性，我们去医院跑了三次。”在扶贫干部的眼中，他们已经对本村中每个家庭的情况了如指掌。

贫困户中，认为行为有效性一般及以上的百分比高达 87.9%，只有 12.1% 的贫困户认为执行力很差或较差。大部分的贫困户都认为扶贫干部采取了很多的措施来了解自己家庭的收入、就业、教育、身体等多个方面的基本情况，确实非常负责，对扶贫干部深入群众一线的做法赞不绝口。但也有少数贫困户反映说：“我觉得我们村干部虽然尽责，但其实他们并不知道一些很重要的情况，例如，有个所谓的贫困户现在在我们城里有好几套房子呢！”果真有这个情况，那识别行为的有效性的确应该打一个折扣了。

非贫困户中，认为行为有效性较好或很好的百分比只有 3.2%，高达 96.8% 的非贫困户认为行为有效性很差、较差、一般。那些认为行为有效性很差、较差、一般的非贫困户有一个共同的特点是家庭条件的确都不富裕，且认为自己完全应该能够评上贫困户。有一个麻姓非贫困户大妈拉着我们的手到她家里去看情况，我们见到了一个躺在病床上的老人。麻姓大妈哭诉道：“我老公病了很多年，就因为我家有一栋房子，不给我们评贫困户，他们真正了解我家的情况吗？没有啊！”“因为他们没有真正了解这个病情，所以我们才没有被评上，我不服气啊！”那些认为行为有效性较好和很好的非贫困户也有一个共同的特点：家中的生活条件不错。他们说：“扶贫干部的确是很认真的，几乎对每个家庭都做出了很好的了解，我觉得这些行为真的非常有效果。”

四、识别程序绩效整体情况的描述性统计

精准扶贫识别程序参与度主要是指整个识别的过程是不是按照既定的标准、步骤实施，有没有让广大的群众参与到贫困户识别的过程中去。识别程序绩效主要体现在群众的参与度上。为了考察扶贫干部、贫困户和非贫困户对群众参与度的判定情况，课题组为三

者设计了同样的问题："您认为本村的扶贫干部当初在评定贫困户的时候，有没有体现出广泛的群众参与性？"参与度："很低""较低""一般""较高"和"很高"。具体的数据分布如下：

表 8.4 扶贫干部、贫困户和非贫困户对群众参与度的判定

群众参与度	很低	较低	一般	较高	很高
扶贫干部人数	0	1	6	8	12
贫困户人数	18	30	113	177	90
非贫困户人数	70	44	5	5	2

数据来源：根据实地调查数据整理

从以上数据可以看出，在扶贫干部心中，群众在贫困户评定的过程中很良好的参与度。74.1% 的扶贫干部认为群众参与度较高或很高，只有 25.9% 的扶贫干部认为群众的参与度比较低或一般，没有人认为很低。扶贫干部说，本村评定贫困户的时候，都是先组织全体村民投票，然后选出评审组，评审组再对每个申请者的家庭情况进行投票。大部分贫困村的扶贫干部都有明确的识别程序，有良好的群众基础，走群众路线，并不是由某个扶贫干部说了算。整个过程体现了完整的群众性。

贫困户中，认为群众参与度一般及以上的百分比高达 81.2%，只有 11.3% 的贫困户认为群众参与度很低或较低。大部分贫困户认为整个评审过程都是客观公正的，因为有广大的群众参与。而且，在投票的时候，自己并没有去投票，票都是由那些没有申请贫困户的人投的。贫困户说："这么多人投我，我不贫困，他们会投我！？""大家都是有良心的，很公正。"

非贫困户中，认为群众参与度较高或很高的百分比只有 5.6%，4.0% 的人认为群众参与度一般，高达 90.5% 的非贫困户认为群众参与度很低或较低。认为参与度很低或较低的非贫困户，尤其是那些家庭条件并没有明显比别人优越的非贫困户，总是认为整个过程表面上看来有大家的共同参与、很公正，但实际上并非如此。非贫困户说："那些投票的都是些什么人？是他们家亲戚。我家就一个兄弟，没有亲戚啊，没有人投我票啊。"那些认为参与度较高或很高的非贫困户认为，的确不能否定在现实生活中存在只投亲戚的现象，但毕竟情况不多，总体上群体参与性很高。一般来说，持有这种态度的非贫困户的家庭条件都不错。

五、识别结果绩效整体情况的描述性统计

识别结果主要是指识别的最终状态或结论。识别结果绩效体现在结果的满意度上。为了考察扶贫干部、贫困户和非贫困户对识别结果满意度的判定情况，课题组为三者设计了同样的问题："您对本村贫困户评定的结果满意度如何？"满意程度分为五个档次："很

低”“较低”“一般”“较高”和“很高”。具体的数据分布如下：

表 8–5　扶贫干部、贫困户和非贫困户对识别结果满意度的判定

满意度	很低	较低	一般	较高	很高
扶贫干部人数	0	2	4	14	7
贫困户人数	3	11	18	94	302
非贫困户人数	68	41	6	5	6

数据来源：根据实地调查数据整理

从以上数据可以看出，扶贫干部中，有 77.8% 的人对评审结果的满意度较高或很高，14.8 的人对评审结果的满意度一般，除了有 7.4% 的认为满意度较低外，没有扶贫干部认为满意度很低。绝大多数扶贫干部认为这样的结果是令人满意的，他们已经花了大量的功夫，采取了有效的手段，投入了很多的精力，着力进行精准识别工作。他们尤其感到满意的一点是，自己所在的贫困村中根本不存在漏评现象，但并不排除贫困户队伍中的确有一部分并不穷的人存在。总的来说，扶贫干部的满意度很高。

贫困户中，高达 92.5% 的人对评审结果的满意度较高或很高，4.2% 的人对评审结果的满意度一般，但也有 3.3% 的认为满意度较低或很低。他们非常感谢党的精准扶贫政策，感谢国家和扶贫干部非常公正地将自己评定为贫困户。评上贫困户以后，自己的生活来源多了许多，各种压力缩小了不少，他们对结果很满意。

非贫困户中，高达 86.5% 的人对评审结果的满意度较低或很低，4.8% 的人对评审结果满意度一般，但也有 8.7% 的认为满意度较高或很高。有一半以上的非贫困户对自己并没有评上贫困户感到非常失望，甚至非常愤怒。他们觉得自己应该被评定为贫困户，尤其是当本村中有一些和自己家庭条件差不多的家庭被评定为贫困户的时候，这些被排除在贫困户范围之外的边缘贫困户对自己的贫困状态最不满意。他们对精准扶贫政策本身非常肯定，认为这个政策是非常好的民生政策。但扶贫干部没有认真执行。非贫困户最不能理解的一个问题是：“明明我并不比那些贫困户好，为什么我没有被评上？”对于这个结果，真的太不满意了。也有一些家庭条件好的非贫困户站出来说：“没有什么意见，反正还是要靠自己喽。”“还算满意！”

第三节　精准帮扶绩效整体情况的描述性统计

一、帮扶计划绩效整体情况的描述性统计

帮扶计划主要是指扶贫工作队有没有制定详细的、可行的计划帮助贫困户精准脱贫。帮扶计划绩效是指帮扶计划的完整性。一个完整的帮扶计划应该包括扶贫的组织力量、资金数量、帮扶的手段、实现的目标和完成的时间节点等因素。为了考察帮扶计划的完整

性，课题组为扶贫干部、贫困户和非贫困户设计了同样的问题：“您认为本村中制定的帮扶计划是不是完整？”共有五个选项：完整度“很低”“较低”“一般”“较高”和“很高”。以下是具体的数据：

表 8-6　扶贫干部、贫困户和非贫困户对帮扶计划完整性的判定

计划完整性	很低	较低	一般	较高	很高
扶贫干部人数	2	7	12	6	0
贫困户人数	80	143	160	37	8
非贫困户人数	61	52	5	6	2

数据来源：根据实地调查数据整理

从以上数据可以看出，扶贫干部中，有 77.8% 的认为帮扶计划的完整性处于一般及以下，只有 22.2% 的认为完整性较高，没有人认为完整性很高。可见，扶贫干部总体上认为完整性并不理想。扶贫干部最担心的问题是，这些帮扶计划的后续资金怎么办？很多项目已经投进去了这么多钱，没有后续资金的话就会失败。

贫困户中，有 37.4% 的贫困户认为帮扶计划的完整性一般，认为在一般水平及以下的比例为 89.5%，而认为处于较高或很高水平的比例只有 10.5%，没有人认为完整性很高。这说明贫困户整体上认为帮扶计划的水平为中等偏下。有一些贫困户认为，很多帮扶计划缺少具体的执行手段，设计的目标不是很明确，尤其是完成的时间非常模糊。例如，贫困户非常关心的农村基础工程计划就存在明显的时间节点模糊问题。

非贫困户中，有 89.7% 非贫困户认为帮扶计划的完整性较低或很低，4.0% 的人认为帮扶计划的完整度为一般，而认为处于较高或很高水平的比例只有 6.3%。很多非贫困户认为，扶贫干部给本村或某些贫困户弄的那些帮扶计划都是在瞎搞，认为“很多扶贫干部也是为了应付国家的政策，胡乱弄几个并不完整的计划上去，让那些贫困户去实施，怎么能够完成！不可能的！”

二、帮扶人员绩效整体情况的描述性统计

帮扶人员主要是指对贫困村和贫困户进行结对帮扶的组织力量。帮扶人员绩效是指帮扶人员配置力度。帮扶人员的配置力度主要是指贫困村有没有配备必要的帮扶人员，这些人员能否在人力上保证帮扶工作顺利开展。为了考察帮扶人员配置力度，课题组为三者设计了同样的问题：“您认为本村的扶贫干部在人力上有没有足够的力度为本村的帮扶工作提供保障？”共有五个选项：配置力度“很弱”“较弱”“一般”“较强”和“很强”。以下是具体的数据：

表 8–7　扶贫干部、贫困户和非贫困户对帮扶人员配置力度的判定

人员配置力度	很弱	较弱	一般	较强	很强
扶贫干部人数	0	0	1	7	19
贫困户人数	60	86	190	61	31
非贫困户人数	0	2	7	92	25

数据来源：根据实地调查数据整理

从以上数据可以看出：

扶贫干部中，有 96.3% 的人认为帮扶人员配置力度较强或很强，3.7% 的人认为帮扶人员配置力度一般，没有人认为配置力度弱。课题组调查的贫困村中，平均每个村都有 30–40 个扶贫干部。扶贫力量分为好几股：扶贫工作队、县乡镇驻村扶贫干部、村干部等。这些人员都有明确的扶贫户，一个扶贫干部帮扶 4–5 个贫困户，配置的力度的确很大。

贫困户中，认为本村帮扶人员配置力度处于一般水平及其以上的比例为 65.9% 左右，尚有 34.1% 的贫困户认为人员配置力度处在较弱和很弱的状态。很大部分贫困户认为，国家非常重视精准扶贫工作，几乎为每个贫困村都配置了扶贫组织力量。来自各个层次和领域的扶贫干部各有所长，他们秉持为贫困户服务的理念，切实解决贫困户遇到的各类问题，有足够的力量、手段和信心让广大的贫困户早日实现精准脱贫。

非贫困户中，认为本村的帮扶人员配置力度处于一般水平及其以上的比例达 98.4%，只有 1.6% 的人认为人员帮扶力度较低。不过，也有非贫困户反映说，虽然国家为他们所在的贫困村配置了帮扶力量，但有些扶贫干部并没有将精准扶贫提升到战略高度。每次来贫困村，并不是为了要解决具体问题，而是“例行公事”，走走过场，并没有真正发挥帮扶人员的帮扶力量。他们说：“帮扶的形式主义依然存在。”

三、帮扶方式绩效整体情况的描述性统计

帮扶方式主要是指帮扶的主体采用何种手段和方式帮助贫困户精准脱贫。典型的帮扶方式有产业帮扶、科技帮扶、生活帮扶、消费帮扶和就业帮扶等。帮扶方式绩效是指帮扶方式的可持续性。为了考察帮扶方式的可持续性，我们为扶贫干部、贫困户和非贫困户设计了同样的一个问题：“您认为本村中扶贫干部采取的帮扶方式可持续性如何？”共有五个选项：可持续性“很低”“较低”“一般”“较高”和“很高”。以下是具体的数据：

表 8–8　扶贫干部、贫困户和非贫困户对帮扶方式可持续性的判定

帮扶方式可持续性	很低	较低	一般	较高	很高
扶贫干部人数	3	19	3	2	0
贫困户人数	173	167	34	34	20
非贫困户人数	100	11	9	3	3

数据来源：根据实地调查数据整理

以上数据表明，扶贫干部中，认为本村帮扶方式可持续性很低或较低的比例为 81.5% 左右，只有 18.5% 的扶贫干部认为帮扶方式可持续性一般或者较高，没有扶贫干部认为帮扶方式可持续性很高。

贫困户中，认为本村的帮扶方式可持续性很低或较低的比例为 79.4% 左右，只有 7.9% 的贫困户认为帮扶方式可持续性一般，有 12.6% 贫困户认为帮扶方式可持续性很高或较高。

非贫困户中，认为本村的帮扶方式可持续性很低或较低的比例为 88.1% 左右，只有 7.1% 的非贫困户认为帮扶方式可持续性一般或者较高，有 4.8% 非贫困户认为帮扶方式可持续性很高或较高。

四、帮扶产业绩效整体情况的描述性统计

帮扶产业绩效体现为帮扶产业带动力。帮扶产业带动力是指帮扶人员引导贫困村和贫困户发展的农业产业对该贫困村和贫困户在就业增长、收入增长两个方面的提升力度。帮扶产业主要体现为采取什么样的产业帮助贫困户精准脱贫，可以从产业的数量、种类、规模、就业和收入等多个维度描述帮扶产业的整体情况。为了考察帮扶产业的带动力大小，课题组为扶贫干部、贫困户和非贫困户设计了同样的问题："您认为本村帮扶产业的就业和收入带动力如何？"共有五个选项：带动力"很小""较小""一般""较大"和"很大"。以下是具体的数据：

表 8-9 扶贫干部、贫困户和非贫困户对帮扶产业带动力的判定

帮扶产业带动力	很小	较小	一般	较大	很大
扶贫干部人数	2	3	4	14	4
贫困户人数	34	59	101	181	53
非贫困户人数	79	35	9	3	0

数据来源：根据实地调查数据整理

扶贫干部中，认为本村帮扶产业带动力很大或较大的比例为 66.7% 左右，只有 14.8% 的扶贫干部认为带动力一般，18.5% 扶贫干部认为带动力较小或者很小。整体来看，扶贫干部认为带动力大。

贫困户中，54.7% 的认为本村帮扶产业带动力很大或较大，有 23.6% 的贫困户认为带动力一般，21.7% 的贫困户认为带动力较小或者很小。整体来看，贫困户认为带动力大。

非贫困户中，没有人认为本村帮扶产业带动力很大，只有 2.4% 认为带动力较大，有 7.1% 的非贫困户认为带动力一般，90.5% 的非贫困户认为带动力较小或者很小。整体来看，非贫困户认为带动力小。

五、帮扶适应绩效整体情况的描述性统计

帮扶适应是指帮扶的资源、方式与贫困户（帮扶对象）相适应。帮扶适应绩效是指帮扶资源、方式等与贫困户特征相适应或相匹配的程度。为了考察帮扶适应度，课题组为扶贫干部、贫困户和非贫困户设计了同样的问题："您认为本村扶贫干部给农户提供的帮扶资源能不能和农户的情况进行有效的匹配？"共有五个选项：匹配度"很低""较低""一般""较高"和"很高"。以下是具体的数据：

表 8-10　扶贫干部、贫困户和非贫困户对帮扶资源匹配度的判定

帮扶资源匹配度	很低	较低	一般	较高	很高
扶贫干部人数	2	7	13	4	1
贫困户人数	63	97	182	51	35
非贫困户人数	11	56	43	9	7

数据来源：根据实地调查数据整理

扶贫干部中，有 48.1% 的认为本村的帮扶资源匹配度处于一般水平，认为帮扶资源匹配度很低或较低的比例为 33.3% 左右，有 18.5% 的扶贫干部认为帮扶资源匹配度很高或者较高。

贫困户中，有 42.5% 的认为本村的帮扶适应度处于一般水平，认为帮扶资源匹配度很低或较低的比例为 37.4% 左右，有 20.1% 的贫困户认为帮扶资源匹配度很高或者较高。

非贫困户中，有 34.1% 的认为本村的帮扶资源匹配度处于一般水平，认为帮扶适应度帮扶资源匹配度很低或较低的比例为 53.2% 左右，有 12.7% 的非贫困户认为帮扶资源匹配度很高或者较高。

第四节　精准管理绩效整体情况的描述性统计

一、扶贫机构管理绩效整体情况的描述性统计

扶贫机构管理绩效是指扶贫机构管理有效度。扶贫机构管理有效度是指制定的与扶贫机构日常运行有关的制度文件的明确程度。为了考察扶贫机构管理有效度，我们为扶贫干部、贫困户和非贫困户设计了同样的一个问题："您认为本村制定的关于扶贫机构管理的制度文件是不是很明确？"共有五个选项：文件明确度"很低""较低""一般""较高"和"很高"。以下是具体的数据：

表 8–11　扶贫干部、贫困户和非贫困户对制度文件明确度的判定

制度文件明确度	很低	较低	一般	较高	很高
扶贫干部人数	0	0	1	15	11
贫困户人数	57	65	137	137	32
非贫困户人数	30	67	21	5	3

数据来源：根据实地调查数据整理

扶贫干部中，有 96.3% 的人认为扶贫机构管理的制度文件处于较高或者很高的水平，只有 3.7% 的扶贫干部认为制度文件的明确度一般，没有扶贫干部认为明确度很低或者较低。整体而言，扶贫干部认为制度文件的明确度高。

贫困户中，有 39.5% 的人认为扶贫机构管理的制度文件处于较高或者很高的水平，有 32.0% 的扶贫干部认为制度文件的明确度一般，28.5% 的贫困户认为明确度很低或者较低。整体而言，贫困户认为制度文件的明确度一般。

非贫困户中，只有 6.3% 的人认为扶贫机构管理的制度文件处于较高或很高水平，有 16.7% 的非贫困户认为制度文件的明确度一般，77.0% 的非贫困户认为明确度很低或者较低。整体而言，非贫困户认为制度文件的明确度低。

二、扶贫目标管理绩效整体情况的描述性统计

扶贫目标管理绩效是指扶贫目标可实现度。扶贫目标可实现度是指扶贫主体对本贫困村脱贫的人数、脱贫的时间、产业发展的规模等确定的扶贫目标可以实现的程度。为了考察扶贫目标可实现度，我们为扶贫干部、贫困户和非贫困户设计了同样的一个问题："您认为本村制定的扶贫目标可不可以实现？"共有五个选项：目标可实现度"很小""较小""一般""较大"和"很大"。以下是具体的数据：

表 8–12　扶贫干部、贫困户和非贫困户对扶贫目标可实现度的判定

扶贫目标可实现度	很小	较小	一般	较大	很大
扶贫干部人数	12	14	1	0	0
贫困户人数	164	170	57	31	6
非贫困户人数	3	9	20	71	23

数据来源：根据实地调查数据整理

扶贫干部中，有 96.3% 的人认为扶贫目标可实现度处于很小或者较小的水平，有 3.7% 的扶贫干部认为扶贫目标可实现度一般，没有扶贫干部认为目标可实现度较大或者很大。整体而言，扶贫干部认为扶贫目标可实现度低。

贫困户中，有 78.0% 的人认为扶贫目标可实现度处于很小或者较小的水平，有 13.3%

的贫困户认为扶贫目标可实现度一般，只有 8.6% 的贫困户认为目标可实现度较大或者很大。整体而言，贫困户认为扶贫目标可实现度低。

非贫困户中，有 9.5% 的人认为扶贫目标可实现度处于很小或者较小的水平，有 15.9% 的非贫困户认为扶贫目标可实现度一般，有 74.6% 的非贫困户认为目标可实现度较大或很大。整体而言，非贫困户认为扶贫目标可实现度大。

三、扶贫信息管理绩效整体情况的描述性统计

扶贫信息包括扶贫过程中贫困户的人口、收入、就业、致贫原因、资产情况以及帮扶的方式、举措、效果等多方面的信息，主要包括国家扶贫政策的出台、扶贫对象的变更、扶贫资金的拨付、扶贫项目的启动和扶贫贷款的运行情况等。扶贫信息管理绩效是指扶贫信息吻合度。为了考察扶贫信息吻合度，我们对扶贫干部、贫困户和非贫困户设计了一个共同的问题："您认为本村扶贫信息与全村基本情况吻合度如何？"共有五个选项：吻合度"很弱""较弱""一般""较强"和"很强"。以下是具体的数据：

表 8–13　扶贫干部、贫困户和非贫困户对扶贫信息吻合度的判定

吻合度	很低	较低	一般	较高	很高
扶贫干部人数	0	0	1	12	14
贫困户人数	22	23	84	177	122
非贫困户人数	60	49	8	6	3

数据来源：根据实地调查数据整理

扶贫干部中，有 96.3% 的人认为扶贫信息吻合度处于很高或者较高的水平，只有 3.7% 的扶贫干部认为扶贫信息吻合度一般，没有扶贫干部认为扶贫信息吻合度很低或较低。整体而言，扶贫干部认为扶贫信息吻合度高。

贫困户中，有 69.9% 的人认为扶贫信息吻合度处于很高或者较高的水平，有 19.6% 的贫困户认为扶贫信息吻合度一般，只有 10.5% 的贫困户认为扶贫信息吻合度很低或较低。整体而言，贫困户认为扶贫信息吻合度高。

非贫困户中，只有 7.1% 的人认为扶贫信息吻合度处于很高或者较高的水平，有 6.3% 的非贫困户认为扶贫信息吻合度一般，有 86.5% 的贫困户认为扶贫信息吻合度很低或较低。整体而言，非贫困户认为扶贫信息吻合度低。

四、扶贫资金管理绩效整体情况的描述性统计

扶贫资金管理绩效是指扶贫资金公开程度。扶贫资金公开度是指扶贫资金的数量、方向等整体情况对贫困户公开的程度。为了考察扶贫资金的公开程度，课题组为扶贫干部、贫困户和非贫困户设计了同样的问题："您认为本村扶贫资金的公开程度如何？"共有五个选项：公开度"很低""较低""一般""较高"和"很高"，以下是具体的数据：

表 8–14 扶贫干部、贫困户和非贫困户对扶贫资金公开程度的判定

公开程度	很低	较低	一般	较高	很高
扶贫干部人数	0	2	11	9	5
贫困户人数	25	81	275	36	11
非贫困户人数	84	28	8	4	2

扶贫干部中，有 51.9% 的人认为扶贫资金公开度处于很高或者较高的水平，有 40.7% 的人认为扶贫资金公开度一般，7.4% 的人认为扶贫资金公开度水平一般，没有扶贫干部认为扶贫资金公开度很低。整体而言，扶贫干部认为扶贫资金公开度高。

贫困户中，有 11.0% 的人认为扶贫资金公开度处于很高或者较高的水平，有 64.3% 的贫困户认为扶贫资金公开度一般，有 24.8% 的贫困户认为扶贫资金公开度很低或较低。整体而言，贫困户认为扶贫资金公开度一般。

非贫困户中，只有 4.8% 的认为扶贫资金公开度处于较高或很高的水平，有 6.3% 的非贫困户认为扶贫资金公开度一般，有 88.9% 的非贫困户认为扶贫资金公开度很低或较低。整体而言，非贫困户认为扶贫资金公开度低。

五、扶贫项目管理绩效整体情况的描述性统计

扶贫项目管理绩效是指扶贫项目的需求满足率。扶贫项目的需求满足率是指扶贫项目满足贫困户需要的强度大小。为了考察扶贫项目的需求满足率，课题组为扶贫干部、贫困户和非贫困户设计了同样的问题："您认为扶贫干部实施的一系列扶贫项目能否有效地满足你生活的需要？"共有五个选项：满足率"很低""较低""一般""较高"和"很高"，具体的数据如下：

表 8–15 扶贫干部、贫困户和非贫困户对扶贫项目需求满足率的判定

需求满足率	很低	较低	一般	较高	很高
扶贫干部人数	2	9	13	2	1
贫困户人数	111	174	88	32	23
非贫困户人数	87	34	2	1	2

数据来源：根据实地调查数据整理

扶贫干部中，只有 11.1% 的人认为扶贫项目的需求满足率处于很高或者较高的水平，有 48.1% 的人认为扶贫项目的需求满足率一般，有 40.7% 的人认为扶贫项目的需求满足率很低或较低。整体而言，扶贫干部认为扶贫项目的需求满足率一般。

贫困户中，只有 12.9% 的人认为扶贫项目的需求满足率处于很高或者较高的水平，有

20.1% 的人认为扶贫项目的需求满足率一般，有 66.6% 的人认为扶贫项目的需求满足率很低或较低。整体而言，贫困户认为扶贫项目的需求满足率低。

非贫困户中，只有 2.4% 的认为扶贫项目的需求满足率处于较高或很高的水平，有 1.6% 的非贫困户认为需求满足率一般，有 96.0% 的非贫困户认为满足率很低或较低。整体而言，非贫困户认为扶贫项目的需求满足率低。

第五节　精准考核绩效整体情况的描述性统计

一、考核主体绩效整体情况的描述性统计

考核主体绩效是指考核主体参与度，是指贫困户作为扶贫主体参与到整个扶贫绩效考核过程中的覆盖率高低。为了考察考核主体参与度，课题组为扶贫干部、贫困户和非贫困户设计了同样的问题："您所在的村中农户有没有参与到对扶贫干部工作的考核中去？"共有 5 个选项：参与度"很小""较小""一般""较大"和"很大"，考核主体的具体数据如下表所示：

表 8-16　扶贫干部、贫困户和非贫困户对考核主体参与度的判定

考核主体参与度	很小	较小	一般	较大	很大
扶贫干部人数	2	20	4	0	1
贫困户人数	226	116	53	33	0
非贫困户人数	81	34	5	5	1

数据来源：根据实地调查数据整理

扶贫干部中，只有 3.7% 的人认为考核主体参与度处于很大的水平，没人认为考核主体参与度较大，有 14.8% 的人认为参与度一般，有 81.5% 的扶贫干部认为参与度很小或较小。整体而言，扶贫干部认为参与度较小。

贫困户中，无人认为考核主体参与度很大，只有 7.7% 的人认为考核主体参与度处于较大的水平，有 12.4% 的贫困户认为参与度一般，有 79.9% 的贫困户认为参与度很小或较小。整体而言，贫困户认为参与度较小。

非贫困户中，有 4.8% 的认为考核主体参与度处于较大或很大的水平，有 4.0% 的贫困户认为参与度一般，有 91.3% 的贫困户认为参与度很小或较小。整体而言，非贫困户认为参与度较小。

二、考核指标绩效整体情况的描述性统计

考核指标是指用来对扶贫干部的工作进行绩效评价的具体方面。考核指标绩效体现在考核指标的多样性上。为了考察考核指标的多样性情况，课题组为扶贫干部、贫困户和

非贫困户设计了同样的问题：“您认为本村对扶贫干部进行考核的指标的多样性程度如何？”共有五个选项：多样性“很低”“较低”“一般”“较高”和“很高”，具体的数据如下：

表 8-17　扶贫干部、贫困户和非贫困户对考核指标多样性的判定

指标多样性	很低	较低	一般	较高	很高
扶贫干部人数	22	4	1	0	0
贫困户人数	220	150	46	12	0
非贫困户人数	91	17	11	5	2

数据来源：根据实地调查数据整理

扶贫干部中，没人认为考核指标多样性处于较高或很高的水平，只有 3.7% 的扶贫干部认为考核指标多样性一般，有 96.3% 的扶贫干部认为多样性很低或较低。整体而言，扶贫干部认为多样性低。

贫困户中，没人认为考核指标多样性处于很高的水平，只有 2.8% 的贫困户认为考核指标多样性较高，10.7% 的人认为考核指标多样性一般，有 86.4% 的贫困户认为多样性很低或较低。整体而言，贫困户认为多样性低。

非贫困户中，5.6% 的人认为考核指标多样性处于很高或较高的水平，有 8.7% 的非贫困户认为考核指标多样性一般，有 85.7% 的非贫困户认为多样性很低或较低。整体而言，非贫困户认为多样性低。

三、考核数据绩效整体情况的描述性统计

考核数据是指对扶贫干部进行绩效考核的基本事实和数据。考核数据绩效体现在考核数据的真实度上。为了考察考核数据的真实度，课题组为扶贫干部、贫困户和非贫困户设计了同样的问题：“您村在对扶贫干部进行业绩考核的时候，所依据的具体数据真实性如何？”共有五个选项：真实度“很低”“较低”“一般”“较高”和“很高”，具体的数据如下：

表 8-18　扶贫干部、贫困户和非贫困户对考核数据真实度的判定

真实度	很低	较低	一般	较高	很高
扶贫干部人数	0	2	5	11	9
贫困户人数	20	91	178	110	29
非贫困户人数	98	13	11	4	0

数据来源：根据实地调查数据整理

扶贫干部中，没人认为考核数据真实性处于很低的水平，7.4% 的人认为考核数据真实性较低，有 18.5% 的扶贫干部认为真实性一般，有 74.1% 的扶贫干部认为真实性很高或较高。整体而言，扶贫干部认为真实性高。

贫困户中，有 25.9% 的人认为考核数据真实性处于很低或较低的水平，有 41.6% 的贫困户认为真实性一般，有 32.5% 的贫困户认为真实性很高或较高。整体而言，贫困户认为真实性一般。

非贫困户中，有 88.1% 的人认为考核数据真实性处于很低或较低的水平，有 8.7% 的非贫困户认为真实性一般，3.2% 的非贫困户认为真实性较高，没人认为真实性很高。整体而言，非贫困户认为真实性低。

四、考核程序绩效整体情况的描述性统计

考核程序绩效体现在考核程序的公正性层面上。考核程序公正度是指考核过程采取的具体步骤、方式和方法等公正性程度。为了考察考核程序公正度，课题组为扶贫干部、贫困户和非贫困户设计了同样的问题："您村在对扶贫干部进行业绩考核的时候，所采取的程序公正度如何？"共有五个选项：公正度"很低""较低""一般""较高"和"很高"，具体的数据如下：

表 8-19　扶贫干部、贫困户和非贫困户对考核程序公正度的判定

公正度高低	很低	较低	一般	较高	很高
扶贫干部人数	8	17	2	0	0
贫困户人数	36	98	196	89	9
非贫困户人数	32	76	11	4	3

数据来源：根据实地调查数据整理

扶贫干部中，没人认为考核程序公正度处于很高或较高的水平，只有 7.4% 的扶贫干部认为公正度一般，有 92.6% 的扶贫干部认为公正度很低或较低。整体而言，扶贫干部认为公正度低。

贫困户中，22.9% 的人认为考核程序公正度处于很高或较高的水平，有 45.8% 的贫困户认为公正度一般，有 31.3% 的贫困户认为公正度很低或较低。整体而言，贫困户认为公正度一般。

非贫困户中，5.6% 的人认为考核程序公正度处于很高或较高的水平，有 8.7% 的非贫困户认为公正度一般，有 85.7% 的非贫困户认为公正度很低或较低。整体而言，非贫困户认为公正度低。

五、考核结论绩效整体情况的描述性统计

考核结论是指考核的机构或组织对扶贫干部的扶贫工作进行考核的具体结果，它大概

可以分为优秀、良好、合格和不合格四个档次。考核结论绩效体现在考核结论关联度上。为了考察考核结论关联度，课题组为扶贫干部、贫困户和非贫困户设计了同样的问题："您认为扶贫干部的考核结论与他们的升迁、工资等有没有关联度？"共有五个选项：关联度"很低""较低""一般""较高"和"很高"，具体的数据如下：

表 8–20　扶贫干部、贫困户和非贫困户对考核结论关联度的判定

考核结论关联度	很小	较小	一般	较高	很高
扶贫干部人数	0	0	1	12	14
贫困户人数	9	18	47	242	112
非贫困户人数	6	8	79	22	11

数据来源：根据实地调查数据整理

扶贫干部中，没人认为考核结论关联度处于很小或较小的水平，只有 3.7% 的扶贫干部认为关联度一般，有 96.3% 的扶贫干部认为关联度很高或较高。整体而言，扶贫干部认为关联度高。

贫困户中，6.3% 的人认为考核结论关联度处于很小或较小的水平，有 11.0% 的贫困户认为关联度一般，有 82.7% 的贫困户认为关联度很高或较高。整体而言，贫困户认为关联度高。

非贫困户中，11.1% 的人认为考核结论关联度处于很小或较小的水平，有 62.7% 的非贫困户认为关联度一般，有 26.2% 的非贫困户认为关联度很高或较高。整体而言，非贫困户认为关联度一般。

第九章　武陵山片区精准扶贫多维瞄准绩效评价

在第八章中，我们已经完成了对武陵山片区精准扶贫瞄准绩效的整体性分析。本章我们将先用层次分析法和熵权法给各个指标赋权，再对片区内的调查对象和贫困村进行精准扶贫多维瞄准绩效评价。

第一节　各个指标的赋权

本项目在指标赋权中，采取主观赋权法和客观赋权法相结合的方法。主观赋权通过层次分析法实现，客观赋权通过熵权法实现。总权重取两者的平均数。

一、用层次分析法赋权（主观赋权）

（一）各个层次和因素赋权

1. 构造层次分析结构关系图

在第五章我们介绍了精准扶贫多维瞄准绩效的基本内涵和内容，现在以此内涵和内容为基础，构造层次分析结构关系图（图 9.1）。

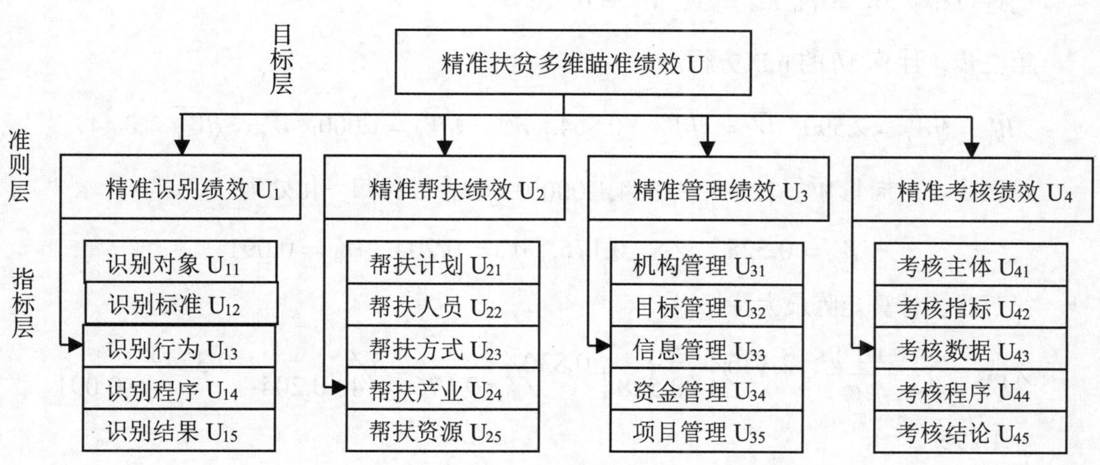

图 9.1　精准扶贫多维瞄准绩效层次结构关系图

目标层是精准扶贫多维瞄准绩效 U，准则层包括精准识别绩效 U_1、精准帮扶绩效 U_2、精准管理绩效 U_3 和精准考核绩效 U_4。每个准则层下面包括五个具体指标（如图 9.1 所示）。

2. 构建判断矩阵

聘请五个扶贫方面的专家，请他们独立对上述准则和指标进行比较打分，取频率最高的得分作为判断矩阵的值。以下是具体的计算过程。

（1）准则层（一级指标层）权重的计算

第一步，判断打分。

对于准则层，五个专家对每个准则之间的重要性进行比较，得分（取频率最高得分）如下表 9.1 所示：

表 9.1　（基于指标的）精准扶贫准则层专家评判矩阵

U	U_1	U_2	U_3	U_4
U_1	1	3	3	5
U_2	1/3	1	1	3
U_3	1/3	1	1	3
U_4	1/5	1/3	1/3	1

数据来源：根据专家咨询结果进行整理

第二步，计算判断矩阵每一行的乘积 M_i。

$$M_1=\prod_{j=1}^{4}a_{1j}=45$$

同理可得：$M_2=1$；$M_3=1$；$M_4=0.022$

第三步，计算 M_i 的 n 次方根。

$$\bar{W}_1=\sqrt[4]{W_1}=2.590;\ \bar{W}_2=\sqrt[4]{W_2}=0.864;\ \bar{W}_3=\sqrt[4]{W_3}=1.000;\ \bar{W}_4=\sqrt[4]{W_4}=0.447$$

第四步，对向量 $\bar{W}=[2.590,0.864,1.000,0.447]^T$ 进行归一化处理。

$$W_1=0.528;\ W_2=0.176;\ W_3=0.204;\ W_4=0.091$$

第五步，计算矩阵最大特征根。

$$\lambda_{\max}=\sum_{i=1}^{n}\frac{(AW)_i}{nW_i}=2.126\Big/4*0.528+0.830\Big/4*0.176+1\Big/4*0.204+0.324\Big/4*0.091$$
$$=4.295$$

第六步，进行一致性检验。

根据平均随机一致性指标参考表格，可以查到 RI=0.90，由此可以算出

$$CI=(4.259-4)/3=0.086, CR=CI/RI=0.086/0.90<0.1$$

即判断矩阵符合一致性要求。

由此可见，对于准则层判断矩阵 U 来说，权向量为：

$$A_U=W_U=(0.528,0.176,0.204,0.091)$$

（2）二级指标层权重的计算

①精准识别指标权重的计算。

第一步，专家打分。

对于精准识别的对象、标准、行为、程序和结果指标，五个专家对每个指标之间的重要性的比较得分（取频率最高得分）如表 9.2 所示：

表 9.2　精准识别指标层的专家判断矩阵

U_1	U_{11}	U_{12}	U_{13}	U_{14}	U_{15}
U_{11}	1	3	3	5	3
U_{12}	1/3	1	1	3	1
U_{13}	1/3	1	1	1	1/3
U_{14}	1/5	1/3	1	1	1/3
U_{15}	1/3	1	3	3	1

数据来源：根据专家咨询结果进行整理

第二步，计算判断矩阵每一行的乘积 M_i。

$$M_1=135;\ M_2=1\quad M_3=0.111\quad M_4=0.022;\ M_5=3$$

第三步，计算 M_i 的 n 次方根。

$$\overline{W}_1=2.667;\ \overline{W}_2=1.000;\ \overline{W}_3=0.644;\ \overline{W}_4=0.466;\ \overline{W}_5=1.246$$

第四步，对向量 $\overline{W}=[2.667,1.000,0.644,0.466,1.246]^T$ 进行归一化处理。

$$W_1=0.443;\ W_2=0.166\quad W_3=0.107\quad W_4=0.077;\ W_5=0.207$$

第五步，计算矩阵最大特征根。

$$\lambda max=5.185$$

第六步，进行一致性检验。

根据平均随机一致性指标参考表格，可以查到 RI=1.12，由此可以算出

$$CI=(5.185-5)/4=0.046,\ CR=CI/RI=0.046/1.12<0.1$$

即判断矩阵符合一致性要求。

由此可见，对于精准识别的判断矩阵 U_1 来说，权向量为：

$$A_{U1}=W_{U1}=(0.443,\ 0.166,\ 0.107,\ 0.077,\ 0.207)$$

②精准帮扶指标权重的计算。

第一步，专家打分。

对于精准帮扶的计划、人员、方式、产业、资源指标，五个专家对每个指标之间的重要性的比较得分（取频率最高得分）如表 9.3 所示：

表 9.3　精准帮扶指标层的专家判断矩阵

U_2	U_{21}	U_{22}	U_{23}	U_{24}	U_{25}
U_{21}	1	1/3	1/5	1/7	1
U_{22}	3	1	1/3	1/5	3
U_{23}	5	3	1	1/3	5
U_{24}	7	5	3	1	5
U_{25}	1	1/3	1/5	1/5	1

数据来源：根据专家咨询结果进行整理

第二步，计算判断矩阵每一行的乘积 M_i。

$$M_1 = 0.010;\ M_2 = 0.594\quad M_3 = 25.000\quad M_4 = 525.000;\ M_5 = 0.013$$

第三步，计算 M_i 的 n 次方根。

$$\bar{W}_1 = 0.398;\ \bar{W}_2 = 0.901;\ \bar{W}_3 = 1.904;\ \bar{W}_4 = 3.500;\ \bar{W}_5 = 0.420$$

第四步，对向量 $\bar{W} = [0.398, 0.901, 1.904, 3.500, 0.420]^T$ 进行归一化处理。

$$W_1 = 0.056;\ W_2 = 0.127\quad W_3 = 0.267\quad W_4 = 0.491;\ W_5 = 0.059$$

第五步，计算矩阵最大特征根。

$$\lambda max = 5.191$$

第六步，进行一致性检验。

根据平均随机一致性指标参考表格，可以查到 RI=1.12，由此可以算出

$$CI = (5.191-5)/4 = 0.048,\ CR = CI/RI = 0.048/1.12 < 0.1$$

即判断矩阵符合一致性要求。

由此可见，对于精准帮扶的判断矩阵 U_2 来说，权向量为：

$$A_{U2} = W_{U2} = (0.056,\ 0.127,\ 0.267,\ 0.491,\ 0.059)$$

③精准管理指标权重的计算。

第一步，专家打分。

对于精准管理的制度、目标、信息、资金和项目指标，五个专家对每个指标之间的重要性的比较得分（取频率最高得分）如表 9.4 所示：

表 9.4　精准管理指标层的专家判断矩阵

U_3	U_{31}	U_{32}	U_{33}	U_{34}	U_{35}
U_{31}	1	1/3	1/5	1/9	1/7
U_{32}	3	1	1/3	1/5	1/3
U_{33}	5	3	1	1/3	1/3
U_{34}	9	5	3	1	3
U_{35}	7	3	3	1/3	1

数据来源：根据专家咨询结果进行整理

第二步，计算判断矩阵每一行的乘积 M_i。

$$M_1=0.001;\ M_2=0.067\quad M_3=1.667\quad M_4=405.00;\ M_5=21.00$$

第三步，计算 M_i 的 n 次方根。

$$\bar{W}_1=0.251;\ \bar{W}_2=0.582;\ \bar{W}_3=1.108;\ \bar{W}_4=3.323;\ \bar{W}_5=1.838$$

第四步，对向量 $\bar{W}=[0.251,0.582,1.108,3.323,1.838]^T$ 进行归一化处理。

$$W_1=0.035;\ W_2=0.082\quad W_3=0.156\quad W_4=0.468;\ W_5=0.259$$

第五步，计算矩阵最大特征根。

$$\lambda\max=5.218$$

第六步，进行一致性检验。

根据平均随机一致性指标参考表格，可以查到 RI=1.12，由此可以算出

$$CI=(5.218-5)/4=0.0545,\ CR=CI/RI=0.0545/1.12<0.1$$

即判断矩阵符合一致性要求。

由此可见，对于精准管理的判断矩阵 U_3 来说，权向量为：

$$A_{U3}=W_{U3}=(0.035,\ 0.082,\ 0.156,\ 0.468,\ 0.259)$$

④精准考核指标权重的计算。

第一步，专家打分。

对于精准考核的主体、指标、依据、程序和结论指标，五个专家对每个指标之间的重要性的比较得分（取频率最高得分）如表 9.5 所示：

表 9.5　精准考核指标层的专家判断矩阵

U_4	U_{41}	U_{42}	U_{43}	U_{44}	U_{45}
U_{41}	1	1/9	1/7	1	1/5
U_{42}	9	1	3	7	5
U_{43}	7	1/3	1	3	1
U_{44}	1	1/7	1/3	1	1/3
U_{45}	5	1/5	1	3	1

数据来源：根据专家咨询结果进行整理

第二步，计算判断矩阵每一行的乘积 M_i。

$$M_1 = 0.003; \ M_2 = 945.000 \quad M_3 = 7.000 \quad M_4 = 0.016; \ M_5 = 3.00$$

第三步，计算 M_i 的 n 次方根。

$$\bar{W}_1 = 0.313; \ \bar{W}_2 = 3.936; \ \bar{W}_3 = 1.476; \ \bar{W}_4 = 0.437; \ \bar{W}_5 = 1.246$$

第四步，对向量 $\bar{W} = [0.313,3.936,1.476,0.437,1.246]^T$ 进行归一化处理。

$$W_1 = 0.042; \ W_2 = 0.531 \quad W_3 = 0.199 \quad W_4 = 0.059; \ W_5 = 0.168$$

第五步，计算矩阵最大特征根。

$$\lambda max = 5.155$$

第六步，进行一致性检验。

根据平均随机一致性指标参考表格，可以查到 RI=1.12，由此可以算出

$$CI = (5.155-5) / 4 = 0.039, \ CR = CI / RI = 0.039 / 1.12 < 0.1$$

即判断矩阵符合一致性要求。

由此可见，对于精准考核的判断矩阵 U_4 来说，权向量为：

$$A_{U_4} = W_{U_4} = (0.042, \ 0.531 \ 0.199, \ 0.059, \ 0.168)$$

3、权重总结

从以上的计算可以得到准则层和指标层的权向量如下：

（1）准则层的权向量

准则层的权向量为：

$$A_U = W_U = (0.528, \ 0.176, \ 0.204, \ 0.091)$$

（2）指标层的权向量

各个指标层的权向量分别是：

$$A_{U_1} = W_{U_1} = (0.443, \ 0.166, \ 0.107, \ 0.077, \ 0.207)$$

$$A_{U_2} = W_{U_2} = (0.056, \ 0.127, \ 0.267, \ 0.491, \ 0.059)$$

$$A_{U_3} = W_{U_3} = (0.035, \ 0.082, \ 0.156, \ 0.468, \ 0.259)$$

$$A_{U_4} = W_{U_4} = (0.042, \ 0.531, \ 0.199, \ 0.059, \ 0.168)$$

（二）不同对象群体的权重

课题组调查的对象群体分为三大类：贫困户、非贫困户和扶贫干部。为了考察三类群体在扶贫多维瞄准绩效中的重要性大小，课题组对五位专家进行了咨询。

第一步，专家打分。

对于对象层，五个专家的判断矩阵如表 9.6 所示

表 9.6　（基于对象的）精准扶贫群体对象层的专家评判矩阵

群体对象	贫困户	非贫困户	扶贫干部
贫困户	1	5	3
非贫困户	1/5	1	1/3
扶贫干部	1/3	3	1

数据来源：根据专家咨询结果进行整理

第二步，计算判断矩阵每一行的乘积 M_i。

$$M_1=\prod_{j=1}^{3}a_{1j}=15$$

同理可得：$M_2=\prod_{j=1}^{3}a_{2j}=0.067$，$M_3=\prod_{j=1}^{3}a_{3j}=1$

第三步，计算 M_i 的 n 次方根。

$$\bar{W}_1=\sqrt[3]{W_1}=2.47,\bar{W}_2=\sqrt[3]{W_2}=0.41,\bar{W}_3=\sqrt[3]{W_3}=1$$

第四步，对向量 $\bar{W}=(2.47,0.41,1)^T$ 进行归一化处理。

$$W_1=0.64,W_2=0.10,W_3=0.26$$

第五步，计算矩阵最大特征根。

$$\lambda_{\max}=\sum_{i=1}^{n}\frac{(AW)_i}{nW_i}=1.93/_{3*0.64}+0.32/_{3*0.10}+0.78/_{3*0.26}=3.07$$

第六步，进行一致性检验。

根据平均随机一致性指标参考表格，可以查到 RI=0.58，由此可以算出

$$CI=(3.07-3)/4=0.023,\ CR=CI/RI=0.023/0.58<0.1$$

即判断矩阵符合一致性要求。

由此可见，对于对象群体层来说，权向量为：

$$W_U=(0.64,0.10,0.26)$$

二、用熵权法赋权（客观赋权）

运用熵权法，按照逆向递推的线索，通过以下几个步骤计算目标层和准则层的权重。

（一）归一化处理

根据附录 2 的原始数据，按照熵权法中的归一化方法，可以得到 20 个指标归一化后的数据（省略）。例如，BR 村中第 1 个贫困户在指标 U_{11}、U_{12}、U_{13}、U_{14} 和 U_{15} 下的归一化值是（1.00、0.78、0.78、0.78、1.00）。

（二）计算各个指标值的比重

由于我们对整个指标体系进行了分层，所以，必须计算每个子系统内每个指标值的比重。以精准识别子系统为例，可以得到BR村中第一个贫困户在指标 U_{11}、U_{12}、U_{13}、U_{14} 和 U_{15} 下的比重 p11、p12、p13、p14 和 p15 值为（0.231、0.179、0.179、0.179、0.231）。每个调查对象（包括贫困户、非贫困户和扶贫干部）在精准识别子系统内四个指标的比重之和等于1。

（三）计算每个子系统内各个指标的熵值 e_{ij}

$$e_{ij} = -\lambda \sum_{m=1}^{581}\left[p_{ijm} \times Ln(p_{ijm})\right]$$

其中，$\lambda = 1 / Ln(581)$。

例如，精准识别子系统中，精准识别对象、标准、行为、程序和结果的熵值分别是 $e_{11} = 27.79$，$e_{12} = 26.39$，$e_{13} = 27.47$，$e_{14} = 27.89$，$e_{15} = 30.38$。同理，可以得到其他三个子系统相应指标的熵值。如表9.7所示：

表 9.7　贫困户精准扶贫多维瞄准绩效（指标层）各个指标的熵值

精准识别子系统指标熵值					精准帮扶子系统指标熵值				
e11	e12	e13	e14	e15	e21	e22	e23	e24	e25
29.79	26.39	27.47	27.89	30.38	25.34	29.13	21.00	28.19	28.24
精准管理子系统指标熵值					精准考核子系统指标熵值				
e31	e32	e33	e34	e35	e41	e42	e43	e44	e45
28.26	23.05	29.67	26.91	22.93	20.53	19.58	28.07	28.19	32.04

数据来源：根据实地调查数据整理

（四）计算第 i 个子系统中第 j 个指标的熵权 W_{ij}

$$w_{ij} = (1-e_{ij}) \Big/ \sum_{j=1}^{5}(1-e_{ij})$$

根据表9.7中的数据，按照上面的公式，可以算出精准扶贫多维瞄准系统中精准识别、帮扶、管理和考核子系统中指标层内各个指标的熵权，如表9.8所示：

表 9.8　调查对象精准扶贫多维瞄准绩效（指标层）各个指标的熵权值

精准识别子系统指标熵权值					精准帮扶子系统指标熵权值				
w11	w12	w13	w14	w15	w21	w22	w23	w24	w25
.210	.185	.193	.196	.215	.192	.222	.158	.214	.215

精准管理子系统指标熵权值					精准考核子系统指标熵权值				
w31	w32	w33	w34	w35	w41	w42	w43	w44	w45
.217	.175	.228	.206	.174	.158	.151	.219	.220	.252

三、用层次分析法和熵权法综合赋权

我们已经按照层次分析法和熵权法得到了各个不同指标不同的权重值。为了更加全面、科学地反映各个指标的真实情况，我们采取将两者平均的方法得出综合权重，即主观权重和客观权重各取一半。于是，容易得到调查对象精准识别、帮扶、管理和考核子系统下指标层各个指标的综合权重。

例如，精准识别子系统中，精准识别的综合权重是：

$$\bar{W}_{识别}=\frac{(W_{1c}+W_{1s})}{2}=(\frac{(0.443+0.210)}{2},\frac{(0.166+0.185)}{2},\frac{(0.107+0.193)}{2},\frac{(0.077+0.196)}{2},\frac{(0.207+0.215)}{2})$$
$$=(0.327,0.176,0.150,0.137,0.211)$$

其中，$W_{1c,}$ W_{1s} 分别表示按照主观赋权法（层次分析法）和客观赋权法（熵权法）得出的调查对象精准识别权重向量。

我们用 W_{2c}，W_{2c}，W_{4c} 和 W_{3s}，W_{4s}，W_{5s} 分别表示按照主观赋权法（层次分析法）和客观赋权法（熵权法）得出的调查对象在精准帮扶、精准管理和精准考核上的权重向量，则按照同样的步骤，可以得到调查对象在精准帮扶、精准管理和精准考核子系统下指标层内每个指标上的综合权重，见如下矩阵：

$$Wp=(\bar{W}_{识别},\bar{W}_{帮扶},\bar{W}_{管理},\bar{W}_{考核})^{T}=\begin{vmatrix}0.327 & 0.176 & 0.150 & 0.137 & 0.211\\0.124 & 0.174 & 0.212 & 0.353 & 0.137\\0.126 & 0.129 & 0.192 & 0.337 & 0.217\\0.100 & 0.341 & 0.209 & 0.140 & 0.210\end{vmatrix}$$

第二节　精准扶贫多维瞄准绩效评价展开

本节将从调查对象个体层面和村级层面对精准扶贫多维瞄准准则层绩效（精准扶贫多维瞄准子系统绩效）和目标层绩效（精准扶贫多维瞄准总绩效）进行评价。

一、个体层面精准扶贫多维瞄准绩效评价

（一）个体层面精准扶贫瞄准准则层绩效评价

我们可以根据前面的基本数据和权重，计算出每个调查对象个体在精准识别、精准帮扶、精准管理和精准考核子系统中每个层面的得分。例如：BR 村中第一个调查对象（贫困户）的精准识别绩效为：

$$S_{p识别} = \bar{W}_{识别} \times D_{p识别}{}^{T}$$
$$= (0.327,0.176,0.150,0.137,0.211) \times (5,4,4,4,5)^{T}$$
$$= 4.537(分)$$

其中，$D_{P识别}$表示该调查对象的原始得分。

同样的步骤可以得到该调查对象在精准帮扶、精准管理和精准考核上的得分分别是3.493、2.428、2.278 分。

于是，BR 村中第一个调查对象在精准识别、精准帮扶、精准管理和精准考核上的得分向量是

$$H_{P1}=（4.537，3.493，2.428，2.378）$$

该向量中，下标 p1 表示“第一个贫困户”。

同理，可以得到每个贫困村中每个调查对象在精准识别、精准帮扶、精准管理和精准考核的得分向量。具体见附录 4。

（二）个体层面精准扶贫多维瞄准目标层绩效评价

前面已经算出各个调查对象在准则层四个一级指标下的得分，现在来求各个调查对象在精准扶贫多维瞄准绩效目标层上的总得分。思路和前面一样，先按照熵权法对 581 个调查对象在四个一级指标下的得分进行熵权运算。根据上文中的一级指标得分，运用熵权法，可以得到准则层中四个一级指标的权向量是（具体的过程省略）：

$$W_s=（0.528，0.243，0.244，0.254）$$

该向量中的四个数字表示精准识别、精准帮扶、精准管理和精准考核四个指标对精准扶贫多维瞄准绩效的客观权重分别是 0.258、0.243、0.244 和 0.254。在前面的层次分析法中，四个一级指标的权向量是：

$$W_c=（0.528，0.176，0.204，0.092）$$

我们对上述两种方法算出的权重取平均数，可以得到调查对象四个一级指标在精准扶贫多维瞄准绩效中的总权重向量。如下：

$$W = \frac{(W_c + W_s)}{2} = (0.393,0.210,0.224,0.173)$$

该向量中的四个元素分别表示调查对象的精准识别、精准帮扶、精准管理和精准考核对精准扶贫多维瞄准绩效的权重为 0.393、0.210、0.224 和 0.173。

于是，我们可以得到第 i 个调查对象的扶贫多维瞄准绩效指数 $H_{总i}$。例如第一个调查对象的精准扶贫多维瞄准绩效指数为：

$$H_{总i} = 0.393 \times 4.537+0.210 \times 3.493+0.224 \times 2.428+0.173 \times 2.278 = 3.454（分）$$

同理，可以得到其他 580 个调查对象的精准扶贫多维瞄准绩效指数。见附录 4。

（三）对象群体层面精准扶贫多维瞄准绩效评价

对象群体包括贫困户、非贫困户和扶贫干部三类群体，这些群体在精准识别、精准帮扶、精准管理和精准考核上的瞄准绩效分别有多高？根据前面的计算结果（附录4），可以得到三类群体在准则层和目标层上的精准扶贫多维瞄准绩效，如表9.9所示。

表9.9　对象群体层面精准扶贫多维瞄准绩效

对象群体	多维瞄准绩效平均值	精准识别绩效平均值	精准帮扶绩效平均值	精准管理绩效平均值	精准考核绩效平均值
贫困户	3.28	4.11	2.76	2.81	2.62
非贫困户	1.79	1.53	2.1	1.9	1.89
扶贫干部	3.64	4.41	3.25	3.41	2.66
总体	2.97	3.57	2.65	2.64	2.46

数据来源：根据调查数据整理

二、村级层面精准扶贫多维瞄准绩效评价

（一）村级层面精准扶贫瞄准准则层绩效评价

刚才已经得到了每个贫困户、非贫困户和扶贫干部的绩效得分。每个贫困村包含了若干个贫困户、非贫困户和扶贫干部。例如，BR村中调查的贫困户、非贫困户和扶贫干部数量分别是47户、17户和3个。可以计算出每个贫困村中每一类调查对象在准则层中每个二级指标平均得分，例如BR村中贫困户的精准识别绩效平均得分是：

$$\sum_{1}^{47} H_{识别} \Big/ 47 = 4.15（分）$$

按照同样的方法，可以得到BR村中贫困户的精准帮扶绩效、精准管理绩效、精准考核绩效的平均分是2.81、2.86、2.72分。非贫困户准则层扶贫绩效平均分分别是1.64、2.02、1.88和1.94分。扶贫干部准则层扶贫多维瞄准绩效平均分分别是4.58、3.45、3.90和2.65分。

接下来需要得到BR村在精准识别上的总绩效。方法是对贫困户、非贫困户和扶贫干部进行加权平均。前面在计算权重的时候，已经得知三类调查对象的权重分别是0.64、0.10、0.26，所以，可以将每一类对象在精准识别上的平均绩效分别乘以各自的权重，然后相加，便可以得到BR村的精准识别绩效。具体结果是：

$$H_{识} = 0.64 \times 4.15 + 0.1 \times 1.64 + 0.26 \times 4.25 = 4.01（分）$$

同理，可以得到BR村中精准帮扶、精准管理和精准考核绩效的加权平均得分分别是2.9、3.04和2.63分。

所有调查对象准则层的得分结果如表 9.10 所示：

表 9.10　所有调查对象准则层的得分结果

		贫困户	非贫困户	扶贫干部	对象综合		贫困户	非贫困户	扶贫干部	对象综合		贫困户	非贫困户	扶贫干部	对象综合
$H_{识}$	BR村	4.15	1.64	4.58	4.01	SBD村	4.38	1.81	4.70	4.20	MYX村	4.06	1.52	4.02	3.80
$H_{帮}$		2.81	2.02	3.45	2.90		3.15	2.24	3.59	3.17		3.02	2.06	3.25	2.98
$H_{管}$		2.86	1.88	3.91	3.04		3.06	2.04	3.81	3.15		2.86	1.78	3.12	2.82
$H_{考}$		2.72	1.94	2.65	2.63		2.92	1.64	2.97	2.80		2.62	1.78	2.40	2.48
$H_{总}$		3.33	1.82	3.86	3.32		3.57	1.92	3.97	3.51		3.32	1.74	3.38	3.18
$H_{识}$	JB村	4.11	1.72	4.07	3.86	BH村	3.93	1.44	4.46	3.82	JCP村	3.99	1.58	4.51	3.89
$H_{帮}$		2.50	2.22	2.25	2.41		2.31	1.85	2.82	2.40		2.65	2.19	3.29	2.77
$H_{管}$		2.62	1.83	3.29	2.72		2.53	1.87	3.14	2.62		2.71	1.87	3.40	2.80
$H_{考}$		2.45	1.83	2.47	2.39		2.28	2.06	2.54	2.32		2.55	1.98	2.40	2.45
$H_{总}$		3.15	1.87	3.24	3.05		2.99	1.93	3.49	3.01		3.17	1.84	3.64	3.16
$H_{识}$	MS村	4.16	4.43	1.33	3.95	LT村	3.84	1.24	4.52	3.75	LMT村	4.06	1.50	4.47	3.91
$H_{帮}$		2.80	3.74	2.05	2.97		2.63	1.96	3.41	2.77		2.98	2.40	3.51	3.06
$H_{管}$		2.88	3.43	2.00	2.94		2.82	1.83	3.24	2.83		2.81	2.04	3.40	2.89
$H_{考}$		2.60	3.24	1.90	2.70		2.60	1.93	2.60	2.53		2.79	2.00	2.66	2.68
$H_{总}$		3.32	3.85	1.73	3.30		3.14	1.64	3.67	3.13		3.34	1.89	3.71	3.29

数据来源：根据实地调查数据整理

（二）村级层面精准扶贫瞄准目标层绩效评价

村级层面精准扶贫瞄准目标层绩效是扶贫瞄准总绩效，用 $H_{总}$表示。某村 $H_{总}$的求法是，将该村中贫困户、非贫困户和扶贫干部的扶贫多维瞄准绩效进行加权平均。例如，BR 村的扶贫多维瞄准绩效算法是：

$$H_{总} = 0.64 \times 3.33 + 0.1 \times 1.82 + 0.26 \times 3.86 = 3.32\text{（分）}$$

按照同样的方法，可以得到其他八个贫困村的扶贫多维瞄准绩效。具体的结果见表 9.10。

第三节　本章结论

本章中，我们运用了层次分析法和熵权法给指标赋权，然后从对象层面和村域层面对武陵山片区精准扶贫多维瞄准绩效进行了评价，主要结论是：

一、关于权重的结论

运用层次分析法和熵权法给准则层和目标层进行了主观和客观赋权，两者的综合权重是：

准则层的权重矩阵如下：

$$Wp=(\bar{W}_{识别},\bar{W}_{帮扶},\bar{W}_{管理},\bar{W}_{考核})^T=\begin{vmatrix}0.327 & 0.176 & 0.150 & 0.137 & 0.211\\0.124 & 0.174 & 0.212 & 0.353 & 0.137\\0.126 & 0.129 & 0.192 & 0.337 & 0.217\\0.100 & 0.341 & 0.209 & 0.140 & 0.210\end{vmatrix}$$

目标层的权向量为：

$$W=\frac{(W_c+W_s)}{2}=(0.393,0.210,0.224,0.173)$$

二、关于绩效的结论

（一）关于对象层面的绩效

对象可以分为个体和群体，因此瞄准绩效可以分为个体绩效和群体绩效。个体绩效见附录 4 所示，每个贫困户、非贫困户和扶贫干部都得到了一个瞄准绩效。群体绩效包括贫困户群体、非贫困户群体和扶贫干部群体的绩效。具体的绩效见表 9.10。它表明，三类群体的瞄准绩效存在明显的差异性。在所有的绩效上，扶贫干部瞄准处于最高水平、贫困户绩效处于中间位置、非贫困户处于最低位置。

（二）关于村域层面的绩效

九个贫困村整体的瞄准绩效都处在 3 至 4 分之间，说明从整体来看，贫困村精准扶贫瞄准绩效都介于一般水平之上，较高水平之下。

第十章　精准扶贫多维瞄准绩效影响因素和影响机理分析

在前两章当中，我们通过实地调查，对武陵山片区精准扶贫多维瞄准绩效进行了评价，形成了对该区域内瞄准绩效情况的整体性认识。本章的思路和任务是，以前一章的绩效为基础，分析绩效的影响因素，并分析每个影响因素影响绩效的内在机理。

第一节　精准扶贫多维瞄准绩效影响因素的基本情况

本节从调查问卷出发，以调查数据为基础，从农户、扶贫干部和贫困村三个方面分析多维瞄准绩效的可能的影响因素。主要考察每个可能的影响因素的基本情况。

一、与农户有关的影响因素的基本情况

（一）性别类型基本情况

农户性别类型的基本情况如表 10.1 所示：

表 10.1　农户“性别类型”基本情况

性别类型	户数	比率
男	326	58.8%
女	228	41.2%

数据来源：根据实地调查数据整理

具体的分布如下饼图（图 10.1）：

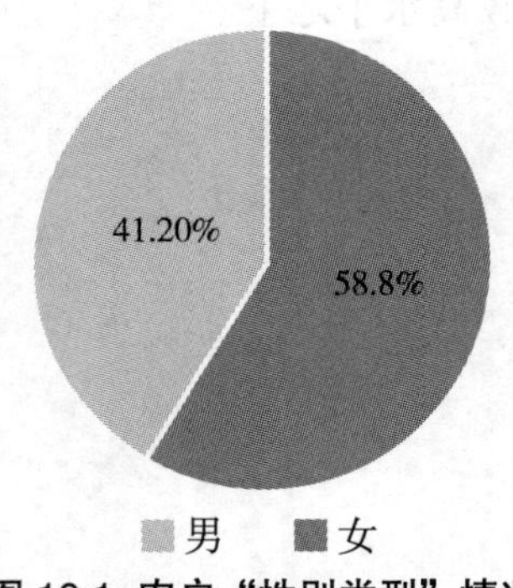

图 10.1 农户“性别类型”情况

（二）身份属性基本情况

农户身份属性的基本情况如表 10.2 所示：

表 10.2　农户“身份属性”基本情况

身份属性	户数	比率
贫困户	428	77.3%
非贫困户	126	22.7%

数据来源：根据实地调查数据整理

具体的分布如下饼图（图 10.2）：

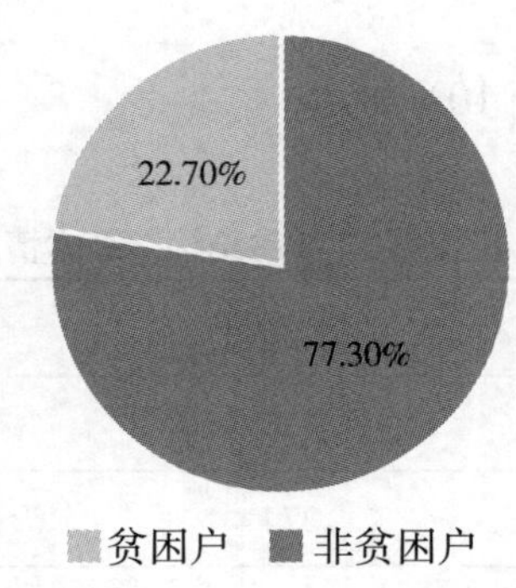

图 10.2　农户“身份属性”情况

（三）家庭规模基本情况

农户家庭规模的基本情况如表 10.3 所示：

表 10.3　农户“家庭规模”基本情况

家庭规模	户数	比率
1 ~ 3 人	241	43.5%
4 ~ 6 人	271	48.9%
7 人以上	42	7.6%

数据来源：根据实地调查数据整理

具体的分布如下饼图（图 10.3）：

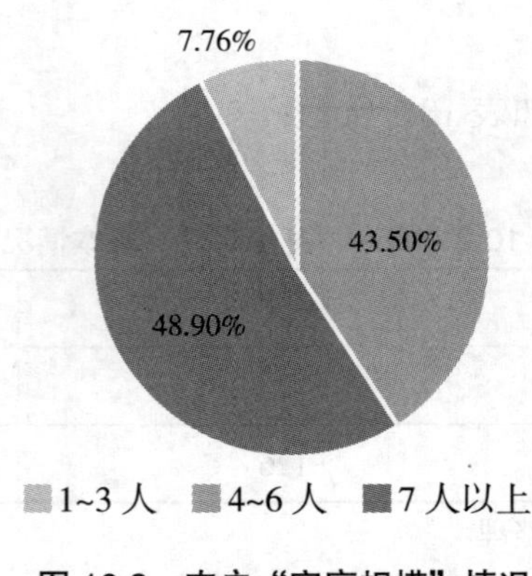

图 10.3 农户“家庭规模”情况

（四）年龄结构基本情况

农户年龄结构的基本情况如表 10.4 所示：

表 10.4 农户“年龄结构”基本情况

年龄结构	户数	比率
30 岁以下为主	178	32.1%
30 ~ 49 岁为主	274	49.5%
50 岁以上为主	102	18.4%

数据来源：根据实地调查数据整理

具体的分布如下饼图（图 10.4）：

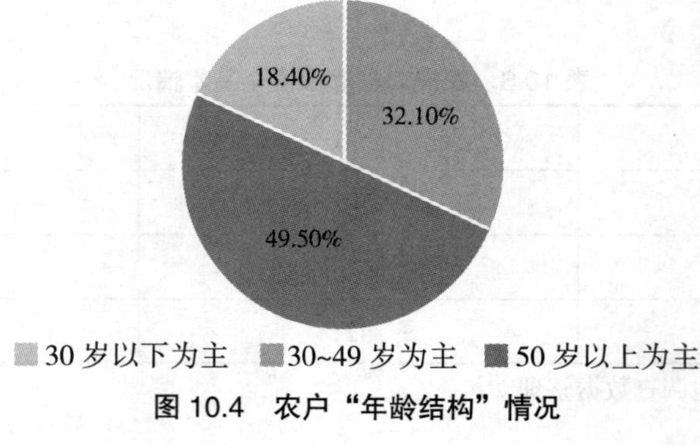

图 10.4 农户“年龄结构”情况

（五）教育程度基本情况

农户教育程度的基本情况如表 10.5 所示：

表 10.5　农户“教育程度”基本情况

教育程度	户数	比率
初中及以下	261	47.1%
高中或中专	213	38.4%
大专及以上	80	14.4%

数据来源：根据实地调查数据整理

具体的分布如下饼图（图 10.5）：

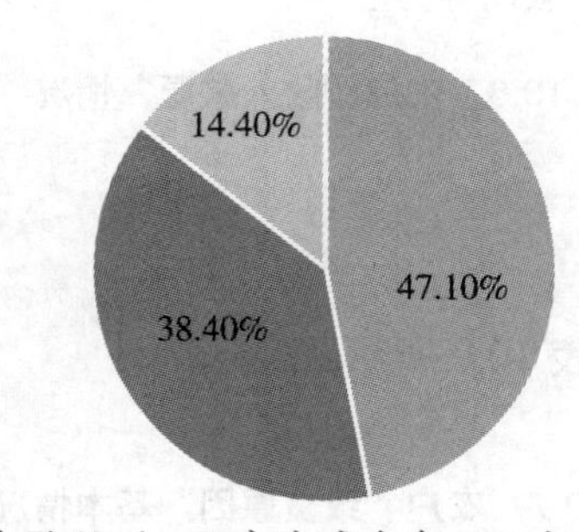

图 10.5　农户“教育程度”情况

（六）收入来源基本情况

农户收入来源的基本情况如表 10.6 所示：

表 10.6　农户“收入来源”基本情况

收入来源	户数	比率
以种植、养殖等为主	132	23.8%
以商业、打工等为主	380	68.6%
以赡养、救助等为主	42	7.6%

数据来源：根据实地调查数据整理

具体的分布如下饼图（图 10.6）：

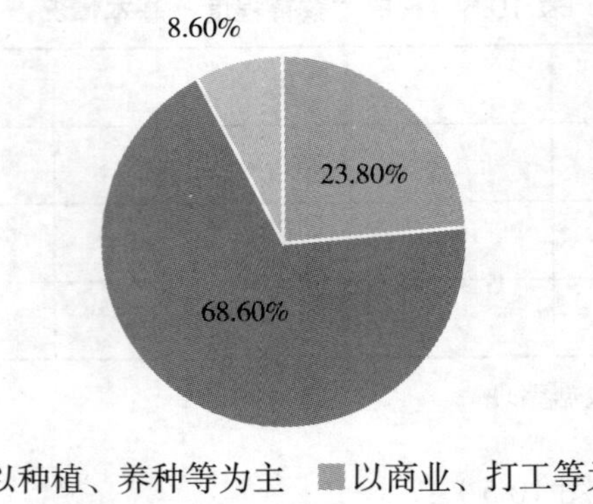

图 10.6 农户“收入来源”情况

（七）致贫原因基本情况

农户致贫原因的基本情况如表 10.7 所示：

表 10.7 农户“致贫原因”基本情况

致贫原因	户数	比率
因病	175	31.6%
因学	224	40.4%
因劳动力缺乏	103	18.6%
其他原因	52	9.4%

数据来源：根据实地调查数据整理

具体的分布如下饼图（图 10.7）：

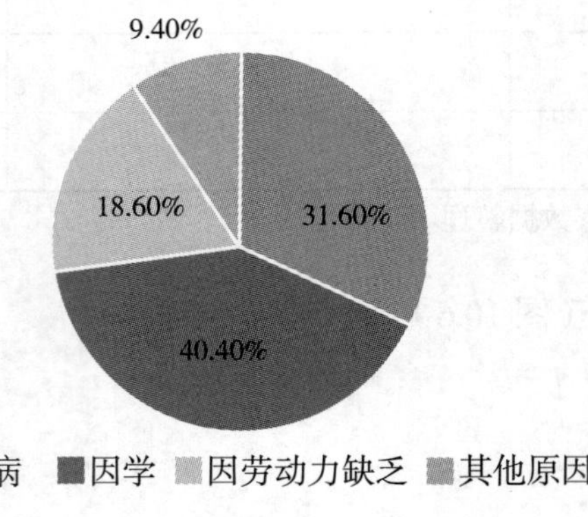

图 10.7 农户“致贫原因”情况

（八）人际关系基本情况

农户人际关系的基本情况如表 10.8 所示：

表 10.8　农户"人际关系"基本情况

人际关系	户数	比率
偏差	78	14.1%
一般	223	40.3%
偏好	253	45.7%

数据来源：根据实地调查数据整理

具体的分布如下饼图（图 10.8）：

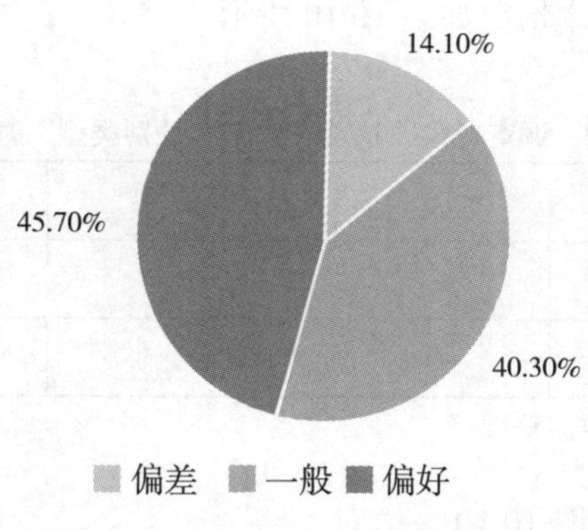

图 10.8　农户"人际关系"情况

（九）访问方式基本情况

农户访问方式的基本情况如表 10.9 所示：

表 10.9　农户"访问方式"基本情况

访问方式	户数	比率
明访	242	43.7%
暗访	312	56.3%

数据来源：根据实地调查数据整理

具体的分布如下饼图（图 10.9）：

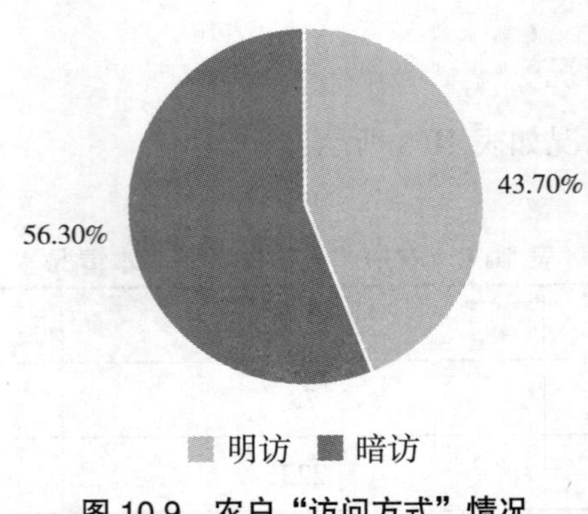

图 10.9　农户“访问方式”情况

二、与扶贫干部有关的影响因素的基本情况

（一）性别类型基本情况

扶贫干部性别类型的基本情况如表 10.10 所示：

表 10.10　调查对象（扶贫干部）“性别类型”基本情况

干部性别	人数	比率
男	23	85.2%
女	4	14.8%

数据来源：根据实地调查数据整理

具体的分布如下饼图（图 10.10）：

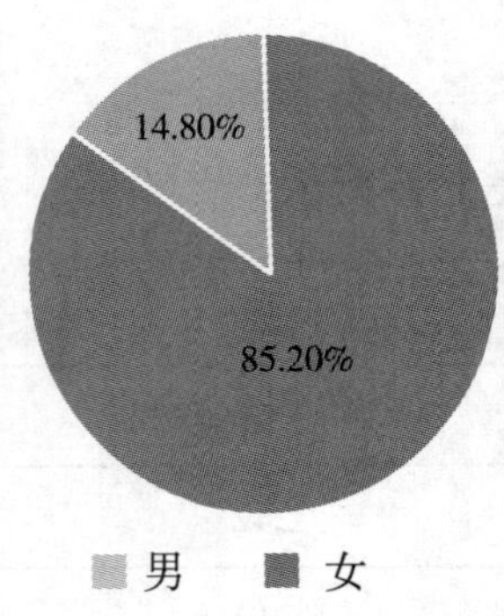

图 10.10　扶贫干部“性别类型”情况

（二）年龄阶段基本情况

年龄阶段的基本情况如表 10.11 所示：

表 10.11　扶贫干部“年龄阶段”基本情况

年龄	人数	比率
30 岁以下	9	33.3%
30 ~ 49 岁	9	33.3%
50 岁以上	9	33.3%

数据来源：根据实地调查数据整理

具体的分布如下饼图（图 10.11）：

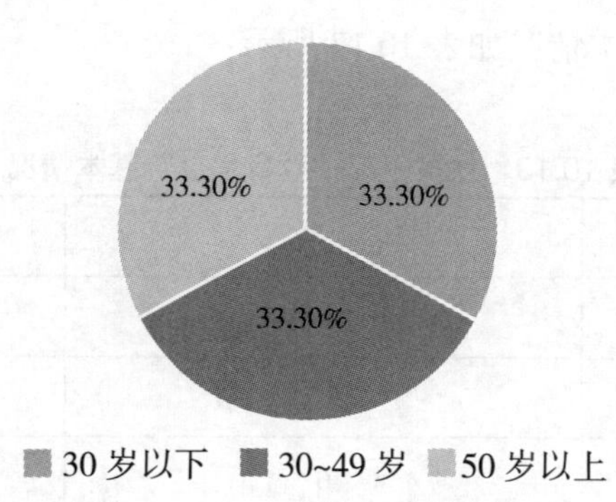

图 10.11　扶贫干部“年龄阶段”基本情况

（三）行政属性基本情况

扶贫干部行政属性的基本情况如表 10.12 所示：

表 10.12　扶贫干部“行政属性”基本情况

行政属性	人数	比率
乡镇或村干部	11	40.7%
扶贫工作队干部	9	33.3%
单位委托结对帮扶干部	7	25.9%

数据来源：根据实地调查数据整理

具体的分布如下饼图（图 10.12）：

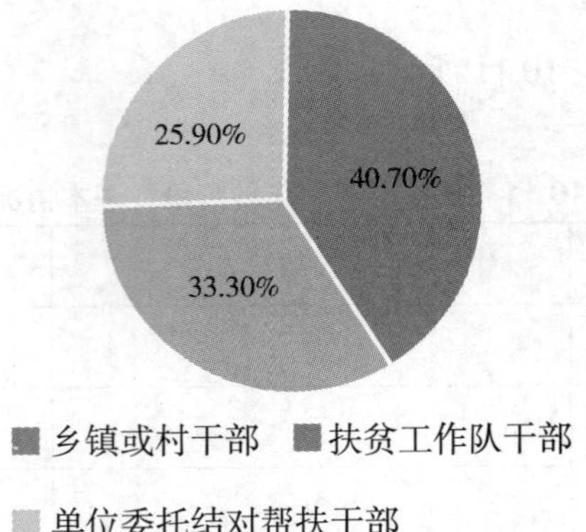

图 10.12　扶贫干部“性质”基本情况

（四）干部教育程度基本情况

扶贫干部教育程度的基本情况如表 10.13 所示：

表 10.13　扶贫干部“教育程度”基本情况

教育程度	人数	比率
初中及以下	9	33.3%
高中或中专	12	44.4%
大专及以上	6	22.2%

数据来源：根据实地调查数据整理

具体的分布如下饼图（图 10.13）：

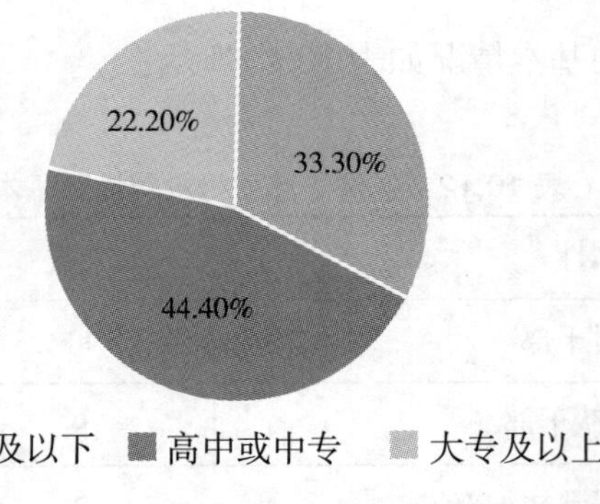

图 10.13　扶贫干部“教育程度”情况

（五）从事扶贫工作主动性基本情况

从事扶贫工作主动性基本情况如表 10.14 所示：

表 10.14　扶贫干部“工作主动性”基本情况

工作主动性	人数	比率
主动报名	15	55.6%
被动安排	12	44.4%

数据来源：根据实地调查数据整理

具体的分布如下饼图（图 10.14）：

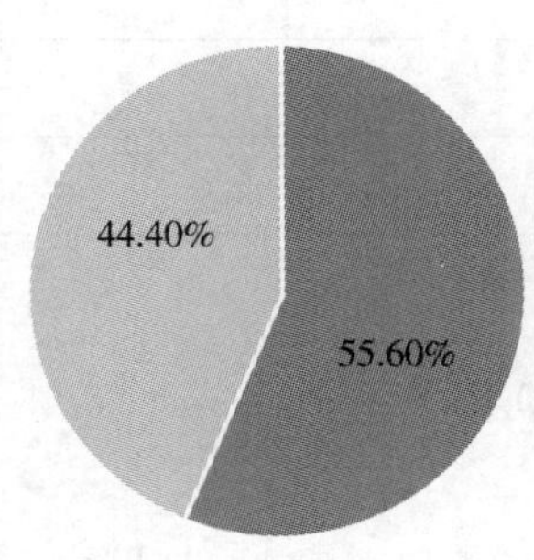

图 10.14　扶贫干部“工作主动性”基本情况

三、与贫困村有关的影响因素的基本情况

（一）本村人口总量基本情况

调查对象所属贫困村人口总量的基本情况如表 10.15 所示：

表 10.15　调查对象“本村人口总量”基本情况

本村人口总量	村数	比率
1500 人以下	5	55.6%
1500 人以上	4	44.4%

数据来源：根据实地调查数据整理

具体的分布如下饼图（图 10.15）：

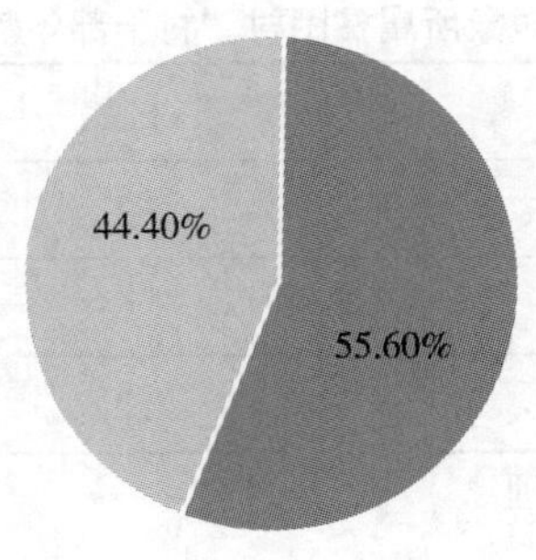

图 10.15 调查对象“本村人口总量”情况

（二）本村扶贫干部总量基本情况

调查对象所属贫困村扶贫干部总量的基本情况如表 10.16 所示：

表 10.16　调查对象“本村扶贫干部总量”基本情况

本村扶贫干部总量	村数	比率
30 人以下	1	11.1%
30 ～ 40 人	6	66.7%
40 人以上	2	22.2%

数据来源：根据实地调查数据整理

具体的分布如下饼图（图 10.16）：

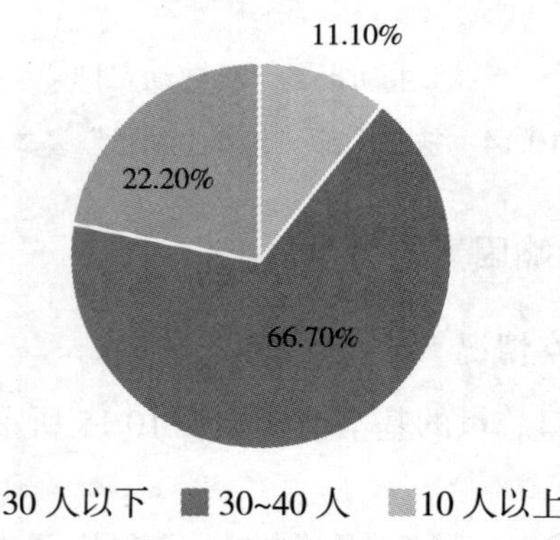

图 10.16　调查对象“本村扶贫干部总量”情况

（三）本村村干部年龄结构基本情况

调查对象所属贫困村村干部年龄结构的基本情况如表 10.17 所示：

表 10.17　调查对象所属贫困村“村干部年龄结构”基本情况

村干部年龄结构	村数	比率
30 岁以下为主	2	22.2%
30 ～ 45 岁为主	5	55.6%
45 岁以上为主	2	22.2%

数据来源：根据实地调查数据整理

具体的分布如下饼图（图 10.17）：

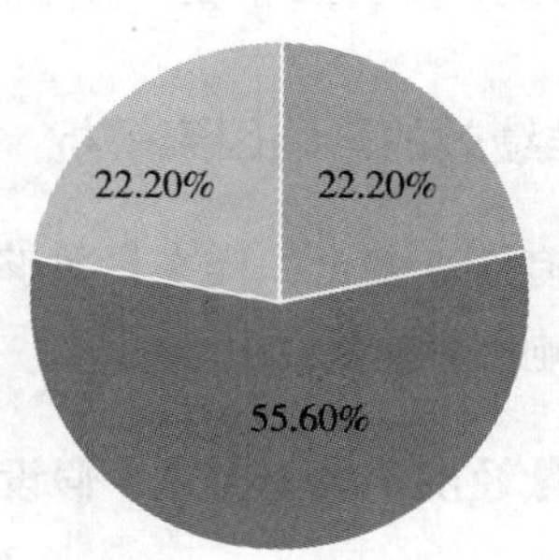

图 10.17 调查对象所属贫困村“村干部年龄结构”情况

（四）本村地理位置基本情况

调查对象所属贫困村地理位置的基本情况如表 10.18 所示：

表 10.18 调查对象“地理位置”基本情况

位置属性	村数	比率
偏僻	3	33.3%
中性	2	22.2%
便捷	4	44.4%

数据来源：根据实地调查数据整理

具体的分布如下饼图（图 10.18）：

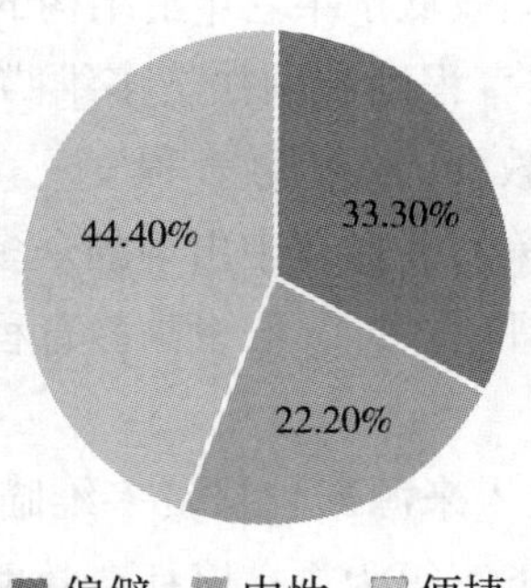

图 10.18 调查对象所属贫困村“地理位置”情况

第二节 精准扶贫多维瞄准绩效的影响因素解析

一、农户精准扶贫多维瞄准绩效的影响因素解析

我们调查的农户数量样本量有550多个，样本量足够大，可以采取计量经济学模型对农户精准扶贫多维瞄准绩效的影响因素进行解析。

（一）扶贫多维瞄准绩效计量经济学模型构建：假设和模型

1. 假设

有哪些因素影响农户精准扶贫多维瞄准绩效高低？影响的方向、程度如何？针对这些问题，可以做出如下假设：

（1）假设1：假设农户的性别类型影响扶贫多维瞄准绩效。男性更加理性地关注自身家庭或其他人的贫困情况和扶贫过程，心胸更加宽广，从而给予扶贫绩效一个更高的评价。即，假设男性扶贫多维瞄准绩效高于女性。

（2）假设2：假设农户的身份属性影响扶贫多维瞄准绩效。农户可以分为贫困户和非贫困户，贫困户是精准扶贫政策制度变迁的“既得利益”者，认为扶贫多维瞄准绩效高；非贫困户不是精准扶贫政策制度变迁的“既得利益”者，认为扶贫多维瞄准绩效低。即，假设贫困户扶贫多维瞄准绩效高于非贫困户。

（3）假设3：假设农户的家庭规模影响扶贫多维瞄准绩效。农户的家庭规模主要是指它的人口数量。人口越多，则家中存在的致贫隐患（如生病、灾害等）越大，从而成为贫困户的可能性越大，从而对国家精准扶贫政策的认可度越高。即，假设人口多的农户的瞄准绩效高于人口少的农户。

（4）假设4：假设农户的年龄结构影响扶贫多维瞄准绩效。年龄较轻的农户更富有劳动力，更不可能成为贫困户，从而对扶贫多维瞄准绩效的评价等级越低。即，假设年轻年龄结构的农户的扶贫多维瞄准绩效低于年老年龄结构的农户。

（5）假设5：假设农户的教育程度影响扶贫多维瞄准绩效。我们所考察的农户教育程度主要是指该家庭中接受最高教育的人的教育程度。教育程度越高，越有可能获得谋生的手段，越有可能对精准扶贫政策实践过程中出现的众多问题持理解和宽容的态度，从而越会给予扶贫多维瞄准绩效高的评价。即，假设高教育程度农户的扶贫多维瞄准绩效高于低教育程度农户。

（6）假设6：假设农户的收入来源影响扶贫多维瞄准绩效。农户的收入来源分为：以种植、养殖等为主；以经商、务工等为主；以社会救助等为主。以种植、养殖等为主以及以社会救助等为主的农户最有可能分享各项扶贫优惠政策，从而越有可能给予精准扶贫多维瞄准绩效高的评价。相比之下，以经商、务工等为主的农户获得的各类优惠并不显著，从而不会给予扶贫多维瞄准绩效高的评价。即，假设经商、务工等收入来源为主的农户的扶贫多维瞄准绩效低于其他收入来源的农户。

（7）假设 7：假设农户的致贫原因影响扶贫多维瞄准绩效。农户的致贫原因分为因病、因学、因劳动力缺乏和其他原因等。因病的农户处于最无助的心理状态，如果获得了相应的扶贫优惠待遇，则会给予扶贫多维瞄准绩效一个高的评价。即，致贫原因为“因病”的贫困户的扶贫多维瞄准绩效高于因学、因劳动力以及其他原因的农户。

（8）假设 8：假设农户的人际关系影响扶贫多维瞄准绩效。人际关系越好，则更可能获得贫困户资格，越会给予扶贫多维瞄准绩效高的评价。而且，人际关系越好，越能够辩证、客观、冷静地评价扶贫干部的一系列扶贫工作，越能够理解他们的难处，从而给予扶贫多维瞄准绩效高的评价。即，假设人际关系好的农户的扶贫多维瞄准绩效高于人际关系不好的农户。

（9）假设 9：假设农户接受的调查方式影响扶贫多维瞄准绩效。调查方式分为明访和暗访。在明访过程中，扶贫干部带领调查人员从事调查，农户对扶贫干部心存忌惮，不敢乱讲缺点，从而扶贫多维瞄准绩效高。暗访的时候，没有扶贫干部的带领，农户敢于向调查人员反馈真实问题，从而扶贫多维瞄准绩效低。即，接受暗访的农户的扶贫多维瞄准绩效低于接受明访的农户。

（10）假设 10：假设农户所处贫困村的人口总量影响扶贫多维瞄准绩效。贫困村人口总量越多，则所牵涉到的贫困面积、扶贫资源和瞄准环境等会越大、越多和越复杂，从而导致扶贫瞄准的结果出现更多的不确定性。不确定性会放大瞄准的难度，从而导致扶贫多维瞄准绩效低下。即，假设人口总量多的贫困村中农户的扶贫多维瞄准绩效低于人口总量少的贫困村的农户。

（11）假设 11：假设农户所处贫困村的扶贫干部总量影响扶贫多维瞄准绩效。贫困村扶贫干部总量越多，则扶贫干部在整个扶贫瞄准过程中的行为越有可能成为全村农户、上级部门以及社会各界关注的焦点，从而导致扶贫干部更加注意自己的整体行为以及由此引起的公众形象。即，假定扶贫干部总量多的贫困村中农户的瞄准绩效高于扶贫干部总量少的贫困村的农户。

（12）假设 12：假设农户所处贫困村的扶贫干部年龄结构影响扶贫多维瞄准绩效。贫困村扶贫干部年龄结构越年轻，则越有动力和激情去实施国家的精准扶贫政策，从而扶贫多维瞄准绩效越高。即，假设扶贫干部年龄结构年轻的贫困村的农户的扶贫多维瞄准绩效高于年老的贫困村的农户。

（13）假设 13：假设农村所处的地理位置影响扶贫多维瞄准绩效。位置越遥远、越偏僻，则扶贫干部到贫困村的时间成本、交通成本、信息成本等越高。高昂的成本约束了扶贫干部的扶贫瞄准行为，容易导致他们懒政怠政。即，假设位置偏僻的贫困村的农户的扶贫多维瞄准绩效低于位置便捷的贫困村的农户。

2. 模型

将“农户扶贫多维瞄准绩效指数 H”（H 农户）作为被解释变量，将假设中的 13 个因素作为解释变量，构建农户扶贫多维瞄准绩效的多元回归模型。

由于每个解释变量都不是具体数字，所以必须设置成虚拟变量。具体的虚拟变量赋值如表 10.19 所示：

表 10.19 解释变量和（虚拟变量）赋值

解释变量	虚拟变量赋值	解释变量	虚拟变量赋值
性别类型 X_1	男性：1	人际关系 X_{14}	关系偏差：1
	女性：0		其他：0
身份属性 X_2	贫困户：1	人际关系 X_{15}	关系一般：1
	非贫困户：0		其他：0
家庭规模 X_3	1 ~ 3 人：1	访问方式 X_{16}	明访：1
	其他：0		暗访：0
家庭规模 X_4	4 ~ 6 人：1	全村人口总量 X_{17}	1500 人以下：1
	其他：0		1500 人以上：0
年龄结构 X_5	30 岁以下为主：1	全村扶贫干部数量 X_{18}	30 人以下：1
	其他：0		其他：0
年龄结构 X_6	30 ~ 49 为主：1	全村扶贫干部数量 X_{19}	30 ~ 49 人：1
	其他：0		其他：0
教育程度 X_7	初中及以下：1	本村核心年轻干部年龄结构 X_{20}	30 岁以下为主：1
	其他：0		其他：0
教育程度 X_8	高中或中专：1	本村核心年轻干部年龄结构 X_{21}	30 ~ 45 岁为主：1
	其他：0		其他：0
收入来源 X_9	以种植、养殖等为主：1	本村的地理位置 X_{22}	位置偏僻：1
	其他：0		其他：0
收入来源 X_{10}	以经商、务工等为主：1	本村的地理位置 X_{23}	位置一般：1
	其他：0		其他：0
致贫原因 X_{11}	因病致贫：1		
	其他：0		
致贫原因 X_{12}	因学致贫：1		
	其他：0		
致贫原因 X_{13}	因劳动力缺乏致贫：1		
	其他：0		

数据来源：根据实地调查数据整理

据此，可以构建农户扶贫多维瞄准绩效影响因素的计量经济学分析模型，如下式所示：

$$H=\beta_0+\beta_1X_1+\beta_2X_2+\beta_3X_3+\beta_4X_4+\beta_5X_5+\beta_6X_6+\beta_7X_7+\beta_8X_8+\beta_9X_9+\beta_{10}X_{10}+\beta_{11}X_{11}+\beta_{12}X_{12}+\beta_{13}X_{13}+\beta_{14}X_{14}+\beta_{15}X_{15}+\beta_{16}X_{16}+\beta_{17}X_{17}+\beta_{18}X_{18}+\beta_{19}X_{19}+\beta_{20}X_{20}+\beta_{21}X_{21}+\beta_{22}X_{22}+\beta_{23}X_{23}$$

（二）回归结果

采用 spss24 统计分析软件，回归分析的结果见表 10.20：

表 10.20　农户（包括贫困户和非贫困户）扶贫多维瞄准绩效影响因素的计量分析结果

系数 a

模型	未标准化系数		标准化系数	T	显著性
	B	标准误差	Beta		
（常量）	3.505	.107		32.821	.000***
“男性”为 1	–.028	.024	–.018	–1.157	.248
“非贫困户”为 1	–1.367	.031	–.763	–43.572	. 000***
“1~3 人为主”为 1	.001	.047	.001	.022	.983
“4~6 人为主”为 1	–.030	.046	–.020	–.652	.515
“30 岁以下”为 1	–.058	.035	–.036	–1.669	.096*
“30~49 岁”为 1	.024	.032	.016	.733	.464
“初中及以下”为 1	–.050	.037	–.033	–1.371	.171
“高中或中专”为 1	–.003	.037	–.002	–.076	.939
“以种植、养殖等为主”为 1	–.102	.050	–.058	–2.048	.041**
“以经商、务工为主”为 1	–.414	.047	–.256	–10.281	.000***
“因病”为 1	.081	.045	.050	1.797	.073*
“因学”为 1	.025	.044	.016	.563	.074*
“因劳动力缺乏”为 1	–.069	.047	–.036	–1.468	.143
“关系偏差”为 1	–.219	.038	–.101	–5.750	.000***
“关系一般”为 1	–.118	.026	–.077	–4.495	.000***
“明访”为 1	.357	.027	.236	13.292	.000***
“1500 人”以下为 1	.009	.043	.006	.209	.834
“30 人以下”为 1	.025	.077	.010	.320	.749
”30~49 人“为 1	–.022	.039	–.014	–.561	.575
“30 岁以下为主”为 1	.032	.062	.020	.507	.612
“30~45 岁为主”为 1	–.023	.043	–.015	–.539	.590
“位置偏僻”	.064	.044	.040	1.471	.142
“位置一般”为 1	.058	.045	.031	1.298	.195

a. 因变量：H 农总

数据来源：根据实地调查数据整理

根据上述结果，容易得到最后的回归方程是：

$$H=3.505-0.028X_1-1.367X_2+0.001X_3-0.03X_4-0.058X_5+0.024X_6-0.05X_7-0.003X_8-0.102X_9-0.414X_{10}+0.081X_{11}+0.414X_{12}+0.025X_{13}-0.069X_{14}-0.219X_{15}-0.118X_{16}+0.357X_{17}+0.009X_{18}+0.025X_{19}-0.022X_{20}+0.032X_{21}+0.064X_{22}+0.058X_{23}$$（公式 10.2）

二、扶贫干部精准扶贫多维瞄准绩效影响因素解析

我们的实地调查只调查了 27 名扶贫干部，样本量不多，不适合于采取与农户相同的计量模型分析方法寻求影响因素。为此，我们采取两独立样本 T 检验方法对各种不同属性的扶贫干部进行绩效对比分析。

（一）两独立样本 T 检验的思路和步骤

两独立样本 T 检验主要用于检验两个独立样本是否来自于具有相同均值的总体，也就是检验两个独立正态总体的均值是否相等①。在 27 个扶贫干部中，可以按照每个影响因素的不同选项进行分组。例如，在“年龄阶段”这个影响因素中，可以按照该因素的三个选项将扶贫干部分为三个组：第一组，30 岁以下；第二组，30~49 岁；第三组，50 岁以上。检验思路是：分组以后，运用两独立样本 T 检验方法对三个组进行两两两独立样本 T 检验。检验过程中，先对每组总体进行莱文方差等同性检验。如果莱文方差等同性检验 F 统计量对应的 P 值高于 0.05，说明所比较的两组扶贫干部总体的方差没有显著性差异，从而通过了莱文方差齐性检验，在“假定等方差”中做出统计推断。否则，在“不假定等方差”中做出统计推断。然后，再在“假定等方差”中或者“不假定等方差”中对该影响因素（如年龄阶段）的影响结果（扶贫多维瞄准绩效）进行平均值等同性 T 检验。如果该 P 值高于 0.05，则接受零假设，认为这两个组的扶贫干部在此因素影响下的扶贫多维瞄准绩效没有显著性差异。当完成对所有因素的上述操作步骤后，可以最终解析出影响扶贫干部扶贫多维瞄准绩效的具体因素到底有哪些。

（二）扶贫干部扶贫多维瞄准绩效影响因素的探寻

1. 性别类型对干部扶贫多维瞄准绩效的影响解析

性别类型对干部扶贫多维瞄准绩效影响的组统计和两独立样本 T 检验结果如表 10.21 和表 10.22 所示：

表 10.21　性别类型对干部扶贫多维瞄准绩效影响的组统计结果

性别类型	个案数	平均值	标准差	标准误差平均值
1.00	23	3.6520	.33732	.07034
2.00	4	3.6023	.28876	.14438

数据来源：根据实地调查数据整理

① 罗花容 . spss24 统计分析基础与案例应用教程［M］. 北京：北京希望电子出版社，2018.

表 10.22　性别类型对干部扶贫多维瞄准绩效影响的两独立样本 T 检验结果

		莱文方差等同性检验		平均值等同性 T 检验		
		F	显著性	T	自由度	显著性（双尾）
H 干总	假定等方差	.101	.753	.277	2.5	.784
	不假定等方差			.310	4.558	.771

数据来源：根据实地调查数据整理

从表 10.21 和表 10.22 中可以看出，男性扶贫干部的平均绩效（3.6520 分）高于女性的平均绩效（3.6023 分）。方差等同性检验的 F 统计量对应的 P 值为 0.753。如果显著性水平为 0.05，则 P 值高于 0.05，说明男性扶贫干部总体和女性扶贫干部总体的方差没有显著性差异，从而通过了莱文方差等同性检验。由于两个总体的方差没有显著性差异，所以可以在“假定等方差”中做出统计推断。根据上述表 10.22，在“假定等方差”中，男性扶贫干部和女性扶贫干部扶贫多维瞄准绩效平均值等同性 T 检验的 P 值为 0.784，高于 0.05，故接受零假设。因此，认为男性扶贫干部和女性扶贫干部两类总体的扶贫多维瞄准绩效不存在显著性差异。男性扶贫干部的平均绩效虽然高于女性的平均绩效，但不显著。

解析结果是，扶贫干部性别类型对扶贫多维瞄准绩效大小的因素不显著。

2. 年龄阶段对干部瞄准绩效的影响解析

扶贫干部的年龄阶段分为三个档次：第一组，30 岁以下；第二组，30~49 岁；第三组，50 岁以上。在进行独立样本 T 检验的时候，共需要进行如下三次比较。

（1）第一组和第二组比较

将第一组和第二组进行比较，得到“年龄阶段”对扶贫干部扶贫多维瞄准绩效影响的组统计和两独立样本 T 检验结果，如表 10.23 和表 10.24 所示：

表 10.23　年龄阶段对扶贫干部瞄准绩效影响的组统计结果（第一、二组）

	年龄阶段	个案数	平均值	标准差	标准误差平均值
H 干总	1	9	3.6530	.24160	.08053
	2	9	3.8828	.21185	.07062

数据来源：根据实地调查数据整理

表 10.24　年龄阶段对扶贫干部瞄准绩效影响的两独立样本 T 检验结果（第一、二组）

		莱文方差等同性检验		平均值等同性 T 检验		
		F	显著性	T	自由度	显著性（双尾）
H 干总	假定等方差	.743	.401	−2.146	16	.048
	不假定等方差			−2.146	15.731	.048

数据来源：根据实地调查数据整理

从表 10.23 和表 10.24 中可以看出，“30 岁以下”组别扶贫干部的扶贫绩效平均为 3.6530 分，“30~49 岁”组别的平均绩效为 3.8828 分。莱文方差等同性检验的 F 统计量对应的 P 值为 0.401，远远高于 0.05，说明第一、二组年龄阶段的扶贫干部总体方差没有显著性差异，从而通过了莱文方差齐性检验，可以在“假定等方差”中做出统计推断。第一、二组年龄阶段扶贫干部的扶贫多维瞄准绩效平均值等同性 T 检验的 P 值为 0.048，小于 0.05，故拒绝零假设。因此，认为第一、二组年龄阶段扶贫干部两类总体的扶贫多维瞄准绩效存在显著性差异，“30 岁以下”组别扶贫干部的扶贫平均绩效低于“30~49 岁”组别的平均绩效，两者具有明显的差异。

解析结果是，“年龄阶段”对第一、二组扶贫干部扶贫多维瞄准绩效大小的影响不明显。

（2）第一组和第三组比较

将第一组和第二组进行比较，得到“年龄阶段”对扶贫干部扶贫多维瞄准绩效影响的组统计和两独立样本 T 检验结果，如表 10.25 和表 10.26 所示：

表 10.25　年龄阶段对扶贫干部瞄准绩效影响的组统计结果（第一、三组）

	年龄阶段	个案数	平均值	标准差	标准误差平均值
H 干总	1	9	3.6530	.24160	.08053
	3	9	3.3980	.33112	.11037

数据来源：根据实地调查数据整理

表 10.26　年龄阶段对扶贫干部瞄准绩效影响的两独立样本 T 检验结果（第一、三组）

		莱文方差等同性检验		平均值等同性 T 检验		
		F	显著性	T	自由度	显著性（双尾）
H 干总	假定等方差	.228	.639	1.866	16	.080
	不假定等方差			1.866	14.637	.082

数据来源：根据实地调查数据整理

从表 10.25 和表 10.26 中可以看出，“30 岁以下组别”扶贫干部的扶贫绩效平均为 3.653 分，“50 岁以上”组别的平均绩效为 3.398 分。莱文方差等同性检验的 F 统计量对应的 P 值为 0.576，大于 0.05，说明第一、三组年龄阶段的扶贫干部可以在“假定等方差”中做出统计推断。第一、三组年龄阶段扶贫干部扶贫多维瞄准绩效平均值等同性 T 检验的 P 值为 0.075，大于 0.05，故接受零假设。因此，认为第一、三组内“年龄阶段”对扶贫干部两类总体的扶贫多维瞄准绩效的影响不存在显著性差异，“30 岁以下组别”扶贫干部的扶贫平均绩效与“50 岁以上”组别的平均绩效不存在明显的差异。

解析结果是，“年龄阶段”对第一、三组扶贫干部扶贫多维瞄准绩效大小的影响不明显。

（3）第二组和第三组比较

由于第一、二和三组的瞄准绩效平均值已经在表 10.21 和表 10.22 中列出，不再需要制作此两组的组统计结果表格。将第二组和第三组进行比较，得到“年龄阶段”对扶贫干部扶贫多维瞄准绩效影响的两独立样本 T 检验结果，如表 10.27 所示：

表 10.27　年龄阶段对扶贫干部瞄准绩效影响的两独立样本 T 检验结果（第二、三组）

		莱文方差等同性检验		平均值等同性 T 检验		
		F	显著性	T	自由度	显著性（双尾）
H 干总	假定等方差	1.189	.292	3.700	16	.002
	不假定等方差			3.700	13.610	.002

数据来源：根据实地调查数据整理

根据与（1）和（2）同样的思路和方法，可以得知，第二、三组年龄阶段扶贫干部扶贫多维瞄准绩效平均值等同性 T 检验的 P 值为 0.002，小于 0.05，故拒绝零假设。因此，认为第二、三组扶贫干部中“年龄阶段”对两类总体的扶贫多维瞄准绩效影响存在显著性差异，第二组的平均绩效（3.8828 分）明显高于第三组的平均绩效（3.398 分）。

解析结果是，“年龄阶段”对第二、三组扶贫干部扶贫多维瞄准绩效大小的影响不明显。

3. 行政属性对干部瞄准绩效的影响解析

扶贫干部的行政属性分为三种类型或三个小组：第一组，乡镇或村干部；第二组，扶贫工作队干部；第三组，单位委派结对帮扶干部。在进行独立样本 T 检验的时候，共需要进行如下三次比较。

（1）第一组和第二组比较

将第一组和第二组进行比较，得到“行政属性”对扶贫干部扶贫多维瞄准绩效影响的组统计和两独立样本 T 检验结果如表 10.28 和表 10.29 所示：

表 10.28　行政属性对扶贫干部瞄准绩效影响的组统计结果（第一、二组）

	行政属性	个案数	平均值	标准差	标准误差平均值
H 干总	1	11	3.6193	.38546	.11622
	2	9	3.7912	.27758	.09253

数据来源：根据实地调查数据整理

表 10.29　行政属性对扶贫干部瞄准绩效影响的两独立样本 T 检验结果（第一、二组）

		莱文方差等同性检验		平均值等同性 T 检验		
		F	显著性	T	自由度	显著性（双尾）
H 干总	假定等方差	.563	.463	–1.119	18	.278
	不假定等方差			–1.157	17.770	.262

数据来源：根据实地调查数据整理

从表 10.28 和表 10.29 中可以看出，乡镇或村干部的扶贫绩效平均为 3.6193 分，扶贫工作队干部的平均绩效为 3.7912 分。莱文方差等同性检验的 P 值为 0.463，大于 0.05，可以在“假定等方差”中做出统计推断。第一、二组行政属性的扶贫干部扶贫多维瞄准绩效平均值等同性 T 检验的 P 值为 0.278，大于 0.05，故接受零假设。因此，认为第一、二组行政属性扶贫干部的扶贫多维瞄准绩效不存在显著性差异。

解析结果是，“行政属性”对第一、二组扶贫干部扶贫多维瞄准绩效大小的影响不明显。

（2）第一组和第三组比较

将第一组和第三组进行比较，得到“行政属性”对扶贫干部扶贫多维瞄准绩效影响的组统计和两独立样本 T 检验结果，如表 10.30 和表 10.31 所示：

表 10.30　行政属性对扶贫干部瞄准绩效影响的组统计结果（第一、三组）

	行政属性	个案数	平均值	标准差	标准误差平均值
H 干总	1	11	3.6193	.38546	.11622
	3	7	3.4959	.22516	.08510

数据来源：根据实地调查数据整理

表 10.31　行政属性对扶贫干部瞄准绩效影响的两独立样本 T 检验结果（第一、三组）

		莱文方差等同性检验		平均值等同性 T 检验		
		F	显著性	T	自由度	显著性（双尾）
H 干总	假定等方差	.806	.383	.763	16	.456
	不假定等方差			.857	15.954	.404

数据来源：根据实地调查数据整理

第一组的平均绩效（3.6193）高于第三组的平均绩效（3.4959）。根据与（1）同样的思路和方法，可以得知，第一、三组行政属性扶贫干部扶贫多维瞄准绩效平均值等同性 T 检验的 P 值为 0.383，大于 0.05，故接受零假设。因此，认为第一、三组年龄阶段扶贫干部两类总体的扶贫多维瞄准绩效不存在显著性差异，第一组的平均绩效虽然高于第三组的平均绩效，但不显著。

解析结果是，行政属性对第一、三组扶贫干部扶贫多维瞄准绩效大小的影响不显著。

（3）第二组和第三组比较

由于所有组别的瞄准绩效平均值已经在表 10.28 和表 10.30 中列出，故只考察第二组和第三组之间“行政属性”对扶贫干部扶贫多维瞄准绩效影响的两独立样本 T 检验结果，如表 10.32 所示：

表 10.32　行政属性对扶贫干部瞄准绩效影响的两独立样本 T 检验结果（第二、三组）

		莱文方差等同性检验		平均值等同性 T 检验		
		F	显著性	T	自由度	显著性（双尾）
H 干总	假定等方差	.046	.833	2.286	14	.038
	不假定等方差			2.350	13.950	.034

数据来源：根据实地调查数据整理

第二组的平均绩效（3.7912）高于第三组的平均绩效（3.4959）。根据与（1）同样的思路和方法，可以得知，第二、三组行政属性扶贫干部扶贫多维瞄准绩效平均值等同性 T 检验的 P 值为 0.038，小于 0.05，故拒绝零假设。因此，认为第二、三组行政属性扶贫干部两类总体的扶贫多维瞄准绩效存在显著性差异，第二组的平均绩效显著性高于第三组的平均绩效。

解析结果是，行政属性对第二、三组扶贫干部扶贫多维瞄准绩效大小的影响显著。

4. 教育程度对干部瞄准绩效的影响解析

扶贫干部的教育程度分为三种类型或三个小组：第一组，初中及以下；第二组，高中或中专；第三组，大专及以上。在进行独立样本 T 检验的时候，共需要进行如下三次比较。

（1）第一组和第二组比较

将第一组和第二组进行比较，得到“教育程度”对扶贫干部扶贫多维瞄准绩效影响的组统计和两独立样本 T 检验结果，如表 10.33 和表 10.34 所示：

表 10.33　教育程度对扶贫干部瞄准绩效影响的组统计结果（第一、二组）

	教育程度	个案数	平均值	标准差	标准误差平均值
H 干总	1	9	3.6948	.29420	.09807
	2	12	3.6126	.38754	.11187

数据来源：根据实地调查数据整理

表 10.34　教育程度对扶贫干部瞄准绩效影响的两独立样本 T 检验结果（第一、二组）

		莱文方差等同性检验		平均值等同性 T 检验		
		F	显著性	T	自由度	显著性（双尾）
H 干总	假定等方差	.283	.601	.531	19	.602
	不假定等方差			.552	18.986	.587

数据来源：根据实地调查数据整理

从表 10.33 和表 10.34 中可以看出，初中及以下教育程度组别扶贫干部的扶贫绩效平均为 3.6948 分，高中或中专教育程度组别扶贫干部的平均绩效为 3.6126 分。第一、二组教育程度的扶贫干部扶贫多维瞄准绩效平均值等同性 T 检验的 P 值为 0.601，大于 0.05，故接受零假设。因此，认为第一、二组教育程度扶贫干部的扶贫多维瞄准绩效不存在显著性差异。

解析结果是，“教育程度”对影响第一、二组扶贫干部扶贫多维瞄准绩效大小的影响不显著。

（2）第一组和第三组比较

将第一组和第三组进行比较，得到“教育程度”对扶贫干部扶贫多维瞄准绩效影响的组统计和两独立样本 T 检验结果，如表 10.35 和表 10.36 所示：

表 10.35　教育程度对扶贫干部瞄准绩效影响的组统计结果（第一、三组）

	教育程度	个案数	平均值	标准差	标准误差平均值
H 干总	1	9	3.6948	.29420	.09807
	3	6	3.6334	.27626	.11278

数据来源：根据实地调查数据整理

表 10.36　教育程度对扶贫干部瞄准绩效影响的两独立样本 T 检验结果（第一、三组）

		莱文方差等同性检验		平均值等同性 T 检验		
		F	显著性	T	自由度	显著性（双尾）
H 干总	假定等方差	.248	.627	.405	13	.692
	不假定等方差			.411	11.360	.689

数据来源：根据实地调查数据整理

第一组的平均绩效（36948）高于第三组的平均绩效（3.6334）。

根据与（1）同样的思路和方法，可以得知，第一、三组教育程度扶贫干部扶贫多维瞄准绩效平均值等同性 T 检验的 P 值为 0.627，大于 0.05，故接受零假设。因此，认为第一、三组教育程度扶贫干部两类总体的扶贫多维瞄准绩效不存在显著性差异。

解析结果是，“教育程度”对第一、三组扶贫干部扶贫多维瞄准绩效大小的影响不显著。

（3）第二组和第三组比较

由于所有组别的瞄准绩效平均值已经在表 10.33 和表 10.35 中列出，故只考察第二组和第三组相比较时“教育程度”对扶贫干部扶贫多维瞄准绩效影响的两独立样本 T 检验结果，如表 10.37 所示：

表 10.37 教育程度对扶贫干部瞄准绩效影响的两独立样本 T 检验结果（第二、三组）

		莱文方差等同性检验		平均值等同性 T 检验		
		F	显著性	T	自由度	显著性（双尾）
H 干总	假定等方差	.611	.446	–.117	16	.908
	不假定等方差			–.131	13.666	.898

数据来源：根据实地调查数据整理

第二组的平均绩效（3.6126）低于第三组的平均绩效（3.6334）。根据与（1）同样的思路和方法，可以得知，第二、三组教育程度扶贫干部扶贫多维瞄准绩效平均值等同性 T 检验的 P 值为 0.908，大于 0.05，故接受零假设。因此，认为第二、三组教育程度扶贫干部两类总体的扶贫多维瞄准绩效不存在显著性差异。

解析结果是，“教育程度”对第二、三组扶贫干部扶贫多维瞄准绩效大小的影响不显著。

5．动机特征对干部瞄准绩效的影响解析

动机特征对扶贫干部扶贫多维瞄准绩效影响的组统计和两独立样本 T 检验结果如表 10.38 和表 10.39 所示：

表 10.38 动机特征对扶贫干部瞄准绩效影响的组统计结果

	动机特征	个案数	平均值	标准差	标准误差平均值
H 干总	1	15	3.7727	.22545	.05821
	2	12	3.4844	.36878	.10646

数据来源：根据实地调查数据整理

表 10.39 动机特征对扶贫干部瞄准绩效影响的两独立样本 T 检验结果

		莱文方差等同性检验		平均值等同性 T 检验		
		F	显著性	T	自由度	显著性（双尾）
H 干总	假定等方差	3.097	.091	2.505	25	.019
	不假定等方差			2.376	17.343	.029

数据来源：根据实地调查数据整理

主动从事扶贫工作的扶贫干部的平均绩效（3.83）高于被动从事扶贫工作的扶贫干部的平均绩效（3.55）。根据与前面同样的思路和方法，可以得知，动机特征因素层面的扶贫干部瞄准绩效平均值等同性 T 检验的 P 值为 0.019，小于 0.05，故拒绝零假设。因此，认为两类不同动机特征的扶贫干部的扶贫多维瞄准绩效存在显著性差异。

解析结果是，动机属性对扶贫干部扶贫多维瞄准绩效大小的影响显著。

第三节　精准扶贫多维瞄准绩效的影响机理探寻

一、扶贫多维瞄准的机理和影响机理的内涵剖析

（一）扶贫多维瞄准机理的内涵

机理指为实现某一特定功能，一定的系统结构中各要素的内在工作方式以及诸要素在一定环境下相互联系、相互作用的运行规则和原理[①]。从机理的上述内涵不难看出，扶贫多维瞄准机理是指，为了实现扶贫多维瞄准的特定功能，扶贫多维瞄准系统过程中，瞄准的主体、客体、资金、项目等要素在扶贫环境下相互联系和相互作用的运行规则和原理。

（二）精准扶贫多维瞄准绩效影响机理的内涵

任何事物的内部都存在众多的要素，要素之间存在相互影响关系。系统的功能就是通过要素之间的相互关系完成的。系统为了实现自身的功能，各个形成要素之间相互影响对方，并最终共同影响系统的功能和目标。影响机理是指，系统各个形成要素之间的影响关系和各个形成要素对系统功能和目标的影响关系，即各个要素之间或要素与功能之间的运行规则和原理。精准扶贫多维瞄准绩效影响机理是指，扶贫瞄准系统中，瞄准的主体、客体等要素之间存在的相互关系，以及众多要素与扶贫多维瞄准绩效之间的运行规则和原理，即要素与绩效之间的各种直接与间接的因果关系。

二、精准扶贫多维瞄准绩效的影响机理解析

从表 10.20 中可以看出，在影响农户扶贫多维瞄准绩效的众多可能因素中，在 99% 置信度范围内显著的（虚拟）变量有“非贫困户”“以经商、务工为主”“关系偏差”“关系一般”“明访”，在 95% 置信度范围内显著的（虚拟）变量为“以种植、养殖等为主”，这些虚拟变量体现出来的因素因素为身份属性、收入来源、人际关系和访问方式。在 90% 置信度范围内显著的（虚拟）变量有“30 岁以下为主”“因病为主”“因学致贫”。三个变量体现的影响因素分别是年龄结构和致贫原因。下面，我们从制度经济学、博弈论、自组织理论等角度，考察每个因素影响精准扶贫多维瞄准绩效的内在机理。

① 郭榆．以文化人的品性、结构及其机理［J］. 新疆社科论坛，2016（05）.

（一）身份属性对农户扶贫多维瞄准绩效的影响机理解析

身份属性是指农户是否被评定为贫困户。贫困户眼中的扶贫多维瞄准绩效比非贫困户眼中的扶贫多维瞄准绩效整体上要高。在其他情况相同的情况下，非贫困户的扶贫多维瞄准绩效要比贫困户低 1.367 分。两者的绩效在 99% 置信度内显著不同。为什么会产生这种明显的差异？农户属性对扶贫多维瞄准绩效的影响机理何在？此机理在于，伴随精准扶贫制度变迁的利益格局变化所导致的认识偏差。

制度经济学认为，在制度变迁过程中，不同的制度主体对同样的制度变迁过程会产生一定的认识偏差，尤其是制度获益人和制度受损人会产生很大的认知偏差。一般来说，获益人对制度变迁持肯定态度的比例要比受损人持肯定态度的比例高很多。在精准扶贫制度变迁中，可把贫困户看作制度获益人，把非贫困户看作制度受损人。当然，我们说非贫困户是制度受损人，并不是说精准扶贫制度通过自身的设计让非贫困户将自身的既得利益向贫困户产生了“转移支付”。从某个程度上说，精准扶贫制度变迁是一种并没有让某些农户受益而另一些农户受损的博弈或制度变迁，而是一种有可能让所有农户都受益的博弈或制度变迁。当然，在这个过程中，肯定也有一些农户的利益受到精准扶贫政策的损害，但这种比例应该很少见，不是主流。我们所说的“非贫困户是制度受损人”，仅仅意味着精准扶贫制度变迁并没有让这些非贫困户分享到制度变迁所带来的巨大经济利益，没有获得他们所期待的“潜在利益”。这种利益是潜在的，是预期的，并没有在非贫困户身上实现。正因此如此，他们才存在对精准扶贫制度变迁的各种偏见。在我们的调查过程中，贫困户对精准扶贫制度的认同度比较高，认为扶贫多维瞄准绩效比较高。相反，非贫困户对精准扶贫制度的认同度比较低，认为扶贫多维瞄准绩效比较低。例如，在扶贫瞄准标准的科学性、扶贫资金信息的公开性、扶贫考核依据的合理性等各类指标的打分上，贫困户的打分比非贫困户的打分要高，甚至有显著的差异性。同样的指标，同样的对象，不同的农户对它们的打分有巨大差异，到底谁更加可信？我们认为，贫困户对扶贫多维瞄准绩效的评价具有更大的可信度。原因在于，非贫困户是“利益受损人”，他们可能想通过对精准扶贫制度的无意识甚至有意识的“预谋性偏见”引起制度供给主体对制度变迁过程做出有利于自身“潜在利益”得以实现的更改。显然，站在第三方的角度看，这是一种“非理性”的偏见，但站在非贫困户的角度看，这种偏见似乎是“理性”的，否则，就不能称其为“预谋性偏见”了。总之，农户身份属性对扶贫多维瞄准绩效的影响机制在于，他对整个制度变迁或瞄准过程产生了偏见，正是这种偏见导致了他们对精准扶贫多维瞄准绩效的“结论预设”。

（二）年龄结构对农户扶贫多维瞄准绩效的影响机理解析

从表 10.20 中可以看出，30 岁以下的农户与 50 岁及以上的农户相比，在其他条件相同的情况下，前者比后者平均低 0.058 分。两者的绩效在 90% 置信度内显著不同。产生这种差异的内在机理在哪里？

新制度经济学认为，制度主体或行为主体对制度变迁的需求越强烈，则制度变迁越容易实现，制度运行的绩效越高。精准扶贫是一种制度变迁，是新时代环境下的强制性制度变迁。国家是制度变迁供给主体，农户是制度变迁需求主体。作为制度需求主体，农户对精准扶贫制度有强劲的需求，但需求的程度与他（她）的年龄有重要的正相关关系。30岁以下的农户对精准扶贫的政策需求要比50岁以上的农户更加强劲。这一点集中体现在产业扶贫的政策需求上。

在我们的调查过程中，发现30岁以下的农户最渴望得到良好的产业扶贫，而对送油米之类的生活帮扶并不持肯定的态度。50岁以上的人刚好是反过来的。他们更加渴望得到生活帮扶，而对于产业帮扶持中性态度。为什么会如此？我们从制度经济学的角度来解释。50岁以上为主的家庭的劳动力数量比30岁为主的家庭要少，收入来源相对来说比较狭窄。前者认为，自己反正也没有什么劳动力，即使发展了产业，也不能得到太多的好处。所以，他们对产业扶贫并不十分在乎，而对生活帮扶很渴望。而事实恰好是，在目前的精准扶贫大环境下，精准扶贫政策举措中很大一部分是送油米之类的物质，这些举措能够非常有效地迎合50岁以上年龄为主的农户需求，毕竟，雪中送碳是一种令人心花怒放的期待。而对于那些30岁年龄为主的农户来说，他们对国家精准扶贫政策的期待更多地表现为帮扶产业的带动。因为他们有劳动力，有土地，但缺少资金、技术等去实现资源的整合利用。他们从内心深处更加希望国家通过精准扶贫政策，通过产业帮扶，使自己获得长足的发展潜能，实现终极意义和长效意义上的脱贫绩效。但纵观调查的贫困村的扶贫实践，尤其是产业扶贫的实践，我们并不认为国家的产业帮扶取得了应有的成功。那些政府推动的短期化、局部化的产业帮扶项目整体上并没有取得良好的帮扶绩效。换句话说，国家精准扶贫的产业帮扶并不能有效满足那些低平均年龄的农户。他们的就业渠道并没有因为帮扶产业得到很好的扩展，收入并没有得以显著地提升，似乎一切如故。这个现象说明，30岁年龄为主的农户的制度需求并不能在目前的政府主导下的产业帮扶模式下得以满足，50岁以上年龄为主的农户的需求虽然貌似可以在油米型精准扶贫政策下得以良好满足，但我们并不认为这种满足是真实有效的，也并不认为这种做法是值得倡导的。

（三）收入来源对农户扶贫多维瞄准绩效的影响机理解析

从表10.2中可以看出，收入来源中“以经商、务工为主”的农户和“以种植、养殖等为主”的农户的扶贫多维瞄准绩效都要比“以救济为主”的农户低。在其他条件相同的情况下，“以经商、务工为主”者比“以救济为主”者平均低0.414分，该差异在99%置信度内显著。“以养殖、种植等为主”者比“以救济为主”者平均低0.102分，该差异在95%置信度内显著。为什么会产生这种差异？内在机理何在？

第一种差异性可以从“制度成本”的角度得以解释。精准扶贫是一场巨大的制度变迁，在这场变迁中，各个人付出的制度成本和得到的制度收益存在很大的差异性。那些以救济为主的家庭几乎可以不必付出太多的制度成本，因为这些家庭的条件明显比其他人差，贫穷的识别具有显而易见的明显性。这些家庭不必去争，也能十分容易、顺理成章地成为贫困户。而且，他们一般都长期生活在农村，精准扶贫并不需要他们付出很大的由空间迁移和生活方式转变造成的迁徙成本和心理成本。这就意味着这类群体不必付出太高的制度成本，但能获得很高的制度收益。精准扶贫政策给他们带来的收益是有目共睹的。所以，这类人对精准扶贫持肯定态度者居多，他们眼中的扶贫多维瞄准绩效相对较高。

相比之下，“以经商、务工为主”的家庭在精准扶贫这场制度变迁中付出的制度成本很高，获得的制度收益则相对较少。以经商、务工为主的家庭条件平均意义上比以救济为主的家庭要好很多。他们有些还有不菲的家产，如小轿车、房子等。在武陵山片区中广泛推广的“三不评”制度下，这些家庭要挤入到贫困户行列中的可能性相对来说要小很多。虽然在我们的调查过程中发现不少有房子、有车子的假贫困户，但不管怎么样，这种结局要求他们付出很高的心理成本。除了这种心理成本外，空间的迁徙还需要他们付出很高的迁徙成本。如果这些人纯粹为了评一个贫困户，而放弃久已习惯的外地生活，回到家乡，重新生活，那必须要求他们付出很高的迁徙成本以及随之而出现的心理成本，这显然不太具有现实可能性。而在制度成本的另一端，制度收益也并没有预期的那么大，至少对于这些有良好的经商和务工基础的家庭来说是如此。贫困户身份对他们来说，诱惑力并不是太大。而这种结果是，“以经商、务工为主”的家庭并不认为扶贫多维瞄准绩效高。

第二种差异可以从协同学的“强制协同”和“伪协同”的角度进行解释。按照协同学观点，系统要获得自组织发展能力，必须获得真正意义上的序参量支持。如果该序参量是强制的，它很可能就会蜕变成伪序参量。在真序参量支配下，系统各个要素之间协同发展，共同实现协同目标。在假序参量支配下，系统各个要素之间貌合神离，不能真正协同发展。我们按照这个观点来考察精准扶贫过程中“以种植、养殖等为主”的农户的扶贫多维瞄准绩效相对较低的内在机理。

在我们调查的很多贫困村中，有很多农户都以种植业和养殖业为主要收入来源。而且，其中很多家庭的养殖、种植业都是在精准扶贫政策倡导下开展起来的。如MYX村的荷花养鱼，BH村的猕猴桃，JCP村的紫秋葡萄等。这些农户对扶贫多维瞄准绩效的评价普遍不高，为什么？是因为种植、养殖产业没有形成良好的协同机制，并没有构建良好的自组织发展能力。很多农户反映说，“我们本来不想搞这些项目，但政府叫我们一定要这样做。”“不完成一定数量和面积的养殖、种植任务，就取消我们的贫困户资格。”“政府的出发点绝对是好的，想让我们走上能够持续地发财致富的道路。”但这样做，事实上并没有取得良好的效果，农产品滞销、技术跟不上的短板问题在几乎所有的贫困村中都存在。政府在产业扶贫政策上的强制性从某种意义上说是一种强制性协同，不是一种自组织协同。如果我们换一个情景：某某能人自己花资金弄了一个好项目，该项目成功后，其他农户争相加入。在良好的示范作用下，那些没有加入进来的农户便不能取得良好的回报，从而使得整个过程形成了一种协同机制。显然，这是一种真协同。但目前的情况是，很多贫困村中形成的协同还停留在伪协同的层面上。在这种伪协同机制下，农产品技术落后、规模过小和产品滞销等问题必定不断涌现。这些农户对扶贫瞄准绩效的评价必然相对较低。

（四）致贫原因对农户扶贫多维瞄准绩效的影响机理解析

在表10.20中，与其他原因致贫的农户相比，“因病”和“因学”致贫型农户的扶贫多维瞄准绩效比较高。在其他条件相同的情况下，“因病”致贫型农户的精准扶贫多维瞄准绩效比其他原因致贫型农户平均高0.081分，“因学”致贫型农户的精准扶贫多维瞄准绩效比其他原因致贫型农户平均高0.025分，这种差异在90%的置信度下显著。

致贫原因多种多样，包括因病、因学、因灾、因缺乏劳动力等。对于种类繁多的致贫原因，我们按照“界定成本”的大小将它们大致上分为两大类：“易鉴定型”和“难鉴定型”。所谓“易鉴定型”是指，国家机构或扶贫干部能采取显而易见的方式或依据对致贫的原因进行有效界定，且界定的结果几乎没有什么争议性。“难鉴定型”是指，国家机构或扶贫干部不能采取显而易见的方式或依据对致贫原因进行有效界定，且界定的结果有一定的甚至很大的争议性。致贫原因“易鉴定型”贫困户眼中的扶贫多维瞄准绩效比“难鉴定型”贫困户眼中的扶贫多维瞄准绩效整体上要高。致贫原因对扶贫多维瞄准绩效的影响机理何在？此机理在于，致贫原因界定背后隐藏的态度差异影响了精准扶贫制度变迁的阻力。

新制度经济学认为，任何一种制度变迁都会受到各种各样的阻力，而制度主体的态度是一种相当重要的“阻力源”。如果制度主体对制度变迁持肯定态度，则他们会努力克服各种社会的、文化的甚至心理的阻碍，将自身的行为和特征保持在与制度变迁相适应的状态，从而使制度变迁得以顺利实施。反之，则会想方设法采取阻碍举措，令制度变迁不能有效实现。

精准扶贫制度变迁中，不同致贫原因的贫困户所形成的阻力有明显的区别。阻力的不同影响了扶贫多维瞄准绩效。“易鉴定型”和“难鉴定型”的分类是按照“界定成本”的标准进行的，“界定成本”是交易成本的一种类型，“易鉴定型”贫困户是指致贫原因相对比较容易界定清楚的农户，如“因病”和“因学”这两种致贫原因就相对比较容易界定。毕竟，对于“因学”致贫型的家庭来说，扶贫干部只要数一下他家中有几个人上学就可以了。对于“因病”致贫型的家庭来说，也相对比较容易，大多数情况下，只要看重大疾病解析书也八九不离十。这类贫困户的交易成本比较低。“难鉴定型”的贫困户是指致贫原因相对比较难界定清楚的，如“因灾”“因商”“因缺乏劳动力”这些致贫原因就相对比较难界定。正因为如此，扶贫干部不容易对过程和结果进行有效鉴定，交易费用太高，结果的争议性相对较大。正是这种结果的争议性引发了贫困户对精准扶贫制度变迁的态度差异性。在调查过程中，我们发现，那些“因病”和“因学”型（尤其是“因病”）的贫困户几乎都认为扶贫干部很公正，程序很合法，资金效率高，有良好的扶贫多维瞄准绩效。而那些“因灾”“因商”“因缺乏劳动力”致贫型的“难鉴定型”贫困户，尤其是那些自认为完全具备这些原因条件但并没有被评定为贫困户的“难鉴定型”“准贫困户”，所表现出的扶贫多维瞄准绩效没有“易鉴定型”所表现的那么高。原因在于，两者的态度差异引起了制度运行的绩效。“难鉴定型”农户中，有很多认为自身的贫困程度远非扶贫干部界定的那么浅，他们感觉自身的贫困深度深很多。正因为如此，他们对扶贫干部的界定结论和接受到的扶贫强度有较多的怨言。结果是，他们当中不乏有人站出来，和扶贫干部隔三差五地理论。这不但影响了这些人心中的扶贫瞄准“心理绩效”，也在很大程度上消耗了扶贫干部的精力，从而最终影响了扶贫瞄准的“真实绩效”。总之，是农户致贫原因界定成本的高低影响了扶贫多维瞄准绩效的大小。

（五）人际关系农户对扶贫多维瞄准绩效影响的内在机理

在表 10.20 中，与“人际关系很好”的农户相比，“人际关系偏差”和“关系一般”型农户的扶贫多维瞄准绩效普遍要低。在其他条件相同的情况下，“人际关系偏差”和“关系一般”型农户的扶贫多维瞄准绩效要比“关系很好”型农户的绩效分别平均低 0.219 和 0.218 分，且两者都在 99% 置信度内存在显著性差异。影响这种差异的内在机理在哪里?

导致这个结果的原因可能有两个方面：一个是制度变迁的心理预期，一个是制度变迁的寻租行为。

从制度变迁的心理预期来说，越是心情豁达自立的人越不可能对精准扶贫政策持有不合理的预期，越是依赖感强的人越可能对精准扶贫政策持有合理的预期。相对来说，心情豁达自立的人一般都能够处理好人际关系，面对挫折，能够继续保持积极的态势。这一点体现在精准扶贫多维瞄准绩效上就是：这些人并不认为精准扶贫政策真的能够给自己带来许多意想不到的好处，此乃“预期外”好处。在现实生活中，精准扶贫政策产生和带来了某种“事实性”好处。在“事实性”好处给定的情况下，“预期外”好处与“事实性”好处的落差因人而异。豁达型农户的这个落差要小于悲观型农户的落差。落差小，农户的扶贫瞄准绩效就高；反之亦然。人际关系好的农户之所以认为扶贫多维瞄准绩效要高一些，原因正在于他们身上的这种落差比较小。

这种推理在我们的调查过程中得到了验证。在我们的调查过程中，课题组人员和农户做深度访谈时，那些心情豁达自立的农户都说自己的人际关系很好，而且对政府精准扶贫所能够给予自身的好处能够形成一个合理的预期。课题组问：“你们觉得国家能够给你们带来很多的好处吗？”豁达自立型农户：“国家给一分就一分，给一块只有一块，关键靠我们自力更生。”这些农户在某些精准扶贫政策实施效果并不理想的情况下，依然对该制度持宽容的态度。他们眼中的扶贫多维瞄准绩效略高一些，机理正在于此。

从制度变迁的寻租行为来说，导致这种差异的原因可能是因为存在寻租行为。“关系很好”的农户为什么认为扶贫多维瞄准绩效要高?很可能的一种情况是，这些人在精准扶贫过程中实施了某种寻租行为，给予了扶贫资源决策者某种物质的或非物质的好处。这些好处拉近了农户和决策者之间的心理关系，产生了良好的人际关系，并因此而获得了“关系型”回报。所谓“吃人嘴短”“关系很好型”农户给扶贫多维瞄准绩效的评价自然要高一些。

（六）访问方式对农户扶贫多维瞄准绩效影响的内在机理

在表 10.20 中，“访问方式”是影响扶贫多维瞄准绩效的重要因素。被“明访”的农户的瞄准绩效要比被“暗访”的高。在其他条件相同的情况下，前者比后者要高出 0.357 分，这种差异在 99% 置信度内显著存在。导致这种差异的内在机理在哪里？

这种差异可以通过博弈论得到解释。在接受访谈的时候，农户有两种选择：“说真话”和“说假话”。而“说真话”的条件是说出的真话获得的回报必须大于付出的成本以及由此承担的风险。这些回报包括农户所期待的重大转机、扶贫资源的重新配置等，但也要付出成本并承担风险，如说了一些不利于扶贫资源决策者的话语，引起了他们的打击报复。

我们的调查是分两种方式同时进行或交替进行的。在明访的时候，我们会先找到扶贫干部，先和扶贫干部进行座谈，然后请扶贫干部派代表带领我们去调查。在这种信息结构下，我们访问农户的时候，农户大多数都认为扶贫瞄准绩效很高。即使要说到一些问题，也是非常的委婉。为什么会这样？按照刚才的分析框架，此时的信息结构是对称的。农户知道我们只是大学课题研究组，不是政府机构代表。因此，即使有问题，我们也无法为他们解决。从我们身上获得的期望收益很小。另一方面，“说真话”的成本和风险很大。扶贫干部就站在面前，农户哪里敢乱讲？只好说一些好话。成本和收益一对比，理性的农户自然选择“说假话”了。在暗访的时候，情况大为改观。一开始，我们并不表明自己的身份，只说“我们想来看一看大家对精准扶贫政策的情况”。在这种信息结构下，很多农户都非常气愤地向我们反映自身的处境。尤其是非贫困户，他们的态度有时候非常激进。在暗访的时候，这些农户也许说了真话。他们为什么要这样做？内在机理依然在于成本和收益的对比。从成本的角度看，没有扶贫干部在旁边监察，即使说了真话，也可能不会被扶贫干部知道。即使知道，也可能不会遭到打击报复。所以，“说真话”的成本和风险是比较低的。而收益呢？收益可能会很大。因为农户并不知道我们的身份，以为是省政府甚至国务院派了什么大官在进行暗访。在这种信息结构下，农户大胆向我们反映很多问题。这样做的背后是一种经济学的逻辑在起关键作用。这样一来，被暗访农户的瞄准绩效自然要低很多。

（七）年龄大小对扶贫干部扶贫多维瞄准绩效影响的内在机制

从表 10.23 和表 1.25 中可以，扶贫干部的年龄对瞄准绩效存在一定的影响。30 岁以下的扶贫干部与 30 ～ 49 岁的扶贫干部相比，前者的瞄准绩效要比后者的瞄准绩效要低。而 30 ～ 49 岁的扶贫干部与 50 岁以上的扶贫干部相比，前者认为的瞄准绩效要高。这说明，扶贫多维瞄准绩效在扶贫干部年龄上呈现出“低—高—低”的分布状态。

为什么年龄小和年龄大的扶贫干部认为瞄准绩效低，而年龄中等的扶贫干部认为瞄准绩效高？这个机理可以从制度变迁主体对制度变迁的心理预期和自身目标的适应性、一致性程度来解释。制度经济学认为，制度变迁参与人的心理预期和自身目标的适应性、一致性越强，则他们对制度变迁的认同度越高，参与性越高；反之，则越低。

按照这个思路来分析精准扶贫政策实施过程中不同年龄大小扶贫干部的上述适应性和一致性。在30岁以下扶贫干部身上体现出来的适应性和一致性并不强。该年龄阶段的扶贫干部还没有形成职业定势，有很多扶贫干部是刚步入社会的大学生。他们将来的职业选择空间相对比较广阔，对精准扶贫的参与热情虽然高涨，但在他们某些人看来："我即使不当这个村长，到外地去打工，机会也很多""村长这个职位对我的诱惑力也真的不是很大"。换句话说，他们是可以讲真话的，不怕承担后果。在我们的调查过程中，有一个非常年轻的村长就向我们大吐当村干部的苦水，对当今扶贫实践中存在的问题直言不讳。为什么这些年轻人敢于这样说？是因为精准扶贫的心理预期和自身目标的适应性和一致性不是太高。他们认为瞄准绩效低的内在机理正在于此。

相比之下，30～49岁扶贫干部的上述适应性和一致性要比30岁以下者高一些。在这个年龄阶段的人，精力非常充沛、职业基本定型、权力基本控制住。他们对精准扶贫的心理预期很高，把自身的命运和精准扶贫政策牢牢地捆在一起。所以，他们对瞄准绩效的评价比较高。

50岁以上的扶贫干部对瞄准绩效的评价又降低了。何故？这个阶段的扶贫干部，政治上非常成熟，对扶贫过程中出现的问题有非常好的把控。但对精准扶贫政策的心理预期开始下降，心理预期和自身目标的一致性并不高。这在很大程度上导致他们对瞄准绩效的评价并不高。

（八）干部属性对扶贫干部扶贫多维瞄准绩效影响的内在机制

从表10.28和10.30中可以看出，扶贫工作队干部的平均绩效为3.7912，单位委派结对帮扶干部的平均绩效为3.4959，从10.30中得知，第二组和第三组的显著性P值为0.038，这说明两者的差异在95%置信度内显著。产生这种差异的内在机理何在？

这种差异性可以从利益相关者理论中寻求到影响机理。利益相关者理论认为，活动、组织的利益相关者必须参与到决策过程和考核过程中去，所牵涉到的利益越大，则决策强度和考核关注度越高。按照这个理论，精准扶贫瞄准过程中，扶贫工作队干部和单位委派结对帮扶干部都是利益相关者。他们的利益主要体现在考核结论与自身前途的关联度上。关联度越大，则越会影响他们对精准扶贫过程的参与力度，越会触发他们对瞄准绩效考核结论的关注。扶贫工作队干部是专职的扶贫队伍，绩效考核对他们的影响很大。单位委派的结对帮扶干部不是专职的扶贫力量，而是从属性扶贫力量。绩效考核的结论与他们的前途并不存在太强的关联性。所以，从利益相关者的角度看，扶贫工作队干部是强利益相关者，单位委派结对帮扶干部是弱利益相关者，这是一种身份属性差异。作为强利益相关者，扶贫工作队干部对扶贫瞄准绩效评价高，这符合他们的身份属性。作为弱利益相关者，结对帮扶干部对扶贫瞄准绩效评价相对较低，这同样符合他们的身份属性。正是这种身份属性背后隐藏的相关利益差异导致了瞄准绩效的差异。

（九）动机特征对扶贫干部多维瞄准绩效的影响机理

从表 10.38 和 10.39 中可以看出，主动报名参加扶贫工作的扶贫干部的平均绩效为 3.7727 分，被动参加扶贫工作的扶贫干部的平均绩效为 3.4844 分，P 值为 0.019，这说明两者在 95% 置信度范围内显著。导致这种差异产生的内在机理何在？

这种差异同样可以从预期潜在收益的角度寻求内在影响机理。无论是主动报名还是被动安排，扶贫干部都可以获得预期潜在收益，当然这些收益大多数都不是通过货币的方式体现的。主动报名者的预期潜在收益要比被动安排者的收益大。例如，主动报名者非常渴望通过精准扶贫增加对农村发展现状的体验深度，为自身的发展积累一定的政治资本，等等。显然，他们对这些社会体验和政治资本赋予的价值非常高，否则，不会积极报名。相比之下，被动安排者并不认为精准扶贫能够让自身对农村发展产生很深刻的体验，也并不认为这些经验能够为自己积累很多的政治资本。这样，他们对自身精准扶贫工作并不会赋予太高的价值意义。结果是，主动报名者一方面在精准扶贫实践中真的会全力以赴，另一方面，也会给自身从事的工作赋予更高的评价，从而显示出高位的扶贫多维瞄准绩效。而被动安排者恰好相反。既然他们并没有赋予自身工作太多的价值，就不可能不遗余力去从事这种工作。即使逼迫这么做，他们的瞄准绩效也不会太高。这正是导致这种差异产生的内在机理。

第四节　瞄准绩效影响因素和影响机理分析的政策启示

在本章中，我们解析了精准扶贫多维瞄准绩效影响因素，并分析了每个因素影响扶贫瞄准绩效的内在机理。影响因素的分析对精准扶贫的实践有什么政策启示？

启示一：在精准识别上，应该给予 30 岁以下为主的农户更多的关注。

启示二：在精准帮扶上，应该将帮扶的重点从生活帮扶向种植、养殖产业帮扶过渡。

启示三：在精准管理上，应该采取高压手段打压扶贫资金和项目分配中的“关系性”力量。

启示四：在精准考核上，应该坚持贫困户和非贫困户并重的原则。

第十一章　脱贫攻坚与乡村振兴有效衔接过程中的多维瞄准

2020 年底，我国脱贫攻坚取得全面胜利。国家十四五规划和 2021 年中央一号文件都指出，在新的历史时期，要做好脱贫攻坚与乡村振兴有效衔接工作。在有效衔接过程中，瞄准的内涵和维度都已经发生了一定的变化。与此同时，多维瞄准的重点领域也发生了相应变迁，在衔接过程中会面临一些新的阻力，需要构建特定的瞄准机制，促进脱贫攻坚与乡村振兴的有效衔接。

第一节　脱贫攻坚与乡村振兴有效衔接过程中多维瞄准的重点领域

在脱贫攻坚阶段，习近平总书记提出了“六个精准”。“六个精准”是习近平总书记对脱贫攻坚阶段多维瞄准的理论诠释。脱贫攻坚取得全面胜利后，我国进入到脱贫攻坚与乡村振兴有效衔接期。在衔接期内，多维瞄准的内涵和相应的重点领域发生了一定的变化。

一、数字农业成为有效衔接过程中需要重点瞄准的产业

无论是 2021 年中央一号文件还是十四五规划，都将数字中国建设尤其是将数字乡村建设推到了时代前沿。作为一种新业态，数字经济对我国经济发展的引擎作用，对我国高质量发展的引领作用成为了有目共睹的事实。数字经济发展可以全面释放经济增长潜能，促进经济高质量增长①。

在脱贫攻坚与乡村振兴有效衔接过程中，数字农业将成为需要重点瞄准的产业。在脱贫攻坚战中，我国在产业扶贫上实施了“一村一品”战略。绝大多数农村都建立了有地方特色的农业企业或农产品生产基地。但这些农业企业或农产品生产基地有一个普遍的技术短板问题，技术水平普遍偏低。许多企业或基地还停留在较原始的技术水平，产品的销路和市场前景不乐观。这种局势与乡村产业振兴的目标尚存在较大的差距。乡村产业振兴的重要内容之一是大力提升农业企业或基地的科技水平，而数字化技术是乡村产业振兴的重

---

① 唐要家 . 数字经济赋能高质量增长的机理与政府政策重点［J］. 社会科学战线，2020（10）.

要推手。数字农业成为有效衔接过程中必须要瞄准的重点产业。没有数字农业的长足发展，就没有农业现代化，就没有乡村产业的全面振兴。因此，在有效衔接过程中，政府尚需要在广大的农村领域做好数字农业的推广实践，真正让数字农业赋能乡村产业振兴行动。

二、新型农业经营主体是有效衔接过程中需要重点瞄准的对象

新型农业经营主体既包括包括农业生产经营组织，也包括为农业生产提供各种服务的经营组织。前者如，家庭农场、农业龙头企业、专业种养大户、职业农民等。后者如，农民专业合作社、现代农业科技产业园区等①。在脱贫攻坚战中，虽然各级政府制定了许多支持新型农业经营主体的政策，但由于当时精准扶贫把主要目标锁定在“两不愁、三保障”上，政府并没有足够多的资源使这些支持政策往纵深层面推进。这在很大程度上导致中国新型农业经营主体总体上非常脆弱，支撑农业现代化发展能力还较弱②。

在有效衔接过程中，由于“两不愁、三保障”的脱贫攻坚目标已经实现，所以就迫切需要政府将更多的资源瞄准于新型农业经营主体的培育。现代农业离不开规模化经营，而规模化经营的实施主体是新型农业经营主体。离开了家庭农场、离开了职业农民，农业现代化和乡村产业振兴必将是一句空话。鉴于农村新型农业经营主体整体力量不强的现实局面，在有效衔接过程中，政府需要将新型农业经营主体作为重要的瞄准对象。

三、农村基础设施是有效衔接过程中需要重点瞄准的公共产品

农村基础设施主要包括公路、电网、卫生院、文化广场等。农村基础设施对乡村振兴战略的实现具有举足轻重的作用。它对于村容村貌建设和乡村产业振兴都具有非常直接的推动作用。对于农村人口的就业同样具有促进作用。整体的农村基础设施投入能够促进非农就业，并且这种作用会在很长的一段时间内持续并强化③。

在脱贫攻坚中，虽然各级政府和扶贫工作队利用了不少的资源进行农村基础设施建设，并实现了村级公路全覆盖，绝大多数农村建立了村卫生院。但在“两不愁、三保障”核心目标导向下，农村基础设施建设并没有作为重中之重的工作来抓，农村基础设施建设水平与乡村振兴的远景目标尚存在一定的差距。脱贫攻坚取得全面胜利后，各级政府应该将更多的资源覆盖到农村基础设施建设上。

---

① 贾小虎，张颖，邓蒙芝．乡村振兴战略下新型农业经营主体培育——农业经济学教学思考［J］．天津农业科学，2021（1）．

② 孔祥智，周振．新型农业经营主体发展必须突破体制机制障碍［J］．河北学刊，2020（6）．

③ 骆永民，骆熙，汪卢俊．农村基础设施、工农业劳动生产率差距与非农就业［J］．管理世界，2020（12）．

四、农村金融是有效衔接过程中需要重点瞄准的资源

金融是产业发展的血液。农村金融是生计资本有效转化为经济资源并增值的重要保障，金融支持产业长效可持续发展是产业扶贫到产业兴旺的重要路径①。在脱贫攻坚中，我国农村产业扶贫的局面已经打开，但产业发展的各种资源尚面临一定的瓶颈。尤其是金融资源短缺，农村产业融资的成本过高、风险较大。这在很大程度上制约了产业兴旺的步伐。

在有效衔接过程中，应该充分认识到农村金融对有效衔接的战略意义，应该将农村金融作为重点瞄准的资源。诚然，要实现乡村振兴，需要瞄准的资源很多，人才资源、科技资源都是需要瞄准的资源。但相比之下，金融资源的作用似乎更加突出，对金融资源的瞄准似乎更加重要。这是因为，无论是人才资源还是科技资源，都必须建立在足够的金融资源基础之上。为什么人才、科技等生产要素很难进入到农村地区内部？一个很重要的原因是没有资金的撬动，没有进入资源的注入。所以，在有效衔接过程中，政府应该将金融资源作为首要瞄准的资源，构建好良好的农村金融运作平台。

五、农村治理能力是有效衔接过程中需要重点瞄准的力量

乡村振兴的目标之一是治理有效。但在脱贫攻坚中，农村治理能力整体偏低，参与治理的力量比较薄弱，治理的方式比较单一。在国家实施乡村振兴的大背景下，脆弱的农村治理能力无法应对国家资源大量投入带来的利益格局的变化②。有效衔接在很多的方面就表现为利益衔接。如果这些利益关系没有衔接好，那衔接过程中就会出现很多矛盾，把乡村振兴的资源内耗掉。比如，产业的选择和企业的选址就是一个很重要的问题，如果没有有效的治理能力作为支撑，那农村内部不同群体之间的利益矛盾可能会被激化。在脱贫攻坚过程中，这方面的矛盾在一定程度上存在，究其原因，一个重要的方面是缺乏有效的治理结构，农村治理能力整体不高。因此，要做好有效衔接工作，农村治理能力建设是需要重点瞄准的力量。

第二节　脱贫攻坚与乡村振兴有效衔接过程中多维瞄准的主要阻力

一、部分脱贫户内生动力不足，阻碍了有效衔接的顺利推进

内生动力从系统内部生成推进自生长、自增强与自增长，强调不依赖外部环境，并充

① 余春苗，任常青．农村金融支持产业发展：脱贫攻坚经验和乡村振兴启示［J］．经济学家，2021（2）．

② 李梅．新时期乡村治理困境与村级治理”行政化”［J］．学术界，2021（2）．

分利用、吸收、消化外部输入要素转化为自我发展的动力①。在脱贫攻坚与乡村振兴有效衔接的过程中，脱贫户的内生动力表现在两个方面。一是真心克服偷懒心理，转化为自我发展的动力，二是积极响应帮扶政策，转化为自我发展的动力。然而，在精准扶贫过程中，有一部分脱贫户虽然已经脱贫，但脱贫之后如何发财致富的动力明显不足。这将在很大程度上严重影响脱贫攻坚与乡村振兴的有效衔接。这些阻力具体体现在以下两个方面：

一是部分脱贫户得过且过的偷懒心理严重，没有动力去克服面临的各种外部困难，从而在一定程度上阻碍了脱贫攻坚与乡村振兴的有效衔接。乡村振兴中的文化振兴需要每个村民时刻以先进的思想文化引领自己的行为，而部分脱贫户的偷懒心理显然对脱贫攻坚与乡村振兴的有效衔接形成了一定的阻力。这些脱贫户等靠要思想比较严重，无法激发自身的动力去克服各种困难，无法将自己融入到乡村文化振兴的滚滚洪流中。

二是没有动力响应后续帮扶政策，影响了脱贫攻坚与乡村振兴的有效衔接。在精准扶贫阶段，各级政府为精准帮扶制定了不少的帮扶政策，扶贫工作队认真执行国家政策，给予了贫困户众多的帮扶。特别是 2021 年中央一号文件确立了一个为期 5 年的后续帮扶过渡期。然而，笔者最担心的问题是，在后续帮扶过渡期内，尽管扶贫工作队会继续执行国家的后续帮扶政策，但可能会出现一部分脱贫户动力不足的问题。这种担心是不无道理的，因为从精准帮扶的实践历史来看，一部分脱贫户在脱贫之前，并不能有效响应国家的帮扶政策。比如说当时，有些贫困户钻帮扶政策的空子，把扶贫工作队配置给他们的猪崽、羊崽做恶性处理。这些事情是对有些贫困户没有动力响应帮扶政策的真实写照。在脱贫攻坚与乡村振兴的衔接期内，如果脱贫户的内生动力不足，很难保证这种曲解国家后续帮扶政策的做法不再发生。而这会对脱贫攻坚与乡村振兴的有效衔接形成一定的阻力。

二、农村脆弱群体需求表达受阻，阻碍了有效衔接的顺利推进

农村脆弱群体包括残疾人、失独老人、重大疾病患者等群体。这些群体的特征是收入没有保障、孤独感强、返贫风险较大。乡村振兴的目标之一是生活富裕、共同富裕。我们并不能指望所有人同步富裕，也并不指望所有人同样富裕。差距总是存在的，也是应该允许存在的。脱贫攻坚取得全面胜利后，绝对贫困虽然已经消除，但相对贫困仍然存在。在有效衔接过程中，在“后扶贫时代”，反贫困的主要目标是缓解相对贫困。而脆弱群体的相对贫困缓解必将面临更多的阻力，也更加具有紧迫性。

缓解脆弱群体的相对贫困，实现脱贫攻坚与乡村振兴有效衔接的阻力来自于他们的需求表达受阻。虽然我国在农村基本普及了社会保障制度，但这些制度并不能完全让这些群体的多元需求得以有效表达。应该肯定的一点是，在脱贫攻坚中，扶贫工作队采取了形式多样的帮扶措施，帮助脆弱群体脱贫。但不得不承认的一点是，帮扶干部对贫困户的多元需求重视不够，尤其是对脆弱群体的多元需求重视不够。脆弱群体的多元需求不能得以有效表达，其可能后果是，部分脆弱群体很难从生活窘迫中真正走出来，从而影响农村全民

① 张永．扶志贫困对象内生动力系统论［J］．系统科学学报，2021（2）．

富裕的步伐。

进一步追问，脆弱群体的多元需求表达为什么受阻呢？这里面牵涉到多元需求识别和帮扶资源适配性问题。什么是脆弱群体真正的需求？如何将真正的需求从需求集合中剥离出来，剔除掉虚幻需求？这是一个很复杂的问题，对于扶贫工作队来说，并不是一件很轻松的事情。至于资源适配性，那就可能更加棘手了。国家的扶贫资源很有限。即使能够将真实的需求识别出来，恐怕也很难进行资源的适配。在脱贫攻坚与乡村振兴有效衔接中，这两个方面的问题会仍然存在，甚至在一定程度上面临更大的阻力。为什么呢？这又牵涉到一个新的问题，一个脆弱群体的预期问题。众所众知，在整个脱贫攻坚过程中，政府花费了大量的扶贫资源进行脱贫攻坚。脆弱群体在此过程中得到的资源应该大大超过了以前的预期。而这种对资源的预期会随着国家乡村振兴战略的实施而得以强化。被强化的预期会使脆弱群体的多元需求蒙受一层更加扑朔迷离的面纱，从而导致脆弱群体的有效需求、合理需求更加难以识别。

三、土地撂荒严重，阻碍了有效衔接的顺利推进

在广大的农村地区，农村空心化现象很突出。与农村空心化相伴随的现象是，农村很多数量的土地被撂荒。在脱贫攻坚过程中，尽管各级政府通过产业扶贫的方式使部分被撂荒的土地得到了有效利用，但这种局面并没有得到实质性改观。农村土地撂荒的整体形势并没有根本性转变。

大数量土地被撂荒在很大程度上阻碍了乡村振兴战略的有效推进。因为乡村振兴的产业振兴和产业兴旺隐含的本义是农业现代化，而农业现代化需要农村土地得到高效率利用。在有效衔接阶段，要让众多撂荒的土地得到有效利用，肯定会遇到很多的阻力。其中一个重要的原因是，农民对于土地的生存依赖和功能依赖正在不断下降。中国农村土地流转面临的多重困境与农民对于土地的功能依赖与情感依恋紧密相关[①]。在以农耕为主要生活来源的旧社会，土地是农民生活的主要来源，甚至是唯一来源。而到了城市化快速发展的今天，城市化的推进将大量的农民纳入进城市生活圈。打工成为农村家庭主要的谋生方式，土地的功能价值已经发生了时代的变迁。当然，这既是历史的必然，也是时代的进步。问题在于，这些被撂荒的土地并没有通过合理的方式流转起来。当然，倒不是要这些打工的农民都回家去，重新拾起锄头，去耕种原来的一亩三分地。只是说，应该构建土地流转机制，培育更多的有现代化意识的新型农民，将土地利用起来。

但这似乎不是一件很轻松的事情。在有效衔接的当前阶段，农村科技水平的整体提升步伐依旧缓慢，人才的回流依旧力不从心。资本似乎不太青睐于农村地区。尽管国家用心良苦，正在努力通过各种制度式的或诱导性的方式，将城市资本、人才和科技成果引动到农村中去，但效果并不理想。城乡二元结构依旧突出，要实现乡村振兴，就必须破除城乡

① 程军.土地依存与土地流转困境的突破——一个新型理论分析框架［J］.云南社会科学，2020（6）.

二元结构。在有效衔接阶段，这个任务的顺利完成还面临各种艰难险阻。

第三节　脱贫攻坚与乡村振兴有效衔接过程中多维瞄准的主要机制

一、瞄准脱贫户内生动力，构建有效衔接的动力催生机制

治穷先治愚，扶贫先扶志。要实现脱贫攻坚与乡村振兴的有效衔接，保证乡村建设行动顺利推进，必须将思想的改造和文化的振兴当做基础工程来抓。基础不牢，地动山摇。思想观念是文化振兴的基础，更是乡村振兴的思想基础。先进的思想文化为脱贫攻坚与乡村振兴的有效衔接提供了思想土壤。对于这个问题，习近平总书记在1988年已经指出："弱鸟可望先飞，至贫可能先富，但能否实现'先飞''先富'，首先要看我们头脑里有无这种意识"[①]。由此可见，要实现物质上的富裕，先决条件就是要有致富的欲望和改变自身的意识和决心，而思想文化的改造和升华是实现思想解放、改变贫困人口落后观念的重要抓手和载体[②]。怎么才能以思想观念为突破口，以文化振兴为抓手，实现脱贫攻坚与乡村振兴的有效衔接?

第一，要充分发挥农村社会精英的先锋模范作用。社会精英是乡村振兴的重要参与主体，他们思想开阔、思路清晰、善于上进、勇于创新，富有鲜明的活力，具有深厚的影响力。在有效衔接过程中，基层干部要善于激发社会精英的综合影响力，让他们向周边的脱贫户辐射更多的正能量，提升脱贫户的思想境界，减少衔接过程中的各种思想阻力[③]。

第二，要充分发挥各种先进文化观念在有效衔接过程中的引领作用。观念是行动的先导和指南。先进的观念成为有效衔接实践工作的助推器，落后的观念成为绊脚石。要培养欠发达地区的劳动观念，让脱贫户领悟"劳动创造财富"的基本道理，摒弃等靠要的懒惰思想，使有效衔接奠定坚实的劳动观念基础。要培养欠发达地区的竞争观念，让脱贫户领悟到市场经济必定是优胜劣汰的道理，摒弃"无为"的落后思想，树立"爱拼才会赢"的先进思想，使乡村振兴奠定坚实的竞争观念基础。要培养欠发达地区的市场观念，让脱贫户领悟到"必须一切按市场规律办事"的道理，抛弃"一切都靠找关系"的生存观念，为有效衔接奠定坚实的市场经济基础。在各种先进观念的基础上，摈弃消极落后的各种因素，形成"脱贫光荣"的积极、健康、向上的农村社会风气和精神风貌[④]。

---

① 习近平．摆脱贫困［M］．福州：福建人民出版社，1992.

② 王卫兵，宋东皓．论精准扶贫的文化功能：价值体现与功能释放［J］．中共郑州市委党校学报，2017（3）.

③ 王卫兵，宋东皓．论精准扶贫的文化功能：价值体现与功能释放［J］．中共郑州市委党校学报，2017（3）.

④ 杜国明，张燕，于佳兴．东北地区精准扶贫工作中的难点与对策［J］．农业经济与管理，2018（1）.

第三，必须将贫困地区教育科技提升工作的重心放在存量提升上，不能在脱离存量的基础上进行教育科技增量的激进式推进。为了真正发挥教育科技在精准扶贫实践中的推进作用，避免各种不匹配的局面出现，必须摒弃目前的“重增量，轻存量”的思路，转变成“存量提升为主，增量提升为辅”的教育科技精准扶贫思路。怎么样实现这种思路的转变？主要做好以下几个方面的工作。

一是要夯实九年制义务教育的基础。九年制义务教育是我国的基本国策，可以为农村贫困地区农民素质的提升提供持久的动力。贫困地区的九年制义务教育在推行过程中遇到一个非常棘手的问题：农村师资力量薄弱。这就要求政府花大力气、动大手脚、弄强政策夯实贫困地区农村的师资力量。要鼓励外来人才传帮带：为贫困地区制定特定的优惠政策、建立人才引进机制，鼓励大中专毕业生到贫困地区工作或挂职①。

二是要加强农村教育、文化基础设施建设，注重从供给侧的角度夯实农村教育的基础设施。要大力发展贫困地区农村的文化教育基础设施，完善小学、中学、农村技校的设施设备；要采取实质性的措施做好贫困地区的图书馆和文化馆的修建工作，做到县城有图书馆、乡镇有文化站、村居有图书室，为广大的贫困群体提供学习现代科技的条件和平台②。

三是要充分发挥市场在农村新型农民教育培训中的基础作用。针对农村贫困地区农民对国家素质培育工程不积极响应的问题，政府应该抛弃以往的“赶鸭子上架”的做法，发挥市场在农民技能培训中的基础作用。可以通过各种平台向技能培训的需求者提供信息渠道，通过对农村致富带头人进行广泛宣传的方式激发科学知识潜在需求者的获取欲望，使潜在需求者从过去的“要我学习”向“我要学习”的方向转变。

四是要将贫困地区农村的教育网络化文化工程作为教育、文化增量改革的重要抓手。工欲善其事，必先利其器。精准扶贫之“工”要取得良好的“产出”，必须先利“农村的教育网络化文化工程”之“器”。“互联网 +”之风以不可逆转的势头席卷整个神州大地。贫困地区的脱贫和精准扶贫的开展离不开“互联网 +”的技术支持。然而，在广大的贫困地区，教育网络文化依然是短板中的短板。要想强化贫困户和精准扶贫手段之间的匹配度，必须实施贫困地区农村的教育网络化工程。一是要赋予该工程极高的战略地位，将教育文化网络化工程作为精准扶贫的大战略和大方针来抓。二是要实施贫困地区家家户户“一对一”“我 +N”的专门技能教育培训，瞄准地方主导产业、优势产业，推进职业教育供给侧结构性改革③。

二、瞄准脆弱群体的真实需求，构建有效衔接的需求表达机制

将脆弱群体的真实需求从需求集合中剥离出来，破解有效衔接阻力的关键是，要构建

① 陈晓莉．扶贫扶文化，治“本”除穷根［J］．理论月刊，2016（9）．

② 陈晓莉．扶贫扶文化，治“本”除穷根［J］．理论月刊，2016（9）．

③ 隋晓阳．2018 精准扶贫新方式［J］．财经界，2018（3）．

科学有效的需求表达机制。需求表达机制包括主体筛选机制、需求整合机制、需求识别机制与需求吸纳机制①。在有效衔接过程中，脆弱群体多元需求表达机制的构建，可以从以下四个方面入手。

第一，要构建需求主体筛选机制。随着脱贫攻坚的顺利完成，政府在有效衔接过程中会实施 5 年的后续帮扶。尽管在后续帮扶期内瞄准的方式会发生变化，实现从对象瞄准向整村瞄准的转变，但脆弱群体瞄准仍然是势在必行的。对这类脱贫群体的返贫监测仍然是后续帮扶的重要内容。因此，就是要对脆弱群体进行主体筛选，通过监测手段实现对弱势群体的动态筛选。

第二，要构建需求整合机制。要结合有效衔接阶段的时代特征，认真分析脆弱群体需求的多元性、分散性特征，从协同视角出发，对不同类型、不同层次和不同领域的需求进行协同整合。在整合过程中，要充分考虑到脆弱群体在有效衔接阶段中的需求差异性，将各类需求整合成需求集合。

第三，要构建需求识别机制。要在认真考虑后续帮扶资源约束的基础上，将整合的需求集合进行甄别，构建需求识别机制。在有效衔接阶段，由于各种帮扶资源数量有限，所以，必须结合乡村振兴的总体部署和阶段性目标，将脆弱群体的需求进行结构化分层和阶段性分级，分清楚轻重缓急，有序推进。

第四，要构建需求吸纳机制。对于识别出的合理、有效需求，要通过制度化和程序化的常规方式，让脆弱群体的合理有效需求能够落地生根，真正产生实效。在有效衔接过程中，脆弱群体的需求吸纳对衔接效果具有举足轻重的价值意蕴，所以，在需求吸纳中，必须把脆弱群体的需求作为第一层次的吸纳对象。

总之，脆弱群体的需求在有效衔接过程中具体特殊的价值意蕴，各级政府在需求表达机制构建过程中，应该将他们的需求表达机制构建作为优先工作任务。

三、瞄准土地流转市场，构建有效衔接的土地流转机制

传统小农经济结构趋于解体，农民与土地的关系渐行渐远②。目前，传统小农经济结构虽然仍然有一定的存在空间和逻辑必然性，但基于农民与土地关系渐行渐远的时代趋势，大规模化农业、现代农业也同样具有可预期性和必然性。有效衔接期是一个介于两种农业生产方式之间的“空档期”。因此，做好“空档期”内的衔接工作非常有必要。做好这些工作的出发点在于瞄准土地流转市场，构建有效衔接的土地流转机制。土地流转机制的构建，关键之处在于以下几点③。

① 陈水生．城市公共服务需求表达机制研究：一个分析框架［J］．复旦公共行政评论，2014（2）．

② 朱冬亮．农民与土地渐行渐远——土地流转与“三权分置”制度实践［J］．中国社会科学，2020（7）．

③ 刘汉成，关江华．适度规模经营背景下农村土地流转研究［J］．农业经济问题，2019（8）．

第一，要坚持土地流转市场化取向。未来我国农村土地流转制度发展方向必须市场化取向，尽量减少不必要的行政干预，充分发挥市场在土地资源配置中的决定性作用①。这一点对于有效衔接期更加重要。如果政府行政干预过多，则农户的土地差异化需求无法得到有效满足，土地使用效率无法得到提升，农户的收入可能无法得到保障，从而陷入到返贫陷阱中。通过市场化渠道，充分考虑到农户的差异性和意愿，以土地流转为跳板，将农户推送到市场化轨道，从而最终实现乡村产业振兴。

第二，要制定差异化的流转政策。在流转政策引导上，不能搞一刀切。要充分考虑农村土地流转的各种限制性因素，因人因地而异。对于有经营能力的农户，应该鼓励他们进行土地流入；对于没有风险意识，缺乏经营能力的农户，应该鼓励他们进行土地流出。确保在有效衔接期内，土地能够通过流进流出的方式得到高效利用，为乡村产业兴旺奠定良好的土地资源基础。

第三，要探索多种形式的土地经营方式。土地经营方式多种多样，包括经营权流转、土地入股、土地托管等方式。每种方式各有自己的特色和适应空间。在脱贫攻坚阶段，这些方式都积累了良好的实践经验。在有效衔接期内，要对每种经营方式的要领进行归纳总结和实践推广，在充分尊重农民意愿和市场规律的基础上，分类推进。

---

① 刘汉成，关江华．适度规模经营背景下农村土地流转研究［J］．农业经济问题，2019（8）．

附录1　精准扶贫多维瞄准绩效调查表

问卷编号：（　　　）县（　　　）村（　　　）号

尊敬的农民兄弟（或扶贫干部），您好！我们是精准扶贫多维瞄准绩效评价课题组，想向您了解一下贫困和扶贫的基本信息。我们的调查是匿名调查，不会对你带来任何不利的影响。请您根据本人或本村的情况如实回答，谢谢您的配合！

一、调查对象基本情况

（一）农户回答的问题

1．您的性别是？

（1）男；（2）女

2．您是否是贫困建档立卡户？

（1）是；（2）否

3．您的家庭一共有______人？

（1）1～3人；（2）4～6人；（3）7人及以上

4．您或者您家庭的主要年龄结构是？

（1）30岁以下为主；（2）30～49岁占主体；（3）50岁及以上占主体

5．您家庭中或者您的最高学历是？

（1）初中及以下；（2）高中或中专；（3）大专及以上

6．您家庭收入的主要来源是？

（1）以种植、养殖等农业为主；（2）以经商、务工等为主；（3）以社会救助为主

7．您的致贫原因是？

（1）因病；（2）因学；（3）劳动力缺乏；（4）其他原因

8．您认为自己在村民中的人际关系怎么样？

（1）不太好；（2）一般般；（3）还可以

9．访问的方式。

（1）明访；（2）暗访

（二）扶贫干部回答的问题

1．您的性别是？

（1）男；（2）女

2．您的年龄是？

（1）30岁以下；（2）30～49岁；（3）50岁及以上

3．您的干部属性是？

（1）乡镇或村干部；（2）扶贫工作队干部；（3）单位委派结对帮扶干部

4．您的文化程度是？

（1）初中及以下；（2）高中或中专；（3）大专及以上

5．您来参加扶贫工作，是您自己主动报名要求来的吗？

（1）是；（2）否

二、贫困村基本情况

1．您所在的村大概有多少人？

（1）1500 人以下；（2）1500 人以上

2．您所在的村大概有多少个扶贫干部？

（1）30 人以下；（2）30 ～ 49 人；（3）50 人以上

3．本村核心扶贫干部年龄结构？

（1）30 岁以下为主；（2）30 ～ 45 岁为主；（3）45 岁以上为主

4．本村的地理位置如何？

（1）偏僻；（2）一般般；（3）便利

三、精准扶贫瞄准绩效的相关问题

（一）精准识别绩效的相关问题

1．“您觉得您所在的村中贫困户评选的结果与真实情况相吻合的程度如何？”吻合度______

（1）很低；（2）较低；（3）一般；（4）较高；（5）很高

2．“您认为本村扶贫干部执行贫困户确定标准的力度如何？”执行力______

（1）很差；（2）较差；（3）一般；（4）较好；（5）很好

3．“您认为本村的扶贫干部当初在评定贫困户的时候，有没有真正采取有效的行为了解农户的基本情况？”了解的程度______

（1）很差；（2）较差；（3）一般；（4）较好；（5）很好

4．“您认为本村的扶贫干部当初在评定贫困户的时候，有没有体现出广泛的群众参与性？”参与度______

（1）很低；（2）较低；（3）一般；（4）较高；（5）很高

5．“您对本村贫困户评定的结果满意程度如何？”满意度______

（1）很低；（2）较低；（3）一般；（4）较高；（5）很高

（二）精准帮扶绩效的相关问题

1．“您认为本村制定的帮扶计划是不是完整？”完整性______

（1）很低；（2）较低；（3）一般；（4）较高；（5）很高

2．“您认为本村的扶贫干部在人力上有没有足够的力度为本村的帮扶工作提供保障？”帮扶人员配置力度______

（1）很弱；（2）较弱；（3）一般；（4）较强；（5）很强

3．“您认为本村中扶贫干部采取的帮扶方式可持续性如何？”可持续性______

（1）很低；（2）较低；（3）一般；（4）较高；（5）很高

4、“您认为本村帮扶产业的就业和收入带动力如何？”带动力______

（1）很小；（2）较小；（3）一般；（4）较大；（5）很大

5．“您认为本村扶贫干部给农户提供的帮扶资源能不能和农户的情况进行有效的匹配？”匹配度______

（1）很低；（2）较低；（3）一般；（4）较高；（5）很高

（三）精准管理绩效的相关问题

1．“您认为本村制定的关于扶贫机构管理的制度文件是不是很明确？”明确度______

（1）很低；（2）较低；（3）一般；（4）较高；（5）很高

2．“您认为本村制定的扶贫目标可不可以实现？”可实现性______

（1）很小；（2）较小；（3）一般；（4）较大；（5）很大

3．“您认为本村扶贫信息与全村基本情况吻合度如何？”吻合度______

（1）很低；（2）较低；（3）一般；（4）较高；（5）很高

4．“您认为本村扶贫资金的公开程度如何？”公开程度______

（1）很低；（2）较低；（3）一般；（4）较高；（5）很高

5．“您认为扶贫干部实施的一系列扶贫项目给能不能够有效地满足你生活的需要？”需求满足率______

（1）很低；（2）较低；（3）一般；（4）较高；（5）很高

（四）精准考核绩效的相关问题

1．“您所在的村中农户有没有参与到对扶贫干部工作的考核中去？”参与度______

（1）很小；（2）较小；（3）一般；（4）较大；（5）很大

2．“您认为本村对扶贫干部进行考核的指标的多样性程度如何？”多样性______

（1）很低；（2）较低；（3）一般；（4）较高；（5）很高

3．“您村在对扶贫干部进行业绩考核的时候，所依据的具体数据真实性如何？”真实性______

（1）很低；（2）较低；（3）一般；（4）较高；（5）很高

4．“您村在对扶贫干部进行业绩考核的时候，所采取的程序公正度如何？”公正度______

（1）很低；（2）较低；（3）一般；（4）较高；（5）很高

5．“您认为扶贫干部的考核结论与他们的升迁、工资等有没有关联度？”关联度______

（1）很低；（2）较低；（3）一般；（4）较高；（5）很高

附录2 调查原始数据

对象类型	编号	U_{11}	U_{12}	U_{13}	U_{14}	U_{15}	U_{21}	U_{22}	U_{23}	U_{24}	U_{25}	U_{31}	U_{32}	U_{33}	U_{34}	U_{35}	U_{41}	U_{42}	U_{43}	U_{44}	U_{45}
P	1	5	4	4	4	5	3	3	2	5	3	1	2	2	3	3	2	2	3	1	3
P	2	5	5	3	5	4	3	2	3	4	4	4	2	5	2	2	2	4	4	3	4
P	3	5	5	4	5	5	2	4	2	3	3	3	2	4	3	3	2	2	5	4	3
P	4	5	5	5	5	5	3	3	2	4	4	3	4	5	3	3	2	2	4	4	4
P	5	5	5	5	5	4	3	4	4	5	4	3	3	5	4	2	2	2	4	4	4
P	6	5	4	5	4	5	3	4	2	4	3	4	3	4	3	3	2	1	4	4	4
P	7	5	4	4	5	5	2	3	2	5	3	3	3	4	3	2	3	1	4	3	4
P	8	4	4	4	4	4	3	1	2	3	3	4	4	4	3	2	1	2	2	4	5
P	9	5	4	4	4	5	3	4	2	4	3	2	2	5	2	2	4	1	4	4	4
P	10	5	4	5	4	5	3	2	2	3	3	4	2	5	3	2	2	2	3	3	5
P	11	5	3	4	3	4	3	3	2	4	3	4	1	4	4	2	2	2	3	2	4
P	12	5	3	3	4	5	3	3	2	3	3	3	2	5	1	2	4	3	2	3	4
P	13	4	3	5	3	5	2	3	1	4	3	4	2	4	3	2	1	2	3	3	4
P	14	5	4	4	4	4	3	3	2	4	3	4	2	5	3	2	2	1	3	3	4
P	15	4	4	5	3	5	3	3	2	2	2	3	2	4	3	2	1	2	2	3	4
P	16	5	4	5	2	5	2	3	2	4	3	5	2	3	3	5	1	2	3	4	5
P	17	5	5	4	3	5	3	3	1	4	3	3	2	4	4	2	2	1	3	3	3
P	18	5	4	4	4	4	2	1	2	4	3	3	2	4	3	4	2	2	3	2	5
P	19	4	5	4	4	5	2	3	2	3	3	2	2	3	1	2	2	1	3	3	4
P	20	5	4	3	4	5	2	3	2	4	3	3	2	4	3	2	2	2	3	3	5
P	21	5	4	4	4	4	2	3	2	2	3	3	2	4	3	3	4	1	3	3	5
P	22	5	3	4	4	5	2	2	2	4	3	3	1	4	3	2	1	1	3	3	4
P	23	5	3	4	3	4	2	3	1	3	2	2	1	4	4	2	1	1	3	3	3
P	24	5	3	3	4	5	2	2	1	4	2	2	2	4	3	2	1	2	3	2	4
P	25	4	3	3	4	5	1	2	1	3	3	2	1	3	3	5	1	1	2	3	4
P	26	5	1	4	2	5	2	2	1	3	3	1	1	3	3	1	1	1	3	2	4
P	27	5	2	2	1	4	4	3	4	1	1	1	3	2	2	3	1	1	4	1	4
P	28	5	4	3	3	4	3	3	3	4	3	4	2	5	3	2	2	2	4	3	4
P	29	2	4	4	4	5	1	1	1	5	5	3	4	5	3	2	1	2	2	2	5
P	30	5	4	4	4	5	3	4	2	5	5	1	3	5	3	2	3	2	3	1	4
P	31	4	2	1	2	2	2	3	4	2	2	5	1	1	3	2	1	1	3	2	4
P	32	5	3	1	4	4	3	3	2	5	3	4	4	5	3	2	4	2	3	4	4
P	33	3	2	2	2	4	1	2	2	2	2	1	1	3	2	1	1	1	2	3	4
P	34	5	2	4	5	4	2	5	1	3	2	3	1	3	3	4	1	1	5	3	4
P	35	4	3	2	3	5	2	3	1	4	2	4	1	4	2	3	1	3	3	4	4
P	36	5	4	4	4	5	3	4	5	5	4	2	2	5	3	1	1	1	4	2	4
P	37	5	4	3	2	5	3	1	1	4	1	4	1	5	3	2	1	2	3	1	4

续表

对象类型	编号	U_{11}	U_{12}	U_{13}	U_{14}	U_{15}	U_{21}	U_{22}	U_{23}	U_{24}	U_{25}	U_{31}	U_{32}	U_{33}	U_{34}	U_{35}	U_{41}	U_{42}	U_{43}	U_{44}	U_{45}
P	38	5	3	4	4	5	3	2	1	2	3	4	2	3	4	2	2	1	3	3	5
P	39	5	4	4	5	5	3	3	2	4	3	5	2	3	3	3	2	2	4	4	5
P	40	4	2	4	5	5	1	2	1	1	1	3	3	3	1	2	2	3	3	3	3
P	41	2	3	5	3	4	2	3	1	4	2	1	1	4	3	1	1	2	4	5	4
P	42	5	4	5	3	2	2	1	3	2	2	5	1	4	3	3	1	1	4	4	5
P	43	5	1	4	4	5	3	3	2	4	4	4	2	5	3	2	1	2	5	3	4
P	44	5	4	3	4	5	3	1	2	4	2	4	2	4	3	1	3	1	2	3	4
P	45	5	3	4	5	5	2	3	1	3	2	3	1	5	3	5	4	3	3	3	4
P	46	4	4	3	3	4	2	3	2	4	3	1	2	4	1	2	1	2	5	2	4
P	47	5	2	4	1	5	1	2	5	1	2	5	3	1	3	1	1	1	3	3	5
P	48	5	5	5	5	5	4	5	3	5	5	4	2	1	3	2	2	2	5	3	4
P	49	4	4	5	5	5	3	4	4	5	5	3	1	5	2	1	1	2	3	2	5
P	50	5	5	5	5	5	3	3	4	4	4	4	5	5	3	3	2	1	4	4	4
P	51	5	5	5	4	5	5	5	3	5	4	5	2	5	3	2	3	3	4	5	4
P	52	5	5	5	5	5	4	2	2	4	4	4	3	2	3	5	1	4	4	4	4
P	53	5	5	4	4	5	2	4	4	5	5	2	4	4	3	2	1	1	3	1	5
P	54	4	4	5	5	5	2	1	3	4	3	5	2	4	5	2	4	2	4	3	3
P	55	5	4	4	4	5	3	3	2	4	3	4	3	5	3	2	3	2	4	4	5
P	56	5	4	3	5	5	3	4	2	4	3	2	2	4	3	2	2	2	3	3	3
P	57	4	4	4	4	4	2	4	2	4	3	4	2	4	2	2	2	2	3	3	4
P	58	5	4	3	4	5	3	2	2	3	4	4	1	5	3	4	2	3	3	4	5
P	59	4	4	5	4	5	4	4	2	3	3	3	5	3	3	2	1	2	3	3	4
P	60	5	5	4	4	5	3	3	2	3	3	4	2	4	3	2	2	2	4	3	4
P	61	4	5	4	5	4	2	5	2	4	3	4	2	3	3	2	4	2	2	4	5
P	62	4	5	5	4	5	2	2	2	4	3	3	2	5	2	2	2	2	3	3	4
P	63	5	5	5	4	4	3	3	2	3	3	4	2	5	4	2	2	1	4	3	4
P	64	5	4	5	4	5	3	4	2	4	4	4	2	4	3	3	2	2	5	3	5
P	65	4	5	5	4	5	3	4	2	4	3	3	2	5	2	3	2	2	5	4	5
P	66	4	5	4	4	5	3	3	2	4	2	4	2	4	3	3	1	1	3	3	4
P	67	5	4	4	3	5	2	1	1	3	2	4	1	4	2	1	1	2	3	1	5
P	68	5	3	3	4	4	2	4	1	3	3	3	2	4	3	1	1	1	2	3	3
P	69	5	4	2	3	5	5	3	1	3	1	1	1	3	3	2	1	1	1	3	4
P	70	5	4	4	4	5	1	3	5	4	3	3	1	5	4	4	1	2	2	2	5
P	71	5	4	3	4	5	2	3	1	4	2	4	2	4	3	2	3	3	3	3	5
P	72	5	3	2	3	5	2	1	5	5	5	1	1	1	3	2	1	1	3	3	3
P	73	2	4	4	3	5	3	3	2	2	3	2	2	5	3	1	1	2	3	3	4
P	74	5	5	3	4	5	1	5	4	2	4	2	2	3	3	2	1	2	5	3	5

续表

对象类型	编号	U_{11}	U_{12}	U_{13}	U_{14}	U_{15}	U_{21}	U_{22}	U_{23}	U_{24}	U_{25}	U_{31}	U_{32}	U_{33}	U_{34}	U_{35}	U_{41}	U_{42}	U_{43}	U_{44}	U_{45}
P	75	5	4	3	4	5	2	4	3	2	2	5	1	5	3	3	4	3	3	2	4
P	76	5	4	3	2	5	2	3	1	4	3	3	4	4	3	2	4	4	5	3	4
P	77	3	4	2	3	5	1	3	5	4	1	4	1	1	5	5	1	1	3	2	5
P	78	5	5	5	4	5	2	5	4	3	2	2	3	4	3	2	1	1	4	3	5
P	79	3	2	4	5	5	4	2	1	4	2	3	4	5	5	5	1	1	4	5	4
P	80	3	3	1	2	5	1	3	1	5	5	3	1	4	4	3	3	3	2	4	5
P	81	4	5	5	5	5	3	4	5	2	1	3	3	5	3	1	4	1	5	2	4
P	82	5	4	4	3	5	2	2	1	5	4	5	2	5	3	2	1	2	3	4	5
P	83	5	1	2	5	5	5	1	4	1	2	2	1	3	3	1	1	1	4	1	4
P	84	5	4	5	5	5	3	4	3	4	5	4	1	5	2	5	3	2	3	2	3
P	85	5	3	4	2	5	2	1	1	4	1	5	4	4	3	3	4	1	4	4	4
P	86	5	4	5	4	5	2	2	2	5	3	2	1	5	4	3	2	2	4	5	5
P	87	5	4	1	5	5	4	3	2	4	2	4	2	4	3	1	1	3	2	3	4
P	88	4	4	5	3	4	3	5	2	3	4	3	4	5	3	4	2	2	4	4	2
P	89	5	4	4	3	5	3	1	4	4	3	5	3	5	5	3	3	4	5	2	5
P	90	5	4	5	4	5	2	3	1	2	5	4	2	4	2	2	1	1	4	4	5
P	91	5	5	3	4	5	3	5	2	4	3	1	2	5	3	2	3	1	3	3	4
P	92	5	2	5	2	5	3	2	2	3	2	4	2	5	3	4	2	2	4	3	4
P	93	5	4	5	5	5	3	3	2	4	3	4	2	5	3	3	1	4	4	4	4
P	94	5	1	5	5	5	3	5	2	4	5	4	1	4	3	3	3	2	3	3	5
P	95	5	4	4	4	5	1	4	2	5	4	2	1	3	2	1	1	1	3	2	4
P	96	5	4	5	4	5	5	5	5	5	4	3	1	4	3	2	2	1	2	3	4
P	97	5	5	5	5	5	4	5	1	3	5	4	2	3	3	1	1	1	4	3	4
P	98	5	5	5	4	5	3	5	1	4	5	2	3	1	2	2	1	1	1	2	4
P	99	5	5	5	5	5	3	1	4	5	3	4	1	3	3	2	1	2	3	2	4
P	100	5	5	5	5	5	4	4	2	4	4	5	2	4	3	3	4	3	2	4	3
P	101	4	5	4	4	5	3	3	1	3	1	4	1	3	4	1	1	1	3	1	5
P	102	5	4	5	5	5	5	1	2	4	3	3	1	5	2	1	3	2	4	3	4
P	103	3	3	3	3	3	3	3	3	3	3	4	2	1	3	3	2	2	5	4	4
P	104	5	5	5	5	5	4	2	1	5	5	1	3	4	2	1	1	3	2	2	4
P	105	4	4	4	4	3	3	4	4	4	4	3	2	4	3	3	2	1	3	1	5
P	106	5	5	5	5	5	4	3	3	4	3	3	2	5	3	3	2	2	4	1	3
P	107	4	4	4	4	4	4	4	4	4	4	4	2	3	4	4	2	1	3	4	5
P	108	5	5	5	4	5	3	3	2	4	3	4	2	5	3	2	4	3	4	3	4
P	109	3	3	3	3	3	3	1	3	1	1	1	2	2	2	2	3	1	3	2	4
P	110	5	5	5	5	5	5	3	2	5	5	4	4	5	3	3	1	2	3	4	5
P	111	4	4	4	4	2	4	3	4	4	4	4	3	3	3	2	2	1	3	3	2

续表

对象类型	编号	U_{11}	U_{12}	U_{13}	U_{14}	U_{15}	U_{21}	U_{22}	U_{23}	U_{24}	U_{25}	U_{31}	U_{32}	U_{33}	U_{34}	U_{35}	U_{41}	U_{42}	U_{43}	U_{44}	U_{45}
P	112	5	5	5	4	5	3	3	2	4	4	3	2	5	3	3	2	2	4	1	4
P	113	5	5	5	5	5	4	2	2	4	3	4	2	2	3	2	3	1	3	3	4
P	114	5	5	5	5	5	5	5	2	4	4	4	3	5	5	2	4	2	4	3	5
P	115	5	5	5	4	5	4	4	2	4	3	4	1	4	3	4	2	2	3	3	5
P	116	5	5	5	4	5	4	3	2	5	3	4	4	5	4	3	2	4	4	4	4
P	117	4	4	4	4	4	4	4	4	4	4	4	2	4	3	3	4	2	4	2	5
P	118	5	5	5	5	5	4	3	2	4	5	3	3	5	3	5	3	3	5	2	1
P	119	2	2	4	4	2	2	2	2	2	2	4	2	5	3	2	2	2	4	3	5
P	120	5	5	5	5	5	4	4	2	5	3	5	2	4	4	2	3	2	3	4	4
P	121	4	2	1	2	2	2	3	1	1	4	2	1	4	3	1	1	1	2	1	4
P	122	5	3	4	1	5	3	1	1	4	1	1	1	3	3	3	1	1	4	4	4
P	123	4	2	3	3	2	1	1	2	1	2	2	1	5	3	2	3	3	3	3	1
P	124	5	1	1	4	4	3	4	2	4	3	4	3	5	3	3	2	2	4	3	5
P	125	5	4	3	5	5	1	1	5	3	2	3	1	5	3	1	3	1	1	2	4
P	126	5	3	4	3	5	2	3	1	4	2	4	1	4	3	1	4	1	2	3	4
P	127	3	2	5	3	4	2	3	4	5	1	4	1	4	3	2	1	1	2	3	4
P	128	2	1	1	1	5	3	3	2	5	3	4	2	5	5	2	4	2	5	4	3
P	129	5	2	3	4	4	3	3	2	2	1	3	2	3	3	1	1	1	3	3	5
P	130	4	2	2	2	4	2	3	2	1	2	2	1	5	2	2	1	1	2	4	1
P	131	5	4	3	4	5	2	4	1	4	2	2	3	4	2	3	1	1	3	4	4
P	132	4	2	5	3	5	3	5	1	4	3	1	1	2	3	1	1	2	4	3	5
P	133	5	2	4	2	4	1	3	5	4	2	1	1	4	3	2	2	1	2	2	4
P	134	2	4	4	4	5	1	3	2	5	5	4	2	5	3	4	3	2	3	2	3
P	135	5	2	2	3	5	3	1	1	2	2	2	3	4	1	3	2	3	1	3	4
P	136	5	2	5	2	4	1	2	1	1	4	5	1	5	3	1	1	1	4	2	5
P	137	2	3	5	4	5	1	4	1	3	3	4	1	4	3	2	1	1	4	2	4
P	138	5	2	4	5	5	4	3	3	4	1	3	2	4	2	1	3	3	2	3	4
P	139	2	4	4	5	5	3	4	2	4	3	4	3	3	3	3	1	3	4	3	4
P	140	5	1	3	4	3	4	3	3	4	2	3	2	5	2	1	1	1	2	4	5
P	141	5	2	4	3	1	2	1	1	2	5	4	1	1	3	1	1	1	1	4	4
P	142	5	3	3	3	5	2	3	1	3	1	3	1	5	3	1	1	1	3	3	4
P	143	5	5	4	4	4	3	3	2	4	4	4	2	5	3	2	2	2	4	3	1
P	144	4	2	4	1	4	1	5	2	4	5	1	2	5	3	2	1	1	3	3	4
P	145	5	2	3	3	5	1	2	4	1	2	1	3	4	2	2	1	1	2	2	4
P	146	4	3	4	5	5	2	2	1	1	5	1	2	3	3	3	1	2	2	1	4
P	147	5	4	4	2	5	2	3	2	4	3	4	1	4	3	3	1	3	3	3	4
P	148	5	3	3	3	5	1	2	1	3	2	3	1	4	2	1	1	2	2	2	4

续表

对象类型	编号	U_{11}	U_{12}	U_{13}	U_{14}	U_{15}	U_{21}	U_{22}	U_{23}	U_{24}	U_{25}	U_{31}	U_{32}	U_{33}	U_{34}	U_{35}	U_{41}	U_{42}	U_{43}	U_{44}	U_{45}
P	149	5	2	5	3	3	1	1	1	1	3	5	1	3	2	4	1	1	3	2	5
P	150	5	3	5	4	5	2	1	1	3	2	3	1	4	3	1	1	1	2	3	2
P	151	4	3	4	4	3	2	3	1	2	1	3	1	4	1	5	1	1	3	3	4
P	152	5	2	5	4	5	1	2	2	3	2	2	1	4	3	1	1	1	2	2	4
P	153	3	4	5	4	5	3	1	1	3	2	1	4	4	3	1	1	1	2	2	5
P	154	5	2	3	4	5	1	2	1	3	2	3	1	4	2	1	1	2	4	2	4
P	155	4	4	3	3	5	2	2	2	2	3	3	1	4	2	5	1	1	1	2	2
P	156	5	4	3	3	5	2	3	1	3	2	2	2	3	4	4	2	1	3	4	4
P	157	5	3	3	2	5	2	1	1	3	3	3	1	2	1	1	1	3	1	2	4
P	158	4	4	4	4	3	2	2	1	2	3	3	4	4	2	2	1	1	2	2	3
P	159	4	2	4	3	5	1	2	1	4	2	1	1	4	3	1	1	1	2	2	4
P	160	4	3	2	3	5	2	3	2	2	1	1	2	4	3	1	4	1	4	3	4
P	161	5	2	3	3	3	1	1	1	2	1	3	1	4	2	1	1	1	2	2	4
P	162	4	4	4	3	5	1	3	1	4	2	1	2	3	2	1	1	1	2	1	4
P	163	5	3	4	3	5	2	3	1	4	3	3	1	4	3	2	3	1	3	3	4
P	164	4	4	4	3	4	2	3	1	3	3	3	2	4	3	2	1	3	3	3	4
P	165	5	3	4	3	5	2	3	1	3	3	3	1	4	3	2	1	1	3	3	4
P	166	5	4	3	5	5	3	3	2	4	3	3	5	5	3	2	1	2	2	3	3
P	167	5	4	4	4	4	3	3	2	4	3	4	2	3	2	2	3	2	4	3	5
P	168	5	5	3	4	5	3	3	2	2	3	4	2	3	3	2	2	2	4	2	4
P	169	4	3	4	5	5	3	3	2	4	3	2	2	5	3	2	1	2	3	3	4
P	170	5	3	4	4	5	3	3	2	4	3	4	2	2	2	2	2	2	4	5	4
P	171	4	2	5	5	5	2	3	1	3	2	2	1	4	2	1	2	1	2	3	4
P	172	5	4	3	3	5	2	2	1	3	3	3	1	4	3	3	1	1	4	3	3
P	173	5	3	3	4	5	2	1	1	2	2	3	1	3	2	1	3	2	3	2	5
P	174	5	3	5	3	5	3	3	2	2	2	1	2	5	3	2	1	1	2	3	4
P	175	5	2	2	5	3	3	5	1	2	5	1	1	3	3	1	1	2	4	3	4
P	176	2	2	5	3	5	1	4	3	3	4	1	1	4	4	1	1	1	1	3	4
P	177	4	2	4	3	2	1	2	1	4	3	2	1	2	3	1	2	1	3	2	3
P	178	5	5	3	4	5	3	3	3	2	1	4	2	5	3	1	1	1	2	2	4
P	179	2	3	5	5	5	3	2	2	4	3	3	1	4	2	3	1	1	4	3	5
P	180	5	2	4	4	4	3	5	2	4	3	4	2	4	3	2	2	2	3	3	4
P	181	5	3	5	4	5	2	2	4	4	2	3	2	4	1	4	1	1	4	4	4
P	182	5	2	3	4	5	2	3	1	3	1	4	1	3	2	1	2	1	3	2	4
P	183	5	5	4	4	5	2	4	2	3	2	1	1	4	3	1	2	2	2	4	4
P	184	5	2	2	3	4	1	3	1	1	1	4	3	5	3	1	1	1	2	2	2
P	185	5	3	5	5	4	3	1	1	2	3	1	1	3	2	1	3	2	1	1	5

续表

对象类型	编号	U_{11}	U_{12}	U_{13}	U_{14}	U_{15}	U_{21}	U_{22}	U_{23}	U_{24}	U_{25}	U_{31}	U_{32}	U_{33}	U_{34}	U_{35}	U_{41}	U_{42}	U_{43}	U_{44}	U_{45}
P	186	5	5	4	4	5	3	3	2	4	3	4	3	5	3	2	3	2	4	3	5
P	187	5	3	3	3	5	3	3	2	4	2	1	3	4	3	1	1	1	3	2	5
P	188	4	4	4	4	5	3	3	2	4	2	4	1	5	3	3	2	1	4	4	4
P	189	5	4	3	5	4	3	1	1	5	4	4	3	5	3	3	1	1	5	2	5
P	190	5	2	5	5	4	3	3	2	5	4	4	2	5	3	3	2	2	3	4	2
P	191	5	4	4	3	5	2	1	1	3	2	3	1	5	2	2	4	1	3	3	4
P	192	5	3	3	4	5	1	2	1	3	4	2	2	4	3	2	1	1	3	2	3
P	193	5	5	5	5	5	3	4	1	4	4	4	3	5	2	1	3	2	4	2	5
P	194	3	2	4	4	5	3	3	2	4	2	4	2	4	3	1	1	1	2	2	5
P	195	5	5	4	5	5	3	4	2	4	3	5	1	5	3	3	2	3	4	2	5
P	196	5	3	3	5	5	1	1	1	4	2	2	1	4	4	4	1	1	2	3	5
P	197	5	3	3	4	5	2	2	1	3	3	5	2	4	2	1	1	2	2	2	1
P	198	5	4	3	2	5	1	2	1	2	2	2	1	4	1	5	1	1	1	2	4
P	199	5	5	3	3	1	2	2	1	2	3	2	1	4	3	1	2	1	3	3	4
P	200	5	3	3	3	5	1	1	1	3	1	3	1	4	2	1	1	1	3	2	2
P	201	4	3	4	4	5	2	2	1	2	2	2	3	3	2	1	1	1	2	2	4
P	202	5	3	2	3	5	1	2	1	2	2	4	1	4	3	5	2	2	4	3	5
P	203	3	3	5	4	4	2	3	1	2	3	2	1	4	2	3	1	1	2	3	4
P	204	5	2	3	2	5	1	3	1	4	1	2	1	3	3	1	1	1	3	2	3
P	205	5	4	3	3	5	2	1	3	3	1	2	1	4	3	1	1	1	1	3	4
P	206	3	4	2	5	5	1	2	1	3	3	3	2	4	3	2	2	1	2	3	3
P	207	1	3	4	4	5	3	3	1	3	3	3	1	4	3	1	1	1	3	3	2
P	208	5	3	3	3	5	2	1	1	3	1	3	1	4	2	1	1	1	2	1	4
P	209	3	4	4	3	5	2	3	1	3	3	1	1	3	3	1	2	1	4	3	4
P	210	4	2	4	4	5	1	3	1	4	1	2	1	2	3	4	1	3	2	3	4
P	211	5	3	3	3	5	1	2	1	1	3	3	1	3	1	1	1	1	2	3	4
P	212	4	3	1	3	5	2	2	1	1	1	1	1	1	3	2	1	1	3	4	2
P	213	5	3	3	3	1	2	2	2	3	2	2	2	4	3	1	1	2	3	1	1
P	214	2	3	4	2	5	2	3	1	1	1	3	2	3	2	1	1	1	3	3	5
P	215	4	2	5	4	5	1	1	1	2	3	1	1	2	2	2	1	2	2	2	3
P	216	5	3	3	3	2	2	3	2	1	2	1	1	3	2	1	1	1	1	1	3
P	217	3	4	2	3	5	1	2	1	3	3	3	1	3	3	3	1	1	5	3	3
P	218	5	4	5	5	5	3	1	3	5	4	5	2	4	2	5	3	2	4	4	3
P	219	5	5	5	4	4	3	3	2	4	3	4	4	5	3	2	1	2	3	3	5
P	220	5	4	5	4	5	3	4	2	3	2	4	2	2	4	4	2	1	5	3	4
P	221	5	3	4	3	5	3	3	2	4	3	2	2	3	3	3	2	2	5	3	4
P	222	5	3	5	4	5	3	3	2	4	3	4	3	4	3	2	2	1	3	3	4

续表

对象类型	编号	U_{11}	U_{12}	U_{13}	U_{14}	U_{15}	U_{21}	U_{22}	U_{23}	U_{24}	U_{25}	U_{31}	U_{32}	U_{33}	U_{34}	U_{35}	U_{41}	U_{42}	U_{43}	U_{44}	U_{45}
P	223	5	3	3	3	5	3	2	2	4	3	3	1	5	3	2	4	1	5	5	4
P	224	5	5	3	3	4	1	5	1	3	1	2	1	3	3	1	3	1	2	2	2
P	225	5	2	3	4	4	2	1	1	1	2	2	1	3	3	2	1	1	3	3	4
P	226	5	2	4	4	5	4	1	1	5	3	4	2	1	4	1	1	2	2	3	4
P	227	4	1	1	1	5	3	3	2	4	3	1	4	1	1	2	1	2	5	1	4
P	228	4	1	4	3	5	1	3	1	4	1	1	1	4	3	3	1	1	2	3	5
P	229	4	2	5	5	5	2	3	2	4	2	1	1	4	3	2	1	1	2	2	5
P	230	5	2	3	3	4	4	1	1	2	1	3	1	1	5	1	1	1	4	2	4
P	231	5	4	2	4	5	3	1	1	2	2	3	3	4	3	4	1	1	3	3	4
P	232	5	2	1	3	4	3	3	1	2	3	3	2	5	3	3	1	2	4	3	3
P	233	5	3	5	5	5	2	3	5	5	2	1	1	4	1	3	3	1	2	4	4
P	234	5	2	4	3	4	2	3	2	3	1	4	4	5	3	2	1	1	4	3	2
P	235	5	3	4	5	5	1	4	2	5	2	4	1	3	2	1	1	1	1	2	4
P	236	5	1	2	3	4	2	1	1	3	1	1	1	1	3	1	1	1	3	1	2
P	237	5	2	4	1	3	3	2	1	3	1	1	4	3	3	1	1	1	3	4	4
P	238	5	4	3	5	5	2	3	2	4	3	4	1	4	3	2	2	2	2	1	4
P	239	5	1	3	1	5	3	1	1	4	2	2	2	2	1	1	2	1	3	2	4
P	240	4	5	4	1	5	1	1	2	5	1	4	2	5	3	2	2	1	3	4	1
P	241	5	1	5	4	5	3	2	1	1	2	2	3	5	2	2	1	1	2	3	4
P	242	5	4	4	4	5	1	3	5	1	1	4	1	4	3	1	1	1	3	1	5
P	243	4	4	4	5	4	3	2	4	4	4	2	2	5	3	3	3	3	4	4	4
P	244	5	4	5	5	4	4	5	3	5	4	3	4	3	3	2	2	2	4	3	4
P	245	4	4	4	4	5	2	3	1	3	2	3	1	4	3	2	1	1	3	3	3
P	246	5	4	3	4	5	4	2	2	4	3	2	1	3	3	2	4	2	4	3	5
P	247	3	3	5	4	4	2	3	1	4	3	3	1	4	3	1	1	2	3	2	4
P	248	5	5	3	4	5	2	3	1	3	3	3	1	4	3	2	1	1	3	3	4
P	249	4	5	4	4	5	2	3	1	3	3	3	1	4	3	2	1	2	3	3	4
P	250	5	4	2	3	5	2	3	1	3	3	3	2	3	1	2	1	1	3	4	4
P	251	4	4	4	4	4	2	3	2	4	2	4	1	4	3	3	2	1	3	3	4
P	252	5	3	4	3	5	2	2	1	1	3	3	1	4	3	2	1	1	3	3	4
P	253	5	2	3	5	5	2	2	1	3	3	3	2	4	2	5	4	1	2	3	5
P	254	3	4	5	4	5	1	2	1	2	3	3	1	4	1	1	1	1	4	4	4
P	255	5	3	3	5	5	2	3	1	3	1	3	1	3	2	1	1	1	3	2	5
P	256	5	3	3	4	4	1	1	1	3	2	1	1	4	3	3	2	1	1	3	3
P	257	4	4	3	4	5	2	2	1	1	3	3	2	4	2	1	1	3	2	2	4
P	258	5	2	3	4	5	2	2	1	3	2	3	1	4	1	1	1	1	2	3	4
P	259	4	4	4	4	5	2	1	3	3	1	3	1	3	2	2	1	1	3	3	3

续表

对象类型	编号	U_{11}	U_{12}	U_{13}	U_{14}	U_{15}	U_{21}	U_{22}	U_{23}	U_{24}	U_{25}	U_{31}	U_{32}	U_{33}	U_{34}	U_{35}	U_{41}	U_{42}	U_{43}	U_{44}	U_{45}
P	260	4	5	4	3	5	2	3	1	1	1	3	1	3	3	5	1	1	3	2	5
P	261	5	4	4	2	4	2	3	1	4	3	3	2	4	3	2	2	2	3	3	4
P	262	5	4	3	4	5	1	2	1	3	2	4	2	4	2	1	2	1	3	2	4
P	263	3	4	2	3	2	2	1	1	1	1	4	1	3	2	1	1	2	2	1	4
P	264	2	4	2	3	5	1	3	1	4	1	3	1	3	3	3	1	1	3	1	4
P	265	4	2	4	4	5	3	2	1	4	3	3	1	3	3	2	1	1	3	2	4
P	266	3	4	3	5	4	1	5	1	4	2	3	1	5	2	4	4	1	2	2	4
P	267	4	3	2	4	3	2	3	1	1	3	1	1	4	3	2	1	1	2	3	4
P	268	5	1	5	5	4	3	4	4	4	4	4	2	5	3	2	2	2	4	3	5
P	269	5	2	3	3	5	3	1	2	4	1	4	2	2	4	2	1	1	1	3	4
P	270	2	2	4	4	5	2	3	5	4	1	1	1	4	4	1	1	3	4	2	1
P	271	5	1	1	2	4	4	2	4	3	5	4	4	4	3	1	1	1	3	4	4
P	272	5	2	5	3	4	1	1	3	5	1	4	2	3	3	1	1	2	3	4	3
P	273	4	3	3	4	5	1	3	1	3	3	3	2	3	2	4	1	1	3	3	5
P	274	5	4	5	5	5	2	1	1	1	4	2	1	5	2	1	3	1	1	1	4
P	275	5	2	4	3	4	3	5	4	4	3	4	5	1	4	4	1	1	3	3	5
P	276	5	2	5	2	4	3	1	4	2	2	4	1	5	3	2	4	2	4	3	4
P	277	5	2	4	4	5	1	3	1	4	2	5	3	3	3	3	1	2	3	2	5
P	278	5	2	5	5	5	3	4	2	5	3	4	3	5	3	5	2	2	3	4	5
P	279	5	3	4	5	5	1	3	5	4	3	1	3	4	3	1	1	1	2	3	4
P	280	4	3	5	5	2	2	4	5	2	2	3	1	4	3	2	3	1	4	3	3
P	281	3	1	4	4	5	3	3	2	3	3	3	1	1	3	2	1	2	3	2	5
P	282	5	2	1	3	5	2	3	1	2	1	2	1	3	2	1	2	1	3	3	4
P	283	5	2	1	4	4	3	3	2	4	5	5	3	5	3	3	2	2	4	4	5
P	284	5	4	3	4	5	1	2	1	4	1	4	1	4	1	1	1	1	4	2	4
P	285	5	2	4	3	5	4	5	3	5	5	1	1	5	2	4	1	1	2	4	4
P	286	5	4	4	4	5	3	4	3	5	3	4	3	5	3	2	2	2	4	3	4
P	287	5	2	2	4	5	2	5	4	2	2	5	4	5	2	1	1	1	2	3	4
P	288	5	2	4	5	4	3	3	2	4	1	2	2	5	3	3	3	2	3	4	3
P	289	5	3	2	4	4	2	1	1	2	1	2	1	1	3	2	1	3	5	3	4
P	290	5	1	5	5	5	3	4	2	4	3	4	4	5	4	2	1	3	3	3	5
P	291	5	2	3	3	5	3	2	1	3	3	1	3	4	3	3	1	1	3	1	4
P	292	4	3	4	1	4	2	1	2	4	2	3	1	3	3	1	1	1	3	3	3
P	293	2	4	2	2	5	1	3	3	4	3	3	2	3	3	4	2	3	3	3	4
P	294	5	4	3	4	4	3	3	1	4	3	3	2	4	3	2	1	1	4	1	3
P	295	4	3	4	4	5	1	3	1	3	1	3	1	4	2	1	1	1	2	3	4
P	296	5	4	3	3	5	2	2	1	3	3	2	1	4	1	1	3	1	2	3	3

续表

对象类型	U_{11}	U_{12}	U_{13}	U_{14}	U_{15}	U_{21}	U_{22}	U_{23}	U_{24}	U_{25}	U_{31}	U_{32}	U_{33}	U_{34}	U_{35}	U_{41}	U_{42}	U_{43}	U_{44}	U_{45}	U45
P	297	4	4	4	1	4	2	1	1	3	3	3	2	4	3	2	1	2	2	4	3
P	298	5	5	4	5	5	4	4	2	4	5	3	1	2	3	2	1	1	2	3	4
P	299	5	5	4	5	4	3	2	2	4	4	4	3	4	3	3	2	2	4	3	2
P	300	5	4	5	4	5	3	4	2	4	3	2	3	5	2	2	1	1	3	4	3
P	301	5	4	5	5	3	3	2	2	3	3	4	2	3	3	2	1	2	4	4	5
P	302	5	4	5	4	5	4	4	2	4	3	3	3	4	3	2	2	3	3	3	4
P	303	5	4	3	4	5	2	2	2	2	3	4	4	5	2	3	2	1	4	4	5
P	304	4	4	5	4	4	3	4	2	4	3	3	2	4	4	2	2	2	4	2	4
P	305	4	4	4	5	4	3	3	2	4	3	3	2	5	3	2	1	2	3	3	4
P	306	5	4	5	4	5	2	2	2	3	3	3	2	4	2	3	3	1	2	3	4
P	307	5	5	4	4	5	3	3	2	4	3	3	2	4	3	2	2	2	3	3	5
P	308	3	4	4	3	3	1	2	1	2	1	1	2	4	3	2	1	1	2	2	4
P	309	5	5	3	3	5	2	3	1	4	3	3	2	3	3	2	3	1	3	2	4
P	310	5	4	4	3	5	2	3	2	3	3	3	2	4	3	2	2	1	3	3	4
P	311	4	4	4	4	4	3	3	1	4	4	4	2	4	3	2	1	1	2	3	5
P	312	4	3	4	4	5	2	3	3	4	3	3	1	4	3	3	1	1	3	2	4
P	313	5	4	3	4	5	1	3	1	2	3	2	2	4	3	2	1	1	5	2	4
P	314	5	4	3	4	5	3	3	1	3	3	3	2	3	4	1	1	2	2	3	4
P	315	4	4	3	2	5	1	2	1	2	3	2	3	3	2	4	1	1	4	3	4
P	316	4	3	3	2	5	1	4	5	2	5	5	3	3	3	4	1	1	3	2	4
P	317	5	4	4	3	5	3	4	2	5	5	5	3	5	3	2	2	2	3	4	4
P	318	4	4	4	4	5	4	2	3	5	2	1	2	4	3	2	1	1	3	1	5
P	319	4	3	2	2	5	1	3	1	4	2	1	1	1	3	1	1	1	3	1	4
P	320	5	3	4	4	4	3	4	1	5	1	3	1	5	3	1	1	3	3	4	2
P	321	5	2	4	3	5	2	3	5	1	3	4	2	4	5	2	1	1	3	3	4
P	322	4	5	5	5	5	1	3	1	3	4	4	1	5	5	1	4	1	3	2	4
P	323	5	4	3	4	5	3	3	1	4	3	5	1	4	3	2	3	2	3	3	4
P	324	3	5	5	5	5	3	3	4	4	3	5	2	4	3	3	4	2	2	2	5
P	325	5	2	4	3	5	5	1	1	2	1	3	3	4	3	3	1	3	2	4	3
P	326	4	3	4	4	5	2	2	2	4	4	4	4	2	3	2	1	1	4	4	4
P	327	5	1	4	5	5	3	3	4	4	3	4	2	5	5	3	2	3	4	3	4
P	328	5	5	5	4	5	3	4	3	4	4	2	4	4	3	3	3	2	4	5	5
P	329	3	4	4	4	5	1	2	2	3	1	3	3	5	2	5	1	1	5	2	4
P	330	5	3	3	3	5	2	5	5	4	2	4	1	4	3	1	3	1	4	3	5
P	331	5	4	5	3	5	3	3	1	4	3	4	2	3	4	2	2	3	4	4	5
P	332	5	4	1	5	5	1	4	3	2	4	2	1	3	3	1	1	4	1	2	4
P	333	4	4	2	3	5	2	3	5	4	3	4	1	3	3	1	1	2	1	3	4

续表

对象类型	编号	U_{11}	U_{12}	U_{13}	U_{14}	U_{15}	U_{21}	U_{22}	U_{23}	U_{24}	U_{25}	U_{31}	U_{32}	U_{33}	U_{34}	U_{35}	U_{41}	U_{42}	U_{43}	U_{44}	U_{45}
P	334	5	4	4	3	5	3	3	3	3	2	2	1	5	2	1	1	2	3	1	3
P	335	4	2	2	3	5	1	1	1	2	2	1	2	4	5	4	3	2	5	3	5
P	336	3	4	5	4	4	1	2	2	1	2	2	2	4	3	4	1	1	2	3	4
P	337	5	4	4	5	4	3	4	2	4	1	4	3	5	3	2	2	3	4	4	4
P	338	5	3	3	3	5	3	3	1	4	3	3	1	2	3	2	1	1	3	3	5
P	339	4	5	4	4	5	3	3	2	4	3	3	2	5	3	2	1	1	3	3	4
P	340	5	5	3	3	5	3	3	2	3	3	2	2	4	3	2	2	1	3	3	5
P	341	5	5	4	3	4	2	3	2	2	3	4	2	4	3	1	2	4	4	3	4
P	342	4	5	3	3	5	3	3	2	4	1	3	2	4	3	2	2	1	3	4	5
P	343	5	4	3	4	5	3	2	2	4	3	3	2	4	1	3	2	1	4	4	5
P	344	5	4	3	4	4	2	3	1	4	3	3	2	4	3	2	2	1	3	3	3
P	345	5	4	3	4	5	4	3	2	3	3	3	1	4	4	2	2	2	3	3	4
P	346	3	3	5	3	4	2	3	1	4	3	3	2	5	3	2	1	1	2	2	4
P	347	5	5	3	4	4	3	3	2	3	3	5	2	4	3	2	1	2	3	3	5
P	348	5	4	2	3	5	2	3	1	3	1	3	1	3	3	5	2	1	5	2	5
P	349	2	3	2	2	4	2	3	2	2	3	3	2	4	3	1	1	3	2	3	4
P	350	5	4	4	4	5	4	3	1	4	4	3	1	3	3	4	3	2	2	3	3
P	351	3	5	5	4	5	2	3	1	2	2	2	2	4	2	1	1	1	2	2	4
P	352	5	3	3	4	5	2	3	3	1	2	3	1	4	3	2	1	1	2	3	4
P	353	4	4	4	4	3	3	2	1	4	2	3	2	4	2	2	2	1	4	2	4
P	354	5	5	5	4	5	3	2	1	5	5	1	2	4	3	2	3	2	3	5	4
P	355	5	4	5	4	5	3	4	3	3	4	4	2	5	4	3	2	2	3	4	2
P	356	5	4	5	5	4	4	5	2	5	3	5	3	3	3	3	2	3	4	4	5
P	357	5	2	3	3	5	2	3	1	3	2	3	1	4	3	5	1	1	2	2	4
P	358	3	3	4	4	3	2	2	1	2	3	3	2	4	2	1	1	2	2	3	5
P	359	5	4	3	3	5	2	3	1	2	2	2	2	3	3	2	1	1	2	2	4
P	360	5	2	4	3	3	1	3	1	2	3	2	1	4	3	4	1	1	3	3	3
P	361	5	3	3	2	4	2	2	1	3	3	3	2	1	3	1	1	1	2	3	4
P	362	5	2	2	1	4	1	5	2	2	1	4	5	3	4	2	1	1	3	1	4
P	363	5	4	5	1	5	1	5	1	5	2	3	4	4	3	3	1	1	2	3	3
P	364	4	3	1	3	5	4	4	3	1	2	1	1	5	3	5	1	1	4	4	5
P	365	5	2	1	3	5	4	3	2	4	2	4	1	5	2	2	3	1	3	1	4
P	366	5	4	5	4	5	2	2	5	3	5	3	3	3	3	4	4	1	3	2	4
P	367	3	2	4	2	5	2	3	1	1	2	5	1	4	4	2	1	3	5	4	4
P	368	5	4	3	5	5	4	2	1	5	4	2	1	5	3	3	3	1	4	3	4
P	369	5	3	3	4	4	1	3	4	2	3	2	5	4	4	1	1	2	3	2	5
P	370	5	2	5	3	5	1	3	1	4	1	4	3	3	3	3	1	1	1	4	4

续表

对象类型	编号	U_{11}	U_{12}	U_{13}	U_{14}	U_{15}	U_{21}	U_{22}	U_{23}	U_{24}	U_{25}	U_{31}	U_{32}	U_{33}	U_{34}	U_{35}	U_{41}	U_{42}	U_{43}	U_{44}	U_{45}
P	371	5	4	3	4	5	2	1	1	4	2	1	2	5	3	5	1	4	3	3	5
P	372	5	4	5	5	5	3	3	1	5	5	4	3	4	3	3	4	2	4	4	4
P	373	4	3	4	4	4	1	3	4	4	3	2	2	5	3	2	2	1	2	3	4
P	374	5	3	2	1	5	4	3	2	4	3	1	2	5	3	2	3	3	5	3	4
P	375	5	4	5	3	5	3	4	2	1	4	3	1	2	4	3	1	2	4	2	4
P	376	4	4	1	5	5	2	1	1	4	2	4	2	3	2	2	2	1	3	4	5
P	377	5	3	3	4	5	2	3	5	4	2	3	1	4	3	2	2	2	3	3	4
P	378	5	3	5	3	5	2	3	1	4	3	2	2	4	4	4	1	4	3	2	5
P	379	4	3	4	4	5	3	1	4	4	1	4	4	3	3	2	1	1	2	4	5
P	380	5	4	2	3	5	1	5	1	3	1	3	1	4	3	1	1	2	4	3	3
P	381	4	3	1	3	5	1	3	4	1	2	5	3	5	3	1	4	1	3	3	4
P	382	5	4	4	3	5	3	2	3	3	5	1	2	5	1	3	1	2	4	3	3
P	383	5	4	4	4	5	3	4	2	4	3	4	2	5	3	3	2	2	3	3	4
P	384	5	5	4	4	5	3	2	3	4	3	4	2	4	4	3	1	1	4	4	4
P	385	4	5	4	5	5	4	2	2	5	2	3	2	5	3	2	2	2	4	4	5
P	386	5	4	4	4	4	2	4	2	3	4	4	4	5	1	3	1	2	4	4	3
P	387	5	4	4	5	5	3	1	2	3	3	4	1	4	3	3	1	3	4	4	4
P	388	5	5	4	4	3	2	4	2	5	4	3	2	4	3	4	2	2	3	4	4
P	389	5	5	5	4	5	3	2	2	4	4	4	4	5	3	3	3	2	4	4	4
P	390	5	3	5	4	4	3	3	2	4	3	4	2	2	2	3	4	2	3	3	5
P	391	5	3	5	4	5	3	3	2	4	3	4	3	2	3	2	2	2	3	3	4
P	392	5	4	4	4	5	3	3	2	3	3	3	1	2	2	2	1	2	3	3	4
P	393	5	5	5	5	5	2	3	1	4	3	4	2	5	1	1	2	1	4	3	5
P	394	5	5	3	4	5	3	3	2	4	3	4	2	4	3	2	1	2	3	2	4
P	395	5	4	5	3	4	3	3	2	4	3	3	2	3	3	2	2	2	3	3	5
P	396	5	4	3	3	5	2	3	2	4	2	3	2	3	2	2	2	2	3	3	2
P	397	5	4	4	3	5	3	3	2	3	3	4	4	4	1	2	3	2	3	4	2
P	398	5	4	4	4	4	2	2	2	4	3	4	2	4	3	3	2	1	3	3	4
P	399	5	4	4	4	5	3	3	1	4	5	5	1	1	4	1	1	4	3	1	4
P	400	5	3	4	4	4	3	3	2	4	3	3	2	4	3	2	2	3	3	3	4
P	401	5	4	3	4	5	2	2	1	4	3	3	2	4	3	2	2	1	3	3	4
P	402	4	2	5	3	5	2	2	1	3	3	4	1	4	3	2	1	1	3	3	4
P	403	5	4	4	2	5	2	3	1	3	3	3	1	4	2	2	1	1	4	3	5
P	404	4	4	4	4	4	2	3	1	3	2	2	1	5	2	2	1	1	2	2	4
P	405	5	5	4	5	5	3	5	2	4	5	1	1	1	3	5	1	1	3	1	5
P	406	5	4	4	4	4	3	4	4	5	3	4	3	3	2	4	3	3	3	4	4
P	407	5	5	4	3	5	2	3	2	3	3	3	1	3	3	2	1	1	3	3	5

续表

对象类型	编号	U_{11}	U_{12}	U_{13}	U_{14}	U_{15}	U_{21}	U_{22}	U_{23}	U_{24}	U_{25}	U_{31}	U_{32}	U_{33}	U_{34}	U_{35}	U_{41}	U_{42}	U_{43}	U_{44}	U_{45}
P	408	4	3	5	4	3	2	3	2	3	3	3	2	4	3	2	3	3	2	4	4
P	409	5	4	5	3	4	2	3	2	4	3	3	2	4	3	3	1	1	3	3	4
P	410	4	2	4	4	4	3	4	2	4	1	1	3	3	1	3	2	2	3	4	4
P	411	2	5	5	5	5	3	5	2	5	4	4	2	5	3	3	4	2	4	5	5
P	412	5	2	5	1	4	3	3	4	4	3	3	3	4	3	3	2	2	4	4	5
P	413	4	2	2	5	5	1	4	1	2	1	1	2	1	3	2	1	2	4	2	5
P	414	5	4	3	1	5	3	1	1	4	5	4	1	5	2	5	1	1	2	2	4
P	415	5	5	4	4	5	3	3	4	5	5	4	2	5	3	2	2	3	3	3	5
P	416	4	3	4	3	5	3	2	2	3	4	3	1	2	3	1	2	1	3	4	3
P	417	5	3	5	5	5	3	4	2	4	3	4	2	5	3	3	3	2	4	3	5
P	418	5	2	5	4	4	1	1	3	5	3	4	1	4	1	2	1	2	4	1	5
P	419	5	1	4	2	5	2	4	4	1	2	4	3	3	3	3	4	3	5	3	4
P	420	3	4	3	5	5	1	3	1	4	3	1	2	5	4	1	3	1	1	4	4
P	421	3	4	5	5	5	3	3	2	4	3	4	2	3	4	2	3	2	4	3	4
P	422	5	2	4	1	4	3	3	2	4	3	5	4	5	3	3	4	2	5	1	4
P	423	5	4	3	4	5	3	2	1	2	1	4	2	4	3	4	1	2	2	2	1
P	424	4	4	4	5	5	1	4	2	5	1	2	2	5	3	2	2	1	3	4	5
P	425	2	1	5	4	5	1	3	2	3	4	4	2	2	3	3	1	2	3	3	4
P	426	5	2	5	4	4	3	3	2	5	5	5	2	5	3	3	3	3	3	4	2
P	427	4	2	1	1	4	3	5	2	4	3	4	3	1	3	2	2	4	3	2	4
P	428	3	2	4	3	2	1	3	1	4	2	2	4	5	2	1	2	1	4	3	4
F	1	1	1	1	1	1	1	4	1	2	3	1	4	1	1	2	1	1	1	1	3
F	2	4	5	5	4	5	4	5	4	1	3	2	4	4	3	2	4	1	1	2	3
F	3	2	1	3	2	2	2	4	4	2	4	3	4	2	1	1	1	3	3	3	3
F	4	2	1	3	2	3	2	4	1	1	2	1	5	2	4	1	1	2	2	2	3
F	5	1	1	1	1	1	1	4	2	3	3	2	4	1	1	1	5	1	1	2	4
F	6	1	1	1	2	2	2	4	1	1	2	2	4	2	2	2	1	3	1	2	3
F	7	1	1	1	2	2	2	4	1	1	2	1	4	2	1	1	1	2	3	1	5
F	8	1	1	1	2	2	2	3	1	1	1	2	4	2	1	1	1	1	2	3	4
F	9	3	1	2	1	1	1	4	1	1	2	2	4	1	1	1	1	1	1	2	5
F	10	1	1	1	2	2	1	4	1	1	2	2	4	2	2	1	1	1	1	2	3
F	11	3	1	1	2	2	2	2	1	1	2	2	4	2	1	1	1	1	1	2	3
F	12	1	1	1	1	1	1	4	1	2	4	4	2	1	1	1	1	2	1	1	3
F	13	1	1	1	1	1	1	4	1	1	2	1	4	2	1	2	1	1	1	1	3
F	14	1	1	1	1	1	1	4	1	1	3	2	5	1	1	1	1	1	1	2	3
F	15	4	4	5	4	5	2	4	1	4	4	5	3	4	3	2	4	1	2	3	2
F	16	3	2	2	1	3	2	4	1	3	4	2	5	2	2	1	2	1	1	2	3

续表

对象类型	编号	U_{11}	U_{12}	U_{13}	U_{14}	U_{15}	U_{21}	U_{22}	U_{23}	U_{24}	U_{25}	U_{31}	U_{32}	U_{33}	U_{34}	U_{35}	U_{41}	U_{42}	U_{43}	U_{44}	U_{45}
F	17	5	2	2	3	3	2	2	1	1	2	1	4	2	5	1	1	1	1	1	3
F	18	1	1	1	2	2	2	4	1	1	2	1	4	2	2	1	2	1	2	3	4
F	19	1	1	1	2	2	2	4	1	2	3	3	3	2	1	1	2	1	1	2	3
F	20	2	1	1	2	2	2	4	1	2	3	2	5	2	2	1	1	1	1	1	1
F	21	1	1	1	1	1	2	5	1	2	3	3	2	2	1	1	1	1	2	1	3
F	22	1	1	1	1	1	1	4	1	2	2	2	5	2	1	1	2	1	1	2	3
F	23	1	1	1	1	1	1	4	1	2	2	2	5	1	2	1	1	1	1	2	3
F	24	2	1	1	1	1	1	4	1	2	3	3	2	1	1	1	1	1	1	2	3
F	25	1	1	1	1	1	1	4	1	1	2	2	3	1	1	2	1	1	1	2	3
F	26	1	1	1	1	1	1	4	1	1	2	2	4	1	1	1	1	1	1	1	3
F	27	2	3	2	2	5	3	5	5	2	4	3	1	3	3	2	2	1	1	3	4
F	28	1	1	1	1	1	1	4	1	1	2	1	4	1	1	1	1	1	1	2	3
F	29	5	3	2	2	5	4	5	4	1	3	3	2	4	3	2	2	3	1	1	3
F	30	2	2	2	4	2	2	4	1	4	5	3	3	2	2	1	1	1	1	2	4
F	31	3	3	2	4	2	2	4	1	2	2	2	4	2	2	1	2	1	1	1	3
F	32	1	1	1	1	1	2	5	1	3	3	4	3	3	1	2	2	3	1	1	5
F	33	2	3	2	1	1	2	5	1	2	5	2	4	1	1	1	1	1	1	2	1
F	34	1	1	1	2	2	2	4	1	1	3	1	4	2	2	1	1	1	2	2	3
F	35	1	1	1	2	2	2	4	3	1	3	3	1	2	1	1	2	1	1	1	3
F	36	2	1	1	1	1	1	4	1	1	2	2	5	1	1	2	1	1	1	4	3
F	37	1	1	1	2	2	1	4	1	1	2	1	5	2	2	2	2	1	1	1	2
F	38	1	1	1	1	1	2	5	1	1	2	2	4	1	1	2	1	1	3	1	3
F	39	1	1	1	2	2	1	4	1	1	2	1	4	2	1	1	2	1	1	2	3
F	40	1	1	1	1	1	2	5	1	1	2	1	4	1	1	1	2	1	1	5	1
F	41	1	1	1	1	1	1	4	1	1	1	1	4	1	1	1	1	2	4	2	4
F	42	1	1	1	2	2	1	4	1	1	1	2	4	1	1	1	1	1	1	2	3
F	43	1	1	1	1	1	1	4	1	1	1	2	4	1	1	1	1	2	1	2	4
F	44	1	1	2	1	1	1	4	1	1	2	1	4	2	1	1	2	1	1	1	3
F	45	1	1	1	1	1	1	4	1	1	2	3	1	1	1	1	2	1	1	2	3
F	46	5	3	2	2	5	5	5	5	3	2	2	3	3	1	3	3	4	1	1	3
F	47	3	5	3	2	4	3	5	2	2	4	4	2	4	2	2	2	1	1	2	3
F	48	3	2	2	3	3	4	5	3	1	3	2	3	2	3	1	1	2	1	2	3
F	49	4	4	3	1	1	3	5	3	1	3	2	4	1	1	1	1	2	1	2	4
F	50	1	1	1	1	1	1	4	2	1	3	3	3	3	1	4	3	2	1	2	5
F	51	1	1	3	2	2	2	4	1	2	3	1	4	1	2	1	4	1	1	1	3
F	52	1	1	1	2	2	2	3	1	2	3	2	4	2	1	1	2	1	1	2	4
F	53	1	1	1	2	2	2	3	1	2	3	2	4	2	1	1	1	1	1	1	4

续表

对象类型	编号	U_{11}	U_{12}	U_{13}	U_{14}	U_{15}	U_{21}	U_{22}	U_{23}	U_{24}	U_{25}	U_{31}	U_{32}	U_{33}	U_{34}	U_{35}	U_{41}	U_{42}	U_{43}	U_{44}	U_{45}
F	54	1	1	1	1	1	1	4	3	1	3	3	4	1	1	1	1	1	1	2	4
F	55	1	1	1	2	2	2	4	1	1	2	2	5	1	1	1	1	1	1	2	3
F	56	1	1	1	1	1	1	4	2	1	2	1	5	3	1	2	2	1	2	1	2
F	57	1	1	1	2	2	2	4	1	1	2	1	4	2	1	1	1	1	1	1	3
F	58	1	1	1	1	1	1	4	1	1	2	1	4	1	1	1	1	1	4	2	3
F	59	1	1	1	1	1	1	4	1	1	2	2	4	1	1	1	1	1	1	2	2
F	60	1	1	1	1	1	1	4	1	1	2	2	3	1	1	1	1	1	1	2	3
F	61	4	3	2	3	5	4	5	2	2	3	2	5	4	3	2	2	2	1	1	3
F	62	3	3	2	5	2	2	4	1	1	3	2	5	2	1	2	2	1	1	2	3
F	63	1	1	1	2	2	2	4	1	1	2	3	3	2	2	1	2	4	2	2	3
F	64	1	1	1	2	2	2	4	1	2	3	3	2	1	2	1	2	1	4	3	3
F	65	1	1	1	2	2	2	4	1	1	2	2	4	2	1	2	2	1	3	2	5
F	66	1	1	1	2	2	1	4	1	1	2	2	5	2	2	1	1	1	3	2	3
F	67	1	1	1	2	2	2	4	1	1	1	1	4	2	1	2	1	4	1	2	3
F	68	1	1	1	2	2	2	4	1	1	3	2	3	2	1	1	1	1	1	2	4
F	69	1	1	1	1	1	1	4	1	1	1	2	4	1	2	1	1	1	2	4	5
F	70	1	1	1	1	1	1	4	1	1	2	2	5	2	2	1	2	1	1	2	3
F	71	1	1	1	1	1	1	4	1	1	2	2	4	1	1	1	3	1	3	1	3
F	72	1	1	1	1	1	1	4	1	1	2	2	3	1	1	1	1	1	3	2	3
F	73	1	1	1	1	1	1	4	1	1	2	1	4	1	2	1	1	3	1	2	3
F	74	1	1	1	1	1	1	4	2	1	3	2	4	1	1	1	2	1	1	2	1
F	75	1	1	1	1	1	1	4	1	1	2	1	4	1	1	2	1	1	1	2	3
F	76	4	5	4	2	4	3	5	2	2	2	3	3	3	3	5	4	1	1	2	3
F	77	5	4	2	4	2	2	4	1	2	3	3	3	2	1	1	1	4	1	2	2
F	78	1	1	1	2	2	2	4	2	3	3	2	5	2	1	2	1	1	3	3	3
F	79	2	1	1	2	2	2	4	1	3	5	4	2	2	1	1	1	1	1	3	3
F	80	1	1	1	2	2	2	3	1	3	5	5	2	2	2	1	1	1	2	2	3
F	81	1	1	1	2	2	2	4	1	1	3	2	5	2	1	1	2	1	1	2	4
F	82	1	1	1	1	1	1	4	1	2	3	1	4	1	1	2	1	3	1	5	3
F	83	1	1	1	2	2	2	4	1	1	2	1	4	2	1	1	1	2	1	2	3
F	84	1	1	1	1	1	1	4	1	1	2	2	5	1	1	1	1	2	4	2	3
F	85	1	1	1	1	1	2	5	1	1	1	2	4	1	2	2	1	1	1	5	1
F	86	1	1	1	1	1	1	4	1	2	2	1	4	2	1	1	1	1	1	2	5
F	87	1	1	1	1	1	2	5	1	1	3	2	4	1	1	1	1	1	1	1	3
F	88	1	1	1	1	1	1	4	1	1	2	2	4	1	1	1	1	1	3	2	3
F	89	2	4	4	5	4	3	5	5	1	3	2	4	4	4	3	2	1	2	2	2
F	90	1	1	1	1	1	1	4	1	1	1	2	4	1	2	1	1	1	1	2	3

续表

对象类型	编号	U_{11}	U_{12}	U_{13}	U_{14}	U_{15}	U_{21}	U_{22}	U_{23}	U_{24}	U_{25}	U_{31}	U_{32}	U_{33}	U_{34}	U_{35}	U_{41}	U_{42}	U_{43}	U_{44}	U_{45}
F	91	3	4	3	3	3	2	3	1	1	1	2	4	2	3	1	1	1	2	2	3
F	92	1	1	1	1	1	1	4	1	1	3	2	5	3	2	5	4	3	1	2	3
F	93	1	1	1	1	1	2	5	3	3	3	3	3	2	1	2	2	1	1	2	4
F	94	1	1	1	1	1	1	4	1	2	3	2	5	1	1	2	1	5	1	1	3
F	95	1	1	1	1	1	1	4	1	1	2	2	4	1	1	2	1	2	3	2	5
F	96	1	1	1	2	2	2	3	1	3	4	3	3	2	1	2	2	1	1	1	3
F	97	1	1	1	2	2	2	3	1	2	2	2	4	2	2	1	1	1	1	2	3
F	98	1	1	1	1	1	1	4	1	1	3	3	3	3	1	2	2	1	1	2	3
F	99	1	1	1	1	1	1	4	1	2	4	4	3	1	1	1	1	1	1	2	3
F	100	1	1	1	1	1	1	4	1	2	3	3	4	1	2	1	1	1	1	1	4
F	101	1	1	1	1	1	1	4	1	1	2	1	4	1	1	1	1	1	2	4	4
F	102	1	1	1	1	1	1	4	1	1	3	2	4	1	1	1	1	1	1	2	4
F	103	1	1	1	1	1	1	4	1	1	2	2	4	1	1	1	1	3	1	2	2
F	104	1	1	1	1	1	1	4	1	2	2	1	4	1	1	1	1	1	1	2	3
F	105	1	1	1	1	1	1	4	1	1	1	2	4	1	2	1	1	2	1	1	3
F	106	2	1	1	1	1	1	4	1	2	3	1	4	1	1	1	1	2	1	3	4
F	107	1	1	1	1	1	1	4	1	1	2	2	5	1	1	1	2	1	1	4	4
F	108	2	1	1	1	1	1	4	1	1	1	2	5	1	2	1	1	2	1	2	3
F	109	1	1	1	1	1	1	4	2	1	2	2	4	1	1	1	1	3	1	2	3
F	110	1	1	1	1	1	1	4	1	1	2	2	4	1	1	1	1	1	1	2	5
F	111	1	1	1	1	1	1	4	1	1	3	2	4	1	1	1	1	2	1	2	3
F	112	1	1	1	1	1	1	4	1	2	3	3	3	1	1	1	1	1	1	1	3
F	113	3	2	2	2	4	4	5	2	2	2	1	4	5	5	2	3	1	1	3	3
F	114	1	1	1	1	1	2	5	3	1	3	2	5	1	1	1	2	2	1	2	2
F	115	1	1	2	2	2	2	4	1	2	3	2	4	2	1	1	1	5	1	2	4
F	116	1	1	1	1	1	1	4	2	2	5	2	4	2	1	2	1	1	1	3	1
F	117	1	1	1	1	1	2	5	1	1	2	2	4	1	1	2	2	1	1	2	3
F	118	1	1	1	1	1	1	4	1	2	3	1	4	1	1	1	1	1	3	2	4
F	119	1	1	1	1	1	2	5	1	1	2	1	4	1	1	1	3	1	1	2	3
F	120	3	2	2	3	4	5	5	3	4	5	2	3	5	4	2	2	1	1	1	5
F	121	5	3	2	1	3	4	5	3	1	3	1	4	5	4	2	2	1	1	1	4
F	122	1	1	1	1	1	2	5	3	2	5	3	4	1	1	2	1	4	1	2	3
F	123	1	1	1	2	2	2	4	1	2	4	5	2	2	1	1	1	1	1	2	3
F	124	1	1	1	2	2	1	4	1	1	2	2	4	2	2	1	1	3	1	1	5
F	125	1	1	1	2	2	2	4	1	1	2	2	5	2	2	1	1	1	1	2	3
F	126	1	1	1	2	2	2	4	1	1	2	2	4	1	1	2	1	3	1	1	3
G	1	5	5	5	3	4	3	5	2	4	3	5	1	5	5	4	5	1	4	2	5

续表

对象类型	编号	U_{11}	U_{12}	U_{13}	U_{14}	U_{15}	U_{21}	U_{22}	U_{23}	U_{24}	U_{25}	U_{31}	U_{32}	U_{33}	U_{34}	U_{35}	U_{41}	U_{42}	U_{43}	U_{44}	U_{45}
G	2	5	4	5	5	4	4	4	3	4	1	5	1	5	4	3	3	1	4	2	4
G	3	5	4	5	5	4	3	5	2	4	3	4	1	4	5	3	2	1	4	1	4
G	4	5	5	5	5	4	3	5	2	4	3	5	2	5	5	3	2	2	5	2	5
G	5	5	4	5	4	5	4	5	2	5	4	4	2	4	3	5	3	1	4	3	4
G	6	5	4	5	5	4	2	4	2	4	3	5	2	5	4	2	2	1	5	2	5
G	7	4	4	5	3	4	3	5	2	4	3	4	2	5	3	2	2	1	3	1	4
G	8	5	4	4	4	3	4	5	2	2	2	5	1	5	4	2	2	1	3	2	4
G	9	4	4	5	4	3	3	5	2	4	3	3	1	5	3	1	2	1	5	1	5
G	10	5	4	5	5	5	2	5	2	2	2	4	2	4	4	3	2	2	4	2	5
G	11	5	3	5	3	4	3	4	2	2	3	4	2	5	3	3	2	1	2	2	4
G	12	3	3	5	4	2	1	3	1	1	3	4	1	4	4	1	2	1	3	2	4
G	13	5	4	5	5	5	3	5	2	3	5	4	1	4	4	4	2	1	4	2	5
G	14	5	5	4	5	4	1	5	1	1	2	5	1	4	4	2	3	1	3	1	4
G	15	5	4	5	3	2	2	5	2	4	2	4	1	4	2	2	1	1	5	1	5
G	16	5	2	5	5	5	2	5	2	3	4	5	2	4	3	3	2	1	2	2	5
G	17	5	5	5	4	5	4	4	1	4	3	5	1	5	3	3	2	1	3	1	5
G	18	5	4	5	2	4	3	5	2	4	3	5	2	5	3	3	2	1	4	1	5
G	19	4	4	5	4	5	4	5	4	4	3	5	2	5	5	3	3	2	5	3	4
G	20	5	4	5	5	5	4	5	3	5	2	4	3	3	3	3	2	3	4	2	4
G	21	4	5	5	4	3	3	5	2	3	3	4	2	4	3	2	2	2	5	2	5
G	22	5	4	5	5	4	3	4	4	4	1	5	1	5	4	3	2	1	5	2	5
G	23	5	5	5	5	4	2	5	2	5	4	4	2	5	3	2	2	1	4	2	5
G	24	5	3	5	3	4	2	4	3	3	2	4	2	4	2	3	1	1	4	2	3
G	25	5	4	5	5	4	3	5	2	5	2	4	2	5	4	2	2	1	5	2	4
G	26	5	4	5	4	3	3	4	2	4	4	4	1	4	5	2	2	1	4	2	4
G	27	5	5	5	3	4	2	5	2	4	3	4	2	4	3	3	2	1	5	1	5

数据来源：根据实地调查数据整理

备注：“P”表示贫困户，“F”表示非贫困户，“G”表示扶贫干部。

附录3　各个贫困村精准扶贫多维瞄准绩效调查数据分布

（一）BR 村数据

1．BR 村精准识别绩效调查数据

表 3.1　BR 村精准识别绩效调查数据分布

	N_p	评价等级					N_f	评价等级					N_g	评价等级				
		很低	较低	一般	较高	很高		很低	较低	一般	较高	很高		很低	较低	一般	较高	很高
U_{11}	47	0	2	1	9	35	14	9	2	2	1	0	3	0	0	0	0	3
U_{12}	47	2	6	12	21	6	14	13	0	0	0	1	3	0	0	0	2	1
U_{13}	47	2	3	9	24	9	14	10	1	2	0	1	3	0	0	0	0	3
U_{14}	47	2	5	10	21	9	14	6	7	0	1	0	3	0	0	1	0	2
U_{15}	47	0	2	0	15	30	14	6	6	1	0	2	3	0	0	0	3	0

2．BR 村精准帮扶绩效调查数据

表 3.2　BR 村精准帮扶绩效调查数据分布

	N_p	评价等级					N_f	评价等级					N_g	评价等级				
		很低	较低	一般	较高	很高		很低	较低	一般	较高	很高		很低	较低	一般	较高	很高
U_{21}	47	5	19	22	1	0	14	7	6	0	1	0	3	0	0	2	1	0
U_{22}	47	6	10	24	6	1	14	0	1	1	11	1	3	0	0	0	1	2
U_{23}	47	14	25	3	3	2	14	11	1	0	2	0	3	0	2	1	0	0
U_{24}	47	3	6	10	21	7	14	10	3	1	0	0	3	0	0	0	3	0
U_{25}	47	3	12	25	5	2	14	1	7	4	2	0	3	1	0	2	0	0

3．BR 村精准管理绩效调查数据

表 3.3　BR 村精准管理绩效调查数据分布

	N_p	评价等级					N_f	评价等级					N_g	评价等级				
		很低	较低	一般	较高	很高		很低	较低	一般	较高	很高		很低	较低	一般	较高	很高
U_{31}	47	7	6	15	14	5	14	4	8	1	1	0	3	0	0	0	1	2
U_{32}	47	13	23	7	4	0	14	0	1	0	11	2	3	3	0	0	0	0
U_{33}	47	2	2	9	19	15	14	5	8	0	1	0	3	0	0	0	1	2
U_{34}	47	4	5	33	5	0	14	10	2	1	1	0	3	0	0	0	1	2
U_{35}	47	6	27	9	2	3	14	10	4	0	0	0	3	0	0	2	1	0

4．BR 村精准考核绩效调查数据

表 3.4 BR 村精准考核绩效调查数据分布

	N_p	评价等级					N_f	评价等级					N_g	评价等级				
		很低	较低	一般	较高	很高		很低	较低	一般	较高	很高		很低	较低	一般	较高	很高
U_{41}	47	22	17	3	5	0	14	12	0	0	1	1	3	0	1	1	0	1
U_{42}	47	20	22	4	1	0	143	9	3	2	0	0	3	3	0	0	0	0
U_{43}	47	0	7	24	12	4	14	10	2	2	0	0	3	0	0	0	3	0
U_{44}	47	4	8	23	11	1	14	4	8	2	0	0	3	1	2	0	0	0
U_{45}	47	0	0	5	31	11	14	0	0	10	2	2	3	0	0	0	2	1

（二）SBD 村数据

1．SBD 村精准识别绩效调查数据

表 3.5 SBD 村精准识别绩效调查数据分布

	N_p	评价等级					N_f	评价等级					N_g	评价等级				
		很低	较低	一般	较高	很高		很低	较低	一般	较高	很高		很低	较低	一般	较高	很高
U_{11}	48	0	1	3	10	34	13	7	3	1	1	1	3	0	0	0	0	3
U_{12}	48	2	2	4	25	25	13	9	2	1	1	0	3	0	0	0	2	1
U_{13}	48	2	4	8	14	20	13	9	3	0	0	1	3	0	0	0	0	3
U_{14}	48	0	4	8	22	14	13	7	4	1	1	0	3	0	0	0	1	2
U_{15}	48	0	0	0	5	43	13	6	3	2	0	2	3	0	0	0	2	1

2．SBD 村精准帮扶绩效调查数据

表 3.6 SBD 村精准帮扶绩效调查数据分布

	N_p	评价等级					N_f	评价等级					N_g	评价等级				
		很低	较低	一般	较高	很高		很低	较低	一般	较高	很高		很低	较低	一般	较高	很高
U_{21}	48	5	16	19	5	3	13	5	7	1	0	0	3	0	1	1	1	0
U_{22}	48	6	7	15	12	8	13	0	1	0	10	2	3	0	0	0	1	2
U_{23}	48	10	22	5	7	4	13	12	0	0	0	1	3	0	3	0	0	0
U_{24}	48	1	5	10	23	9	13	4	7	1	1	0	3	0	0	0	2	1
U_{25}	48	4	9	18	9	8	13	0	6	4	3	0	3	0	0	2	1	0

3．SBD 村精准管理绩效调查数据

表 3.7　SBD 村精准管理绩效调查数据分布

	N_p	评价等级					N_f	评价等级					N_g	评价等级				
		很低	较低	一般	较高	很高		很低	较低	一般	较高	很高		很低	较低	一般	较高	很高
U_{31}	48	3	8	11	20	6	13	2	6	4	0	1	3	0	0	0	1	2
U_{32}	48	14	22	5	5	2	13	1	2	3	3	4	3	0	3	0	0	0
U_{33}	48	3	1	6	17	21	13	4	7	1	1	0	3	0	0	0	1	2
U_{34}	48	0	8	32	4	4	13	6	4	2	0	1	3	0	0	1	1	1
U_{35}	48	8	21	11	4	4	13	10	3	0	0	0	3	0	1	1	0	1

4．SBD 村精准考核绩效调查数据

表 3.8　SBD 村精准考核绩效调查数据分布

	N_p	评价等级					N_f	评价等级					N_g	评价等级				
		很低	较低	一般	较高	很高		很低	较低	一般	较高	很高		很低	较低	一般	较高	很高
U_{41}	48	21	13	8	6	0	13	7	5	0	1	0	3	0	2	1	0	0
U_{43}	48	16	22	6	4	0	13	13	0	0	0	0	3	2	1	0	0	0
U_{43}	48	1	5	19	16	7	13	10	3	0	0	0	3	0	0	0	1	2
U_{44}	48	3	8	22	12	3	13	4	6	3	0	0	3	0	2	1	0	0
U_{45}	48	0	1	5	23	19	13	1	1	9	2	0	3	0	0	0	1	2

（三）MYX 村数据

1．MYX 村精准识别绩效调查数据

表 3.9　MYX 村精准识别绩效调查数据分布

	N_p	评价等级					N_f	评价等级					N_g	评价等级				
		很低	较低	一般	较高	很高		很低	较低	一般	较高	很高		很低	较低	一般	较高	很高
U_{11}	51	0	5	3	11	32	18	13	3	1	0	1	3	0	0	0	2	1
U_{12}	51	3	14	7	10	17	18	14	1	3	0	0	3	0	0	0	3	0
U_{13}	51	3	2	9	16	21	18	13	5	0	0	0	3	0	0	0	1	2
U_{14}	51	3	4	10	19	15	18	10	6	0	2	0	3	0	0	1	2	0
U_{15}	51	1	4	4	10	32	18	10	7	0	0	1	3	0	0	2	1	0

2．MYX 村精准帮扶绩效调查数据

表 3.10　MYX 村精准帮扶绩效调查数据分布

	N_p	评价等级					N_f	评价等级					N_g	评价等级				
		很低	较低	一般	较高	很高		很低	较低	一般	较高	很高		很低	较低	一般	较高	很高
U_{21}	51	8	9	16	14	4	18	9	8	0	1	0	3	0	0	2	1	0
U_{22}	51	8	6	21	10	6	18	0	0	0	13	5	3	0	0	0	0	3
U_{23}	51	15	21	5	7	3	18	16	0	1	1	0	3	0	3	0	0	0
U_{32}	51	7	4	6	25	9	18	14	2	1	1	0	3	0	1	0	2	0
U_{25}	51	7	10	14	11	9	18	3	9	4	0	2	3	0	1	2	0	0

3．MYX 村精准管理绩效调查数据

表 3.11　MYX 村精准管理绩效调查数据分布

	N_p	评价等级					N_f	评价等级					N_g	评价等级				
		很低	较低	一般	较高	很高		很低	较低	一般	较高	很高		很低	较低	一般	较高	很高
U_{31}	51	8	6	11	23	3	18	7	6	4	1	0	3	0	0	1	1	1
U_{32}	51	18	21	10	2	0	18	2	1	2	11	2	3	2	1	0	0	0
U_{33}	51	3	3	9	16	20	18	9	7	1	1	0	3	0	0	0	0	3
U_{34}	51	1	9	35	4	2	18	13	4	1	0	0	3	0	0	2	1	0
U_{35}	51	14	19	14	3	1	18	13	5	0	0	0	3	1	2	0	0	0

4．MYX 村精准考核绩效调查数据

表 3.12　MYX 村精准考核绩效调查数据分布

	N_p	评价等级					N_f	评价等级					N_g	评价等级				
		很低	较低	一般	较高	很高		很低	较低	一般	较高	很高		很低	较低	一般	较高	很高
U_{41}	51	22	14	9	6	0	18	9	9	0	0	0	3	0	3	0	0	0
U_{42}	51	25	17	8	1	0	18	14	2	2	0	0	3	3	0	0	0	0
U_{43}	51	4	12	16	16	3	18	15	1	1	1	0	3	0	0	2	0	1
U_{44}	51	6	12	21	12	0	18	7	9	0	1	1	3	2	1	0	0	0
U_{45}	51	4	1	4	29	13	18	2	1	11	3	1	3	0	0	0	2	1

（四）JB 村数据

1．JB 村精准识别绩效调查数据

表 3.13　JB 村精准识别绩效调查数据分布

	N_p	评价等级					N_f	评价等级					N_g	评价等级				
		很低	较低	一般	较高	很高		很低	较低	一般	较高	很高		很低	较低	一般	较高	很高
U_{11}	49	0	2	2	11	34	15	11	0	2	1	1	3	0	0	1	0	5
U_{31}	49	0	14	16	13	6	15	11	1	1	1	1	3	0	0	2	1	0
U_{13}	49	0	3	15	19	12	15	10	2	3	0	0	3	0	0	0	0	3
U_{14}	49	0	2	18	19	10	15	7	7	1	0	0	3	0	0	1	1	1
U_{15}	49	0	1	5	7	36	15	7	5	1	1	1	3	0	1	0	1	1

2．JB 村精准帮扶绩效调查数据

表 3.14　JB 村精准帮扶绩效调查数据分布

	N_p	评价等级					N_f	评价等级					N_g	评价等级				
		很低	较低	一般	较高	很高		很低	较低	一般	较高	很高		很低	较低	一般	较高	很高
U_{21}	49	11	18	20	0	0	15	6	5	2	1	1	3	1	1	1	0	0
U_{22}	49	9	11	23	4	2	15	0	0	2	9	4	3	0	0	1	1	1
U_{23}	49	27	19	2	1	0	15	8	3	3	0	1	3	1	2	0	0	0
U_{24}	49	2	11	16	18	2	15	10	4	1	0	0	3	1	2	0	0	0
U_{25}	49	6	17	20	5	1	15	0	7	7	1	0	3	0	1	2	0	0

3．JB 村精准管理绩效调查数据

表 3.15　JB 村精准管理绩效调查数据分布

	N_p	评价等级					N_f	评价等级					N_g	评价等级				
		很低	较低	一般	较高	很高		很低	较低	一般	较高	很高		很低	较低	一般	较高	很高
U_{31}	49	10	6	17	14	2	15	4	8	2	1	0	3	0	0	0	3	0
U_{32}	49	26	15	5	2	1	15	0	1	4	8	2	3	1	2	0	0	0
U_{33}	49	0	3	9	25	12	15	7	4	3	1	0	3	0	0	0	2	1
U_{34}	49	3	16	28	2	0	15	12	2	1	0	0	3	0	0	1	2	0
U_{35}	49	23	14	7	3	2	15	11	2	1	1	0	3	1	0	2	0	0

4．JB 村精准考核绩效调查数据

表 3.16　JB 村精准考核绩效调查数据分布

	N_p	评价等级					N_f	评价等级					N_g	评价等级				
		很低	较低	一般	较高	很高		很低	较低	一般	较高	很高		很低	较低	一般	较高	很高
U_{41}	49	30	11	6	2	0	15	9	3	2	1	0	3	0	3	0	0	0
U_{42}	49	30	15	4	0	0	15	11	3	0	1	0	3	2	1	0	0	0
U_{43}	49	4	15	16	13	1	15	13	1	0	1	0	3	0	1	1	1	0
U_{44}	49	2	22	19	5	1	15	5	10	0	0	0	3	0	3	0	0	0
U_{45}	49	0	4	5	28	12	15	0	2	8	4	1	3	0	0	0	2	1

（五）BH 村数据

1．BH 村精准识别绩效调查数据

表 3.17　BH 村精准识别绩效调查数据分布

	N_p	评价等级					N_f	评价等级					N_g	评价等级				
		很低	较低	一般	较高	很高		很低	较低	一般	较高	很高		很低	较低	一般	较高	很高
U_{11}	47	1	1	4	8	33	15	13	0	1	1	0	3	0	0	0	0	3
U_{12}	47	5	10	18	10	4	15	13	0	2	0	0	3	0	0	0	2	1
U_{13}	47	3	5	17	13	9	15	13	2	0	0	0	3	0	0	0	1	2
U_{14}	47	4	3	19	14	7	15	7	6	1	0	1	3	0	0	1	0	2
U_{15}	47	2	1	1	8	35	15	7	7	0	0	1	3	0	1	0	1	1

2．BH 村精准帮扶绩效调查数据

表 3.18　BH 村精准帮扶绩效调查数据分布

	N_p	评价等级					N_f	评价等级					N_g	评价等级				
		很低	较低	一般	较高	很高		很低	较低	一般	较高	很高		很低	较低	一般	较高	很高
U_{21}	47	15	17	13	2	0	15	8	6	0	1	0	3	1	1	1	0	0
U_{22}	47	13	13	18	2	1	15	0	0	0	14	1	3	0	0	0	0	3
U_{23}	47	30	13	2	0	2	15	13	2	0	0	0	3	1	2	0	0	0
U_{24}	47	7	9	14	12	5	15	13	2	0	0	0	3	1	0	1	1	0
U_{25}	47	15	14	17	1	0	15	2	8	5	0	0	3	0	2	0	0	1

3．BH 村精准管理绩效调查数据

表 3.19　BH 村精准管理绩效调查数据分布

	N_p	评价等级					N_f	评价等级					N_g	评价等级				
		很低	较低	一般	较高	很高		很低	较低	一般	较高	很高		很低	较低	一般	较高	很高
U_{31}	47	10	14	11	10	2	15	3	10	2	0	0	3	0	0	0	2	1
U_{32}	47	28	11	4	4	0	15	0	1	3	7	4	3	3	0	0	0	0
U_{33}	47	5	4	12	20	6	15	7	7	0	1	0	3	0	0	0	3	0
U_{34}	47	5	11	27	3	1	15	8	6	1	0	0	3	0	1	0	2	0
U_{35}	47	21	13	6	4	3	15	10	5	0	0	0	3	0	2	0	1	0

4．BH 村精准考核绩效调查数据

表 3.20　BH 村精准考核绩效调查数据分布

	N_p	评价等级					N_f	评价等级					N_g	评价等级				
		很低	较低	一般	较高	很高		很低	较低	一般	较高	很高		很低	较低	一般	较高	很高
U_{41}	47	33	10	3	1	0	15	7	7	1	0	0	3	1	1	1	0	0
U_{42}	47	35	11	1	0	0	15	11	1	1	2	0	3	3	0	0	0	0
U_{43}	47	4	16	16	6	5	15	8	2	4	1	0	3	0	0	1	1	1
U_{44}	47	7	11	23	5	1	15	2	11	1	1	0	3	2	1	0	0	0
U_{45}	47	3	6	7	24	7	15	1	0	11	1	2	3	0	0	0	1	2

（六）JCP 村数据

1．JCP 村精准识别绩效调查数据

表 3.21　精准识别绩效调查数据分布

	N_p	评价等级					N_f	评价等级					N_g	评价等级				
		很低	较低	一般	较高	很高		很低	较低	一般	较高	很高		很低	较低	一般	较高	很高
U_{11}	48	0	2	5	11	30	13	10	1	0	1	1	3	0	0	0	0	3
U_{12}	48	4	15	9	17	3	13	11	0	0	1	1	3	0	1	0	1	1
U_{13}	48	3	6	12	17	10	13	11	1	0	1	0	3	0	0	0	0	3
U_{14}	48	0	3	10	23	12	13	6	6	0	1	0	3	0	1	0	1	1
U_{15}	48	0	2	1	15	30	13	6	6	0	1	0	3	0	0	0	1	2

2．JCP 村精准帮扶绩效调查数据

表 3.22　JCP 村精准帮扶绩效调查数据分布

	N_p	评价等级					N_f	评价等级					N_g	评价等级				
		很低	较低	一般	较高	很高		很低	较低	一般	较高	很高		很低	较低	一般	较高	很高
U_{21}	48	10	22	12	4	0	13	4	8	1	0	0	3	0	1	1	1	0
U_{22}	48	8	11	19	5	5	13	0	0	1	9	3	3	0	0	0	1	2
U_{23}	48	26	8	5	6	3	13	11	2	0	0	0	3	1	2	0	0	0
U_{24}	48	6	6	13	18	5	13	6	4	3	0	0	3	0	0	1	2	0
U_{25}	48	12	10	19	4	3	13	1	5	5	0	2	3	0	0	2	1	0

3．JCP 村精准管理绩效调查数据

表 3.23　JCP 村精准管理绩效调查数据分布

	N_p	评价等级					N_f	评价等级					N_g	评价等级				
		很低	较低	一般	较高	很高		很低	较低	一般	较高	很高		很低	较低	一般	较高	很高
U_{31}	48	5	6	21	13	3	13	3	6	2	1	1	3	0	0	0	0	3
U_{32}	48	27	11	5	4	1	13	0	2	2	6	3	3	1	2	0	0	0
U_{33}	48	3	1	13	19	12	13	5	7	1	0	0	3	0	0	0	1	2
U_{34}	48	4	12	28	4	0	13	10	2	1	0	0	3	0	0	3	0	0
U_{35}	48	15	19	7	4	3	13	9	3	0	0	1	3	0	0	3	0	0

4．JCP 村精准考核绩效调查数据

表 3.24　JCP 村村精准考核绩效调查数据分布

	N_p	评价等级					N_f	评价等级					N_g	评价等级				
		很低	较低	一般	较高	很高		很低	较低	一般	较高	很高		很低	较低	一般	较高	很高
U_{41}	48	30	10	4	4	0	13	11	1	0	1	0	3	0	3	0	0	0
U_{42}	48	28	25	5	0	0	13	9	2	1	1	0	3	3	0	0	0	0
U_{43}	48	3	9	24	11	1	13	9	1	2	1	0	3	0	1	1	1	0
U_{44}	48	3	11	25	9	0	13	1	8	2	0	2	3	2	1	0	0	0
U_{45}	48	1	0	6	29	12	13	1	1	9	1	1	3	0	0	0	0	3

（七）MS 村数据

1. MS 村精准识别绩效调查数据

表 3.25　MS 村精准识别绩效调查数据分布

	N_p	评价等级					N_f	评价等级					N_g	评价等级				
		很低	较低	一般	较高	很高		很低	较低	一般	较高	很高		很低	较低	一般	较高	很高
U_{11}	48	0	1	4	15	28	16	14	1	1	0	0	3	0	0	0	2	1
U_{12}	48	1	4	9	27	7	16	14	0	0	2	0	3	0	0	0	2	1
U_{13}	48	1	4	12	21	10	16	14	0	1	1	0	3	0	0	0	0	3
U_{14}	48	2	4	14	19	9	16	12	2	1	0	1	3	0	0	0	2	1
U_{15}	48	0	0	2	10	36	16	12	2	1	1	0	3	0	0	1	0	2

2. MS 村精准帮扶绩效调查数据

表 3.26　MS 村精准帮扶绩效调查数据分布

	N_p	评价等级					N_f	评价等级					N_g	评价等级				
		很低	较低	一般	较高	很高		很低	较低	一般	较高	很高		很低	较低	一般	较高	很高
U_{21}	48	12	12	20	3	1	16	11	4	1	0	0	3	0	0	1	2	0
U_{22}	48	4	12	21	10	1	16	0	0	3	11	2	3	0	0	0	0	3
U_{23}	48	19	17	6	2	4	16	14	0	1	0	1	3	0	1	1	1	0
U_{24}	48	2	8	11	24	3	16	9	5	2	0	0	3	0	0	1	1	1
U_{25}	48	6	7	26	6	3	16	2	5	7	2	0	3	0	1	2	0	0

3. MS 村精准管理绩效调查数据

表 3.27　MS 村精准管理绩效调查数据分布

	N_p	评价等级					N_f	评价等级					N_g	评价等级				
		很低	较低	一般	较高	很高		很低	较低	一般	较高	很高		很低	较低	一般	较高	很高
U_{31}	48	5	8	19	12	4	16	2	9	4	1	0	3	0	0	0	2	1
U_{32}	48	14	21	10	3	0	16	0	0	4	10	2	3	0	2	1	0	0
U_{33}	48	1	3	10	24	10	16	9	4	2	1	0	3	0	0	1	1	1
U_{34}	48	1	7	33	3	4	16	10	4	1	1	0	3	0	0	2	0	1
U_{35}	48	11	22	9	5	1	16	9	5	1	0	1	3	0	1	2	0	0

4．MS 村精准考核绩效调查数据

表 3.28　MS 村精准考核绩效调查数据分布

	N_p	评价等级					N_f	评价等级					N_g	评价等级				
		很低	较低	一般	较高	很高		很低	较低	一般	较高	很高		很低	较低	一般	较高	很高
U_{41}	48	28	11	7	2	0	16	11	4	0	1	0	3	0	2	1	0	0
U_{42}	48	26	14	7	1	0	16	12	1	2	0	1	3	0	2	1	0	0
U_{43}	48	2	11	20	12	3	16	12	3	1	0	0	3	0	0	0	1	2
U_{44}	48	5	10	22	10	1	16	3	12	0	1	0	3	0	2	1	0	0
U_{45}	48	0	2	7	28	11	16	0	2	9	4	1	3	0	0	0	2	1

（八）LT 村数据

1．LT 村精准识别绩效调查数据

表 3.29　LT 村精准识别绩效调查数据分布

	N_p	评价等级					N_f	评价等级					N_g	评价等级				
		很低	较低	一般	较高	很高		很低	较低	一般	较高	很高		很低	较低	一般	较高	很高
U_{11}	44	0	1	4	8	31	10	7	2	1	0	0	3	0	0	0	0	3
U_{12}	44	0	6	13	18	7	10	9	1	0	0	0	3	0	0	1	1	1
U_{13}	44	4	5	14	10	11	10	9	1	0	0	0	3	0	0	0	0	3
U_{14}	44	3	3	16	18	4	10	9	1	0	0	0	3	0	0	1	0	2
U_{15}	44	0	0	3	10	31	10	9	0	0	1	0	3	0	0	0	3	0

2．LT 村精准帮扶绩效调查数据

表 3.30　LT 村精准帮扶绩效调查数据分布

	N_p	评价等级					N_f	评价等级					N_g	评价等级				
		很低	较低	一般	较高	很高		很低	较低	一般	较高	很高		很低	较低	一般	较高	很高
U_{21}	44	8	17	12	7	0	10	8	1	0	1	0	3	0	2	1	0	0
U_{22}	44	3	8	26	3	4	10	0	0	0	8	2	3	0	0	0	2	1
U_{23}	44	21	13	4	4	2	10	7	2	1	0	0	3	0	1	1	1	0
U_{24}	44	5	8	10	16	5	10	7	3	0	0	0	3	0	0	1	1	1
U_{25}	44	6	13	17	4	4	10	2	4	4	0	0	3	1	1	0	1	0

3．LT 村精准管理绩效调查数据

表 3.31　LT 村精准管理绩效调查数据分布

	N_p	评价等级					N_f	评价等级					N_g	评价等级				
		很低	较低	一般	较高	很高		很低	较低	一般	较高	很高		很低	较低	一般	较高	很高
U_{31}	44	5	8	19	8	4	10	2	7	1	0	0	3	0	0	0	2	1
U_{32}	44	13	22	5	2	2	10	0	0	1	6	3	3	1	2	0	0	0
U_{33}	44	1	1	9	22	11	10	9	0	0	0	1	3	0	0	0	1	2
U_{34}	44	2	5	30	7	0	10	7	2	0	0	1	3	0	1	1	1	0
U_{35}	44	8	19	9	4	4	10	9	1	0	0	0	3	0	1	2	0	0

4．LT 村精准考核绩效调查数据

表 3.32　LT 村精准考核绩效调查数据分布

	N_p	评价等级					N_f	评价等级					N_g	评价等级				
		很低	较低	一般	较高	很高		很低	较低	一般	较高	很高		很低	较低	一般	较高	很高
U_{41}	44	23	13	5	3	0	10	7	2	1	0	0	3	1	2	0	0	0
U_{42}	44	25	12	4	3	0	10	4	5	1	0	0	3	3	0	0	0	0
U_{43}	44	1	12	18	10	3	10	10	0	0	0	0	3	0	0	0	2	1
U_{44}	44	2	10	21	10	1	10	2	5	2	1	0	3	0	3	0	0	0
U_{45}	44	0	1	6	24	13	10	0	1	6	2	1	3	0	0	1	0	2

（九）LMT 村数据

1．LMT 村精准识别绩效调查数据

表 3.33　LMT 村精准识别绩效调查数据分布

	N_p	评价等级					N_f	评价等级					N_g	评价等级				
		很低	较低	一般	较高	很高		很低	较低	一般	较高	很高		很低	较低	一般	较高	很高
U_{11}	46	0	2	3	9	32	12	10	0	1	0	1	3	0	0	0	0	3
U_{12}	46	2	9	6	19	10	12	10	1	1	0	0	3	0	0	0	2	1
U_{13}	46	1	1	6	23	15	12	9	3	0	0	0	3	0	0	0	0	3
U_{14}	46	4	2	8	22	10	12	6	5	1	0	0	3	0	0	1	1	1
U_{15}	46	0	1	2	14	29	12	5	5	1	1	0	3	0	0	1	2	0

2．LMT 村精准帮扶绩效调查数据

表 3.34　LMT 村精准帮扶绩效调查数据分布

	N_p	评价等级					N_f	评价等级					N_g	评价等级				
		很低	较低	一般	较高	很高		很低	较低	一般	较高	很高		很低	较低	一般	较高	很高
U_{21}	46	6	13	26	1	0	12	3	7	0	1	1	3	0	1	2	0	0
U_{22}	46	3	8	23	9	3	12	0	0	0	7	5	3	0	0	0	1	2
U_{23}	46	11	29	2	4	0	12	8	1	3	0	0	3	0	3	0	0	0
U_{24}	46	1	2	11	24	8	12	6	5	0	1	0	3	0	0	0	2	1
U_{25}	46	4	5	26	6	5	12	0	5	3	1	3	3	0	1	1	1	0

3．LMT 村精准管理绩效调查数据

表 3.35　LMT 村精准管理绩效调查数据分布

	N_p	评价等级					N_f	评价等级					N_g	评价等级				
		很低	较低	一般	较高	很高		很低	较低	一般	较高	很高		很低	较低	一般	较高	很高
U_{31}	46	4	3	13	23	3	12	3	7	1	0	1	3	0	0	0	3	0
U_{32}	46	11	24	6	5	0	12	0	1	1	9	1	3	1	2	0	0	0
U_{33}	46	4	5	7	15	15	12	5	5	0	0	2	3	0	0	0	2	1
U_{34}	46	5	8	29	4	0	12	8	2	0	2	0	3	0	0	1	1	1
U_{35}	46	5	20	16	3	2	12	6	6	0	0	0	3	0	2	1	0	0

4．LMT 村精准考核绩效调查数据

表 3.36　LMT 村精准考核绩效调查数据分布

	N_p	评价等级					N_f	评价等级					N_g	评价等级				
		很低	较低	一般	较高	很高		很低	较低	一般	较高	很高		很低	较低	一般	较高	很高
U_{41}	46	17	17	8	4	0	12	8	3	1	0	0	3	0	3	0	0	0
U_{42}	46	15	22	7	2	0	12	8	0	2	1	1	3	3	0	0	0	0
U_{43}	46	1	4	25	14	2	12	11	0	1	0	0	3	0	0	0	1	2
U_{44}	46	4	6	20	15	1	12	4	7	1	0	0	3	1	2	0	0	0
U_{45}	46	1	3	2	26	14	12	1	0	6	3	2	3	0	0	0	2	1

数据来源：根据实地调查数据整理

附录 4　各村在指标层（二级指标）和准则层（一级指标）上的得分

表 4.1 调查对象（BR 村）在指标层（二级指标）和准则层（一级指标）上的得分

对象类型	对象编号	$H_{总}$	$H_{识}$	$H_{帮}$	$H_{管}$	$H_{考}$	对象类型	对象编号	$H_{总}$	$H_{识}$	$H_{帮}$	$H_{管}$	$H_{考}$
P	1	3.45	4.54	3.49	2.43	2.28	P	35	3.13	3.60	2.67	2.72	3.15
	2	3.72	4.49	3.32	2.83	3.66		36	3.73	4.54	4.44	2.70	2.40
	3	3.73	4.85	2.84	3.06	3.12		37	3.19	4.11	2.31	3.04	2.39
	4	3.98	5.00	3.28	3.51	3.12		38	3.30	4.36	2.05	3.12	2.64
	5	4.09	4.79	4.23	3.50	3.12		39	3.77	4.67	3.14	3.12	3.33
	6	3.76	4.69	3.31	3.32	2.78		40	2.79	4.00	1.17	2.11	2.90
	7	3.68	4.67	3.37	2.98	2.74		41	2.86	3.18	2.67	2.25	3.16
	8	3.29	4.00	2.44	3.23	2.81		42	3.18	3.92	2.04	3.19	2.89
	9	3.57	4.54	3.31	2.58	2.98		43	3.51	4.01	3.28	3.16	3.09
	10	3.61	4.69	2.61	3.16	2.98		44	3.30	4.39	2.65	2.76	2.32
	11	3.40	4.01	3.14	3.18	2.63		45	3.62	4.50	2.31	3.56	3.31
	12	3.30	4.21	2.79	2.36	3.10		46	3.03	3.71	3.02	1.92	2.95
	13	3.31	4.05	2.80	2.97	2.67		47	2.92	3.78	2.16	2.43	2.54
	14	3.49	4.33	3.14	3.16	2.43	F	1	1.45	1.00	2.15	1.60	1.42
	15	3.20	4.22	2.30	2.85	2.46		2	3.40	4.54	2.98	2.98	1.86
	16	3.69	4.41	3.02	3.56	3.02		3	2.31	1.97	3.05	1.83	2.80
	17	3.51	4.58	2.93	3.18	2.22		4	2.21	2.19	1.78	2.72	2.11
	18	3.49	4.33	2.67	3.28	2.84		5	1.68	1.00	2.71	1.51	2.17
	19	3.12	4.39	2.66	1.85	2.43		6	1.80	1.35	1.78	2.26	2.24
	20	3.51	4.39	3.02	2.85	2.98		7	1.71	1.35	1.78	1.58	2.60
	21	3.36	4.33	2.31	3.06	2.84		8	1.59	1.35	1.47	1.70	2.12
	22	3.32	4.36	2.84	2.72	2.33		9	1.74	1.80	1.66	1.51	1.98
	23	3.09	4.01	2.31	2.93	2.12		10	1.60	1.35	1.66	2.04	1.56
	24	3.22	4.21	2.49	2.72	2.53		11	1.74	2.00	1.44	1.70	1.56
	25	3.03	3.88	2.15	3.05	2.12		12	1.51	1.00	2.29	1.51	1.76
	26	2.79	3.74	2.28	2.06	2.19		13	1.39	1.00	1.66	1.79	1.42
	27	2.66	3.26	2.36	2.22	2.26		14	1.41	1.00	1.80	1.64	1.56
	31	2.44	2.50	2.60	2.39	2.19	G	1	3.98	4.52	3.49	4.27	3.01
	32	3.49	3.70	3.49	3.42	3.11		2	3.80	4.61	3.38	3.72	2.60
	33	2.22	2.75	1.88	1.72	2.12		3	3.79	4.61	3.49	3.73	2.36
	34	3.31	4.11	2.66	2.96	2.74							

表 4.2 调查对象（SBD 村）在指标层（二级指标）和准则层（一级指标）上的得分

对象类型	对象编号	$H_{总}$	$H_{识}$	$H_{帮}$	$H_{管}$	$H_{考}$	对象类型	对象编号	$H_{总}$	$H_{识}$	$H_{帮}$	$H_{管}$	$H_{考}$
P	48	3.99	5.00	4.45	2.40	3.19	P	80	3.18	2.98	3.31	3.27	3.35
	49	3.68	4.50	4.37	2.36	2.74		81	3.62	4.67	2.97	2.95	2.91
	50	4.06	5.00	3.70	3.77	2.78		82	3.64	4.40	3.12	3.29	3.02
	51	4.22	4.86	4.44	3.29	3.70		83	2.87	3.85	2.27	2.18	2.26
	52	4.03	5.00	3.23	3.37	3.70		84	3.88	4.82	3.80	3.35	2.52
	53	3.80	4.71	4.24	2.98	2.26		85	3.38	4.09	2.18	3.57	2.98
	54	3.73	4.50	2.88	3.77	2.97		86	3.86	4.69	3.19	3.34	3.47
	55	3.77	4.54	3.14	3.29	3.43		87	3.42	4.22	3.13	2.76	2.80
	56	3.52	4.52	3.31	2.72	2.56		88	3.57	4.01	3.27	3.73	2.70
	57	3.31	4.00	3.19	2.64	2.77		89	4.07	4.40	3.22	4.31	4.04
	58	3.68	4.39	2.75	3.47	3.46		90	3.43	4.69	2.37	2.64	2.89
	59	3.50	4.36	3.09	3.04	2.67		91	3.59	4.56	3.49	2.79	2.53
	60	3.62	4.71	2.79	2.97	2.98		92	3.44	4.06	2.48	3.60	2.98
	61	3.56	4.31	3.37	2.78	3.11		93	3.95	4.82	3.14	3.38	3.70
	62	3.46	4.54	2.84	2.70	2.77		94	3.70	4.30	3.76	3.06	3.08
	63	3.65	4.65	2.79	3.50	2.64		95	3.32	4.54	3.56	1.85	2.19
	64	3.87	4.69	3.45	3.19	3.40	F	15	3.44	4.36	3.12	3.23	2.00
	65	3.74	4.54	3.31	2.92	3.54		16	2.30	2.40	2.76	2.17	1.66
	66	3.47	4.39	3.00	3.19	2.33		17	2.51	3.33	1.44	2.93	1.42
	67	3.10	4.40	1.97	2.29	2.60		18	1.72	1.35	1.78	1.91	2.22
	68	3.04	4.00	2.63	2.63	1.91		19	1.67	1.35	2.27	1.70	1.66
	69	2.99	4.10	2.55	2.27	1.91		20	1.79	1.67	2.27	2.17	1.00
	70	3.78	4.54	3.53	3.68	2.53		21	1.54	1.00	2.45	1.57	1.63
	71	3.54	4.39	2.67	2.97	3.42		22	1.51	1.00	2.01	1.83	1.66
	72	3.16	3.92	3.93	1.89	2.12		23	1.53	1.00	2.01	1.98	1.56
	73	2.92	3.42	2.44	2.70	2.67		24	1.55	1.33	2.15	1.38	1.56
	74	3.58	4.56	3.10	2.53	3.30		25	1.37	1.00	1.66	1.60	1.56
	75	3.57	4.39	2.56	3.38	3.17		26	1.32	1.00	1.66	1.51	1.42
	76	3.60	4.11	2.80	3.10	4.07		27	2.76	2.81	3.56	2.53	2.01
	77	3.26	3.45	3.26	3.59	2.40	G	4	4.11	4.79	3.49	4.18	3.26
	78	3.72	4.86	3.30	2.85	2.75		5	3.99	4.69	4.10	3.62	2.74
	79	3.54	3.67	2.74	4.62	2.81		6	3.80	4.61	3.19	3.63	2.92

表4.3　调查对象（MYX村）在指标层（二级指标）和准则层（一级指标）上的得分

对象类型	对象编号	$H_{总}$	$H_{识}$	$H_{帮}$	$H_{管}$	$H_{考}$	对象类型	对象编号	$H_{总}$	$H_{识}$	$H_{帮}$	$H_{管}$	$H_{考}$
P	96	3.85	4.69	4.86	2.72	2.22	P	132	3.16	3.87	3.28	1.87	3.09
	97	3.67	5.00	3.32	2.56	2.54		133	3.08	3.70	3.39	2.47	2.08
	98	3.40	4.86	3.55	1.94	1.77		134	3.38	3.56	3.52	3.60	2.52
	99	3.74	5.00	3.57	2.65	2.53		135	2.84	3.75	1.74	2.39	2.69
	100	3.98	5.00	3.58	3.31	3.03		136	2.96	3.85	1.58	2.94	2.61
	101	3.22	4.39	2.30	2.77	2.26		137	2.96	3.53	2.50	2.84	2.40
	102	3.59	4.82	3.04	2.36	3.08		138	3.40	4.32	3.20	2.29	3.00
	103	2.97	3.00	3.00	2.61	3.33		139	3.40	3.69	3.31	3.13	3.22
	104	3.65	5.00	3.50	2.17	2.66		140	3.03	3.44	3.34	2.48	2.47
	105	3.40	3.79	3.88	3.06	2.36		141	2.50	3.21	2.02	2.05	2.05
	106	3.85	5.00	3.48	3.26	2.49		142	3.06	4.07	2.18	2.69	2.33
	107	3.69	4.00	4.00	3.55	2.78		143	3.57	4.50	3.28	3.16	2.35
	108	3.89	4.86	3.14	3.16	3.52		144	3.04	3.24	3.51	2.79	2.33
	109	2.36	3.00	1.67	1.87	2.39		145	2.82	3.90	1.95	2.39	1.98
	110	4.14	5.00	4.01	3.64	3.02		146	2.99	4.17	1.85	2.62	2.18
	111	3.21	3.58	3.83	2.91	2.01	F	28	1.32	1.00	1.66	1.39	1.56
	112	3.79	4.86	3.28	3.26	2.70		29	3.13	3.79	2.98	2.85	2.20
	113	3.63	5.00	3.09	2.59	2.53		30	2.34	2.27	3.25	2.04	1.77
	114	4.25	5.00	3.87	3.97	3.39		31	2.26	2.78	2.14	2.04	1.52
	115	3.88	4.86	3.44	3.28	2.98		32	1.93	1.00	2.80	2.24	2.62
	116	4.22	4.86	3.62	3.98	3.80		33	1.82	1.83	2.72	1.51	1.14
	117	3.69	4.00	4.00	3.19	3.25		34	1.67	1.35	1.92	1.91	1.77
	118	4.06	5.00	3.54	3.82	2.86		35	1.61	1.35	2.35	1.44	1.52
	119	2.69	2.57	2.00	3.16	3.19		36	1.60	1.33	1.66	1.86	1.84
	120	4.05	5.00	3.79	3.44	3.01		37	1.61	1.35	1.66	2.26	1.31
	121	2.23	2.50	1.88	2.38	1.84		38	1.51	1.00	1.96	1.73	1.84
	122	3.06	3.95	2.31	2.49	2.68		39	1.52	1.35	1.66	1.58	1.66
	123	2.51	2.94	1.35	2.78	2.58		40	1.40	1.00	1.96	1.39	1.66
	124	3.35	3.35	3.31	3.51	3.19		41	1.50	1.00	1.52	1.39	2.74
	125	3.29	4.52	2.69	2.69	1.97		42	1.46	1.35	1.52	1.51	1.56
	126	3.23	4.22	2.67	2.63	2.42		43	1.42	1.00	1.52	1.51	2.11
	127	3.05	3.34	3.52	2.84	2.12		44	1.42	1.15	1.66	1.58	1.52
	128	3.02	2.17	3.49	3.84	3.32		45	1.31	1.00	1.66	1.25	1.66
	129	2.94	3.83	2.16	2.44	2.54	G	7	3.39	4.01	3.49	3.16	2.15
	130	2.42	3.07	1.82	2.45	1.63		8	3.38	4.12	2.77	3.50	2.29
	131	3.36	4.39	2.84	2.73	2.47		9	3.36	3.94	3.49	2.69	2.78

表 4.4　调查对象（JB 村）在指标层（二级指标）和准则层（一级指标）上的得分

对象类型	对象编号	$H_{\text{总}}$	$H_{\text{识}}$	$H_{\text{帮}}$	$H_{\text{管}}$	$H_{\text{考}}$	对象类型	对象编号	$H_{\text{总}}$	$H_{\text{识}}$	$H_{\text{帮}}$	$H_{\text{管}}$	$H_{\text{考}}$
P	147	3.51	4.26	3.02	3.06	3.01	P	181	3.48	4.51	3.13	2.61	2.68
	148	2.91	4.07	2.02	2.16	2.32		182	2.91	4.04	2.18	2.10	2.29
	149	2.81	3.78	1.27	2.87	2.40		183	3.39	4.71	2.70	2.25	2.70
	150	3.04	4.51	1.97	2.50	1.70		184	2.63	3.54	1.35	3.08	1.56
	151	2.81	3.61	1.83	2.69	2.33		185	2.93	4.44	1.87	1.72	2.38
	152	3.05	4.34	2.23	2.38	1.98		186	3.82	4.71	3.14	3.29	3.29
	153	2.99	4.03	2.09	2.64	2.19		187	3.21	4.07	3.00	2.51	2.40
	154	2.97	4.04	2.02	2.16	2.74		188	3.49	4.21	3.00	3.25	2.78
	155	2.90	3.92	2.14	3.03	1.35		189	3.61	4.31	3.07	3.51	2.81
	156	3.34	4.25	2.31	3.30	2.57		190	3.62	4.26	3.63	3.38	2.49
	157	2.74	3.94	2.10	1.44	2.45		191	3.17	4.40	1.97	2.57	2.63
	158	2.82	3.79	1.92	2.77	1.77		192	3.09	4.21	2.29	2.72	1.98
	159	2.81	3.72	2.37	2.25	1.98		193	3.80	5.00	3.24	2.74	3.15
	160	2.86	3.60	2.04	2.38	2.84		194	3.01	3.53	3.00	2.76	2.19
	161	2.48	3.48	1.35	2.16	1.98		195	3.94	4.85	3.31	3.38	3.39
	162	2.87	4.07	2.54	1.85	1.84							
	163	3.29	4.22	2.80	2.72	2.53	F	46	3.25	3.79	3.88	2.20	2.64
	164	3.19	3.86	2.45	2.85	3.01		47	2.84	3.43	2.92	2.64	1.66
	165	3.19	4.22	2.45	2.72	2.33		48	2.46	2.67	2.77	2.25	1.90
	166	3.59	4.52	3.14	3.42	2.25		49	2.36	2.81	2.64	1.51	2.11
	167	3.47	4.33	3.14	2.44	3.29		50	1.82	1.00	2.01	2.54	2.52
	168	3.42	4.56	2.44	2.78	2.84		51	1.81	1.65	2.27	1.72	1.72
	169	3.41	4.17	3.14	2.91	2.67		52	1.67	1.35	2.10	1.70	1.87
	170	3.44	4.36	3.14	2.25	3.26		53	1.63	1.35	2.10	1.70	1.63
	171	2.95	4.15	2.31	2.04	2.22		54	1.53	1.00	2.22	1.64	1.77
	172	3.21	4.25	2.28	2.93	2.33		55	1.54	1.35	1.78	1.64	1.56
	173	2.94	4.21	1.61	1.97	2.94		56	1.52	1.00	1.87	2.12	1.52
	174	3.19	4.38	2.30	2.79	2.12		57	1.50	1.35	1.78	1.58	1.42
	175	2.97	3.60	2.85	2.06	2.88		58	1.43	1.00	1.66	1.39	2.19
	176	2.82	3.22	3.06	2.59	1.91		59	1.31	1.00	1.66	1.51	1.35
	177	2.55	3.09	2.51	1.99	2.08		60	1.32	1.00	1.66	1.38	1.56
	178	3.29	4.56	2.37	2.95	1.98	G	10	3.74	4.82	2.52	3.53	3.05
	179	3.12	3.67	2.97	2.60	2.75		11	3.30	4.16	2.61	3.38	2.08
	180	3.44	3.98	3.49	2.97	2.77		12	2.67	3.23	1.62	2.96	2.29

表 4.5　调查对象（BH 村）在指标层（二级指标）和准则层（一级指标）上的得分

对象类型	对象编号	$H_{总}$	$H_{识}$	$H_{帮}$	$H_{管}$	$H_{考}$	对象类型	对象编号	$H_{总}$	$H_{识}$	$H_{帮}$	$H_{管}$	$H_{考}$
P	196	3.32	4.35	2.19	3.36	2.33	P	229	3.16	4.15	2.88	2.47	2.19
	197	2.99	4.21	2.28	2.54	1.69		230	2.81	3.69	1.72	2.60	2.40
	198	2.85	4.11	1.66	2.57	1.77		231	3.20	4.24	1.74	3.41	2.33
	199	2.76	3.58	1.92	2.38	2.43		232	2.99	3.39	2.22	3.26	2.67
	200	2.75	4.07	1.71	2.16	1.77		233	3.51	4.65	3.87	2.01	2.46
	201	2.77	4.04	1.79	2.10	1.98		234	3.14	3.84	2.39	3.42	2.12
	202	3.22	3.92	1.66	3.49	3.19		235	3.23	4.50	3.28	2.10	1.77
	203	2.79	3.65	2.10	2.47	2.12		236	2.36	3.36	1.83	1.67	1.63
	204	2.81	3.76	2.41	2.18	1.98		237	2.74	3.35	2.13	2.44	2.47
	205	3.01	4.25	2.25	2.38	1.91		238	3.44	4.52	3.02	2.84	2.28
	206	2.90	3.72	2.15	2.85	2.01		239	2.59	3.45	2.44	1.45	2.29
	207	2.63	3.06	2.58	2.50	1.91		240	3.16	3.98	2.62	3.16	1.94
	208	2.79	4.07	1.83	2.16	1.84		241	2.93	4.16	1.56	2.70	2.12
	209	2.90	3.75	2.45	2.06	2.64		242	3.22	4.54	2.20	2.63	2.26
	210	3.10	3.86	2.41	2.64	2.80	F	61	3.04	3.60	2.91	3.11	1.86
	211	2.64	4.07	1.45	1.64	2.12		62	2.29	2.91	1.92	2.05	1.66
	212	2.40	3.45	1.30	1.89	2.05		63	1.86	1.35	1.78	2.04	2.89
	213	2.63	3.23	2.35	2.50	1.76		63	1.81	1.35	2.27	1.72	2.43
	214	2.44	3.11	1.47	2.10	2.54		65	1.77	1.35	1.78	1.92	2.50
	215	2.67	4.01	1.63	1.75	2.11		66	1.71	1.35	1.66	2.17	1.98
	216	2.37	3.44	1.82	1.72	1.42		67	1.72	1.35	1.65	1.79	2.58
	217	2.86	3.45	2.15	2.74	2.54		68	1.59	1.35	1.92	1.57	1.77
	218	3.91	4.82	3.49	3.41	3.01		69	1.55	1.00	1.52	1.85	2.47
	219	3.75	4.65	3.14	3.42	2.88		70	1.51	1.00	1.66	2.17	1.66
	220	3.68	4.69	2.83	3.36	2.84		71	1.43	1.00	1.66	1.51	2.04
	221	3.48	4.22	3.14	2.75	3.19		72	1.39	1.00	1.66	1.38	1.98
	222	3.55	4.51	3.14	3.10	2.43		73	1.51	1.00	1.66	1.72	2.24
	223	3.45	4.07	2.97	2.91	3.32		74	1.37	1.00	2.01	1.51	1.24
	224	2.95	4.22	2.40	2.18	1.76		75	1.37	1.00	1.66	1.60	1.56
	225	2.71	3.83	1.26	2.40	2.33	G	13	3.89	4.82	3.41	3.61	2.71
	226	3.27	4.19	3.06	2.52	2.46		14	3.34	4.64	1.83	3.31	2.25
	227	2.61	2.82	3.14	1.60	2.81		15	3.24	3.92	3.23	2.51	2.68
	228	2.90	3.55	2.41	2.68	2.33							

表 4.6　调查对象（JCP 村）在指标层（二级指标）和准则层（一级指标）上的得分

对象类型	对象编号	$H_{总}$	$H_{识}$	$H_{帮}$	$H_{管}$	$H_{考}$	对象类型	对象编号	$H_{总}$	$H_{识}$	$H_{帮}$	$H_{管}$	$H_{考}$
P	243	3.68	4.14	3.53	3.13	3.56	P	275	3.56	3.84	3.91	3.55	2.54
	244	3.88	4.61	4.31	2.91	2.98		276	3.24	3.85	2.37	3.04	3.18
	245	3.12	4.21	2.31	2.72	2.12		277	3.38	4.19	2.54	3.25	2.74
	246	3.49	4.39	3.09	2.40	3.39		278	3.95	4.47	3.67	3.94	3.12
	247	3.02	3.65	2.80	2.50	2.53		279	3.44	4.50	3.53	2.51	2.12
	248	3.32	4.56	2.45	2.72	2.33		280	3.12	3.69	2.99	2.72	2.53
	249	3.31	4.39	2.45	2.72	2.67		281	2.86	3.36	2.79	2.14	2.74
	250	3.00	4.10	2.45	1.98	2.47		282	2.63	3.60	1.83	1.85	2.43
	251	3.28	4.00	2.88	3.06	2.43		283	3.49	3.52	3.41	3.64	3.33
	252	3.00	4.22	1.57	2.72	2.33		284	3.04	4.39	2.23	1.95	2.40
	253	3.28	4.17	2.28	3.16	2.63		285	3.53	4.05	4.45	2.75	2.26
	254	2.83	4.03	1.80	1.83	2.68		286	3.85	4.54	3.88	3.29	2.98
	255	3.02	4.35	2.18	1.97	2.40		287	3.18	3.89	2.95	2.99	2.12
	256	2.87	4.00	1.84	2.68	1.80		288	3.40	4.11	2.87	3.13	2.80
	257	2.90	4.06	1.57	2.29	2.66		289	2.87	3.85	1.48	2.02	3.43
	258	2.81	4.04	2.14	1.83	2.12		290	3.78	4.30	3.31	3.76	3.22
	259	2.98	4.21	2.25	2.19	2.12	F	76	3.18	3.90	2.65	3.43	1.86
	260	3.10	4.25	1.47	3.18	2.40		77	2.68	3.60	2.27	1.70	2.37
	261	3.30	4.05	2.80	2.85	2.77		78	1.95	1.35	2.84	2.05	2.12
	262	3.08	4.39	2.02	2.42	2.29		79	1.94	1.67	2.90	1.70	1.70
	263	2.19	2.81	1.12	2.10	2.18		80	1.89	1.35	2.73	2.16	1.77
	264	2.70	3.12	2.41	2.74	2.05		81	1.67	1.35	1.92	1.83	1.87
	265	3.04	3.86	2.75	2.53	2.19		82	1.66	1.00	2.15	1.60	2.66
	266	3.11	3.66	2.89	3.01	2.28		83	1.59	1.35	1.78	1.58	1.90
	267	2.59	3.31	1.75	2.47	2.12		84	1.54	1.00	1.66	1.64	2.53
	268	3.68	4.09	3.88	3.16	3.19		85	1.51	1.00	1.82	2.07	1.56
	269	3.05	3.90	2.52	2.93	1.91		86	1.51	1.00	2.01	1.58	1.98
	270	2.97	3.21	3.38	2.59	2.45		87	1.42	1.00	2.09	1.51	1.42
	271	3.03	3.08	3.44	3.01	2.47		88	1.42	1.00	1.66	1.51	1.98
	272	3.19	3.99	2.84	2.56	2.60	G	16	3.56	4.47	3.15	3.31	2.29
	273	3.07	3.88	2.33	2.75	2.54		17	3.75	4.86	3.23	3.38	2.36
	274	3.03	4.82	1.53	2.23	1.83		18	3.61	4.20	3.49	3.51	2.57

表 4.7　调查对象（MS 村）在指标层（二级指标）和准则层（一级指标）上的得分

对象类型	对象编号	$H_{总}$	$H_{识}$	$H_{帮}$	$H_{管}$	$H_{考}$	对象类型	对象编号	$H_{总}$	$H_{识}$	$H_{帮}$	$H_{管}$	$H_{考}$
P	291	3.05	3.90	2.40	2.94	2.05	P	325	3.17	4.05	1.85	3.19	2.73
	292	2.76	3.41	2.53	2.31	2.12		326	3.31	4.04	2.98	2.85	2.68
	293	3.05	2.98	3.10	3.09	3.11		327	3.86	4.15	3.56	4.05	3.32
	294	3.25	4.18	2.93	2.85	2.05		328	4.01	4.86	3.66	3.19	3.57
	295	2.87	4.04	2.05	2.16	2.12		329	3.20	3.88	2.09	3.48	2.61
	296	2.89	4.25	2.28	1.70	2.11		330	3.51	4.07	3.87	2.63	2.95
	297	2.90	3.59	2.10	2.85	2.39		331	3.73	4.55	2.93	3.12	3.67
	298	3.57	4.85	3.71	2.33	2.12		332	3.20	4.22	2.71	2.18	2.79
	299	3.66	4.64	3.10	3.32	2.56		333	3.18	3.77	3.65	2.44	2.25
	300	3.53	4.69	3.31	2.70	2.26		334	3.21	4.40	2.86	2.23	2.18
	301	3.46	4.40	2.61	2.78	3.23		335	3.09	3.42	1.49	3.70	3.50
	302	3.77	4.69	3.44	2.98	3.11		336	2.89	3.82	1.52	3.15	2.12
	303	3.43	4.39	2.14	3.30	2.99		337	3.73	4.46	3.04	3.29	3.46
	304	3.53	4.15	3.31	3.18	2.84		338	3.18	4.07	2.93	2.33	2.54
	305	3.43	4.14	3.14	3.04	2.67	F	89	3.09	3.48	3.07	3.53	1.66
	306	3.38	4.69	2.49	2.73	2.32		90	1.40	1.00	1.52	1.85	1.56
	307	3.66	4.71	3.14	2.85	2.98		91	2.40	3.18	1.47	2.38	1.77
	308	2.55	3.33	1.53	2.59	1.98		92	1.93	1.00	1.80	3.23	2.54
	309	3.33	4.43	2.80	2.65	2.39		93	1.82	1.00	3.22	1.92	1.87
	310	3.35	4.40	2.66	2.85	2.43		94	1.74	1.00	2.15	1.86	2.78
	311	3.28	4.00	3.06	2.97	2.33		95	1.60	1.00	1.66	1.73	2.74
	312	3.30	4.04	3.23	2.93	2.19		96	1.76	1.35	2.59	1.92	1.52
	313	3.20	4.39	1.97	2.72	2.61		97	1.67	1.35	1.96	2.04	1.56
	314	3.31	4.39	2.58	2.78	2.46		98	1.53	1.00	1.80	2.11	1.66
	315	2.92	3.79	1.80	2.75	2.54		99	1.51	1.00	2.29	1.63	1.56
	316	3.26	3.61	3.27	3.47	2.19		1000	1.57	1.00	2.15	1.97	1.63
	317	3.82	4.40	3.94	3.42	2.91		101	1.44	1.00	1.66	1.39	2.26
	318	3.36	4.21	3.52	2.59	2.26		102	1.41	1.00	1.80	1.51	1.77
	319	2.62	3.46	2.54	1.67	2.05		103	1.43	1.00	1.66	1.51	2.03
	320	3.37	4.15	3.18	2.69	2.73		104	1.39	1.00	2.01	1.39	1.56
	321	3.35	4.05	2.60	3.65	2.33							
	322	3.57	4.67	2.46	3.49	2.49	G	19	4.36	4.04	4.18	3.29	4.06
	323	3.50	4.39	2.93	2.97	2.87		20	4.82	4.04	3.13	3.18	3.99
	324	3.69	4.35	3.56	3.31	2.83		21	4.12	3.14	2.97	3.26	3.50

表 4.8 调查对象（LT 村）在指标层（二级指标）和准则层（一级指标）上的得分

对象类型	对象编号	$H_{总}$	$H_{识}$	$H_{帮}$	$H_{管}$	$H_{考}$	对象类型	对象编号	$H_{总}$	$H_{识}$	$H_{帮}$	$H_{管}$	$H_{考}$
P	339	3.47	4.39	3.14	3.04	2.33	P	368	3.63	4.52	3.37	3.00	2.74
	340	3.39	4.43	2.79	2.72	2.64		369	3.32	4.00	2.61	3.23	2.74
	341	3.45	4.37	2.31	2.76	3.66		370	3.21	4.20	2.41	3.13	2.05
	342	3.33	4.10	2.87	2.85	2.78		371	3.60	4.39	2.32	3.44	3.56
	343	3.40	4.39	2.97	2.39	2.99		372	3.96	4.82	3.55	3.32	3.32
	344	3.25	4.18	2.80	2.85	2.22		373	3.23	3.82	3.32	2.91	2.22
	345	3.50	4.39	2.91	3.05	2.77		374	3.37	3.65	3.26	2.79	3.63
	346	2.99	3.51	2.80	3.04	1.98		375	3.41	4.55	2.39	2.89	2.74
	347	3.49	4.35	2.79	3.10	2.88		376	3.04	3.90	2.32	2.44	2.78
	348	3.28	4.10	2.18	3.18	2.92		377	3.48	4.21	3.52	2.72	2.77
	349	2.58	2.60	2.31	2.63	2.80		378	3.68	4.38	2.80	3.49	3.42
	350	3.54	4.54	3.19	2.96	2.45		379	3.31	4.04	2.94	3.04	2.47
	351	2.89	4.21	1.96	2.17	1.98		380	3.14	4.10	2.40	2.50	2.67
	352	3.06	4.21	2.03	2.72	2.12		381	2.97	3.45	2.12	3.20	2.63
	353	3.03	3.79	2.62	2.51	2.50		382	3.36	4.40	3.10	2.33	2.67
	353	3.75	4.86	3.38	2.59	3.15	F	105	1.43	1.00	1.52	1.85	1.76
	354	3.80	4.69	3.31	3.72	2.49		106	1.67	1.33	2.15	1.39	2.25
	356	4.01	4.61	3.97	3.25	3.67		107	1.48	1.00	1.66	1.64	2.15
	357	3.11	3.90	2.31	3.37	1.98		108	1.61	1.33	1.52	1.98	1.90
	358	2.67	3.29	1.92	2.29	2.67		109	1.51	1.00	1.87	1.51	2.24
	359	2.99	4.25	1.96	2.53	1.98		110	1.42	1.00	1.66	1.51	1.98
	360	2.88	3.63	1.97	3.03	2.12		111	1.44	1.00	1.80	1.51	1.90
	361	2.77	3.73	2.28	2.05	2.12		112	1.43	1.00	2.15	1.51	1.42
	362	2.90	3.26	2.26	3.50	2.05		113	2.82	2.75	2.77	3.72	1.90
	363	3.44	4.28	3.24	3.32	1.91		114	1.60	1.00	2.52	1.64	1.79
	364	3.11	3.45	2.46	3.31	2.89	G	22	3.88	4.61	3.47	3.72	2.92
	365	3.06	3.60	3.13	2.70	2.25		23	3.87	4.79	3.85	3.16	2.71
	366	3.71	4.69	3.40	3.22	2.49		24	3.26	4.16	2.91	2.85	2.19
	367	2.98	3.26	1.61	3.31	3.57							

表 4.9　调查对象（LMT 村）在指标层（二级指标）和准则层（一级指标）上的得分

对象类型	对象编号	$H_{总}$	$H_{识}$	$H_{帮}$	$H_{管}$	$H_{考}$	对象类型	对象编号	$H_{总}$	$H_{识}$	$H_{帮}$	$H_{管}$	$H_{考}$
P	383	3.71	4.54	3.31	3.38	2.77	P	414	3.25	3.98	2.85	3.35	1.98
	384	3.77	4.71	3.18	3.53	2.68		415	4.01	4.71	4.19	3.16	3.32
	385	3.73	4.52	3.31	3.04	3.33		416	2.99	3.90	2.75	2.12	2.36
	386	3.47	4.33	2.97	2.96	2.81		417	3.85	4.65	3.31	3.38	3.29
	387	3.61	4.67	2.44	3.06	3.36		418	3.24	4.13	3.11	2.17	2.81
	388	3.70	4.29	3.68	3.28	2.91		419	3.32	3.74	2.42	3.13	3.73
	389	3.93	4.86	3.10	3.64	3.22		420	3.12	3.87	2.68	2.91	2.25
	390	3.45	4.30	3.14	2.47	3.18		421	3.53	4.17	3.14	3.12	3.08
	391	3.52	4.51	3.14	2.72	2.77		422	3.44	3.57	3.14	3.76	3.11
	392	3.28	4.54	2.79	2.00	2.67		423	3.15	4.39	1.77	3.41	1.69
	393	3.55	5.00	2.80	2.27	2.85		424	3.50	4.35	3.15	2.91	2.78
	394	3.55	4.56	3.14	2.97	2.53		425	2.90	3.18	2.68	2.81	2.67
	395	3.47	4.34	3.14	2.65	2.98		426	3.70	4.13	3.77	3.51	2.93
	396	3.20	4.25	2.88	2.32	2.35		427	2.96	2.79	3.49	2.53	3.31
	397	3.33	4.40	2.79	2.56	2.59		428	2.66	2.76	2.54	2.62	2.64
	398	3.43	4.33	2.84	3.19	2.43	F	115	1.99	1.50	2.27	1.70	3.13
	399	3.55	4.54	3.20	2.51	3.07		116	1.60	1.00	2.64	1.92	1.28
	400	3.46	4.15	3.14	2.85	3.11		117	1.48	1.00	1.96	1.73	1.66
	401	3.33	4.39	2.63	2.85	2.43		118	1.53	1.00	2.15	1.39	2.19
	402	3.04	3.87	2.28	2.84	2.33		119	1.42	1.00	1.96	1.39	1.76
	403	3.20	4.26	2.45	2.38	2.75		120	3.11	2.88	4.22	3.38	1.94
	404	2.95	4.00	2.31	2.45	1.98		121	2.91	3.23	2.77	3.38	1.73
	405	3.65	4.85	3.76	2.54	2.26		122	1.91	1.00	3.15	1.85	2.58
	406	3.81	4.33	4.09	3.01	3.35		123	1.71	1.35	2.41	1.82	1.56
	407	3.36	4.58	2.66	2.53	2.54		124	1.77	1.35	1.66	2.04	2.52
	408	3.22	3.76	2.66	2.85	3.14		125	1.66	1.35	1.78	2.17	1.56
	409	3.43	4.34	3.02	3.06	2.33		126	1.65	1.35	1.78	1.73	2.10
	410	3.04	3.65	3.04	2.07	2.91	G	25	3.84	4.61	3.70	3.50	2.71
	411	3.80	4.02	3.98	3.38	3.67		26	3.62	4.27	3.45	3.52	2.50
	412	3.50	3.72	3.56	3.19	3.33		27	3.67	4.52	3.37	3.19	2.78
	413	2.81	3.70	1.88	2.02	2.95							

数据来源：根据实地调查数据整理

参考文献

[1] 国家统计局 . 中华人民共和国 2016 年国民经济和社会发展统计公报 [EB/OL]. [2017-02-28] .http：//www.stats.gov.cn/tjsj/zxfb/201702/t20170228_1467424.html.

[2] 武靖州 . 公共财政支持精准扶贫的机制优化研究 [J]. 理论月刊，2018（01）.

[3] 周子新 . 强产业　促发展 [J]. 今日海南，2017（11）.

[4] 高鹏 . 浅析我国农村贫困地区开发式扶贫模式 [D]. 成都：西南财经大学，2009.

[5] 拉格纳 · 纳克斯 . 不发达国家的资本形成问题 [M]. 谨斋，译 . 北京：商务印书馆，1966.

[6] 纳尔逊 . 不发达国家的一种低水平均衡陷阱理论 [J]. 美国经济评论，1957（05）.

[7] 叶普万 . 贫困经济学研究 [M]. 北京：中国社会科学出版社，2004.

[8] 哈维 · 莱宾斯坦 . 经济落后与经济成长 [M]. 台北：中华书局股份有限公司，1970.

[9] Myrdal G. Economic Theory and Under-developed Regions [M].London：Duckworth，1957：54-55.

[10] 孙璐 . 扶贫项目绩效评估研究——基于精准扶贫的视角 [D]. 北京：中国农业大学，2015.

[11] 查道林，黄胜忠 . 村庄财政与反贫困的瞄准目标 [J]. 理论月刊，2014（10）.

[12] 刘冬梅 . 中国政府开发式扶贫资金投放效果的实证研究 [J]. 管理世界，2001（06）.

[13] 叶初升，邹欣 . 扶贫瞄准的绩效评估与机制设计 [J]. 华中农业大学学报（社会科学版），2012（01）.

[14] 岳希明，李实 . 中国农村扶贫项目的目标定位 [J]. China & World Economy，2004（02）.

[15] 李小云，张雪梅，唐丽霞 . 我国中央财政扶贫资金的瞄准分析 [J]. 中国农业大学学报，2005（03）.

[16] 姜爱华 . 我国政府开发式扶贫资金使用绩效的评估与思考 [J]. 宏观经济研究，2007（06）.

［17］帅传敏，李周何，晓军，等．国家扶贫开发重点县投入绩效的实证分析［J］．中国农村经济，2008（03）．

［18］庄天慧，张海霞，余崇媛．西南少数民族贫困县反贫困综合绩效模糊评价——以10个国家扶贫重点县为例［J］．西北人口，2012（03）．

［19］吕国范．发达国家资源产业扶贫的模式及经验启示［J］．商业时代，2014（10）．

［21］高鸿宾．关于中国的扶贫开发［J］．中国贫困地区，2000（06）．

［22］许源源，苏中英．中国农村扶贫瞄准的历史演变［J］．老区建设，2007（04）．

［23］汪三贵，Albert Park，Shubham Chaudhuri，Gaurav Datt．中国新时期农村扶贫与村级贫困瞄准［J］．管理世界，2007（01）．

［24］郭佩霞．论民族地区反贫困目标瞄准机制的建构［J］．贵州社会科学，2007（12）．

［25］王思铁．浅谈精准扶贫［RB/OL］．［2014-03-27］http：//www.scfpym.gov.cn/show.aspxid=25213.

［26］刘永富．我国“十三五”脱贫攻坚的形势与任务［J］．时事报告，2016（01）．

［27］刘解龙．经济新常态中的精准扶贫理论与机制创新［J］．湖南社会科学，2015（04）．

［28］黄承伟，王猛．“五个一批”精准扶贫思想视阈下多维贫困治理研究［J］．河海大学学报（哲学社会科学版），2017（05）．

［29］聂伟，龚紫钰．十八大以来精准扶贫研究进展与未来展望［J］．中国农业大学学报（社会科学版），2018（05）．

［30］葛志军，邢成举．精准扶贫：内涵、实践困境及其原因阐释——基于宁夏银川两个村庄的调查［J］．贵州社会科学，2015（05）．

［31］汪波，王雄军．精准扶贫的实践逻辑与理论创新［J］．行政管理改革，2018（11）．

［32］刘雯丽．精准识别政策的僵化执行及偏差分析［J］．西北农林科技大学学报（社会科学版），2018（06）．

［33］王晓毅．精准扶贫与驻村帮扶［J］．国家行政学院学报，2016（03）．

［34］陈成文，李春根．论精准扶贫政策与农村贫困人口需求的契合度［J］．山东社会科学，2017（03）．

［35］左停，杨雨鑫，钟玲．精准扶贫：技术靶向、理论解析和现实挑战［J］．贵州社会科学，2015（08）．

［36］杜熙．论民族地区精准扶贫工作中的主体性构建［J］．学术界，2017（08）．

［37］赵正，侯一蕾，温亚利．精准扶贫项目与农村居民收入增长——基于倾向得分匹配模型的分析［J］．统计与信息论坛，2018（11）．

［38］雷望红．论精准扶贫政策的不精准执行［J］．西北农林科技大学学报（社会科

学版），2017（01）.

［39］隋晓阳.2018 精准扶贫新方式［J］.财经界，2018（03）.

［40］万江红，苏运勋.精准扶贫基层实践困境及其解释——村民自治的视角［J］.贵州社会科学，2016（08）.

［41］殷浩栋，汪三贵，郭子豪.精准扶贫与基层治理理性——对于 A 省 D 县扶贫项目库建设的解构［J］.社会学研究，2017（06）.

［42］尹利民，孙健."权力——信息"约束下精准扶贫的地方实践——以 X 县为例［J］.江西社会科学，2017（11）.

［43］唐梅玲.从国家义务到公民权利：精准扶贫对象民生权虚置化的成因与出路［J］.湖北大学学报（哲学社会科学版），2018（01）.

［44］邢成举，李小云.精英俘获与财政扶贫项目目标偏离的研究［J］.中国行政管理，2013（09）.

［45］张倩.贫困陷阱与精英捕获：气候变化影响下内蒙古牧区的贫富分化［J］.学海，2014（05）.

［46］刘升.精英俘获与扶贫资源资本化研究——基于河北南村的个案研究［J］.南京农业大学学报（社会科学版），2015（05）.

［47］邓维杰.精准扶贫的难点、对策与路径选择［J］.农村经济，2014（06）.

［48］何立华.精准扶贫背景下的贫困人口识别：理论、实践与政策［J］.中南民族大学学报，2017（02）.

［49］杜永红.大数据背景下精准扶贫绩效评估研究［J］.求实，2018（02）.

［50］胡伟斌，黄祖辉，朋文欢.产业精准扶贫的作用机理、现实困境及破解路径［J］.江淮论坛，2018（05）.

［51］邹勇.贵州少数民族地区精准扶贫的文化因素分析［J］.中国商论，2018（10）.

［52］汪三贵，郭子豪.论中国的精准扶贫［J］.贵州社会科学，2015（05）.

［53］赵武，王姣玥.新常态下"精准扶贫"的包容性创新机制研究［J］.中国人口·资源与环境，2015（11）.

［54］王宇，李博，左停.精准扶贫的理论导向与实践逻辑——基于精细社会理论的视角［J］.贵州社会科学，2016（05）.

［55］任超，袁明宝.分类治理：精准扶贫政策的实践困境与重点方向——以湖北秭归县为例［J］.北京社会科学，2017（01）.

［56］杜国明，张燕，于佳兴.东北地区精准扶贫工作中的难点与对策［J］.农业经济与管理，2018（01）.

［57］覃志敏，岑家峰.精准扶贫视域下干部驻村帮扶的减贫逻辑——以桂南 S 村的驻村帮扶实践为例［J］.贵州社会科学，2017（01）.

［58］易法敏.产业参与、平台协同与精准扶贫［J］.华南农业大学学报（社会科学版），2018（06）.

[59] 陈冠宇，张劲松 . 弥合数据、精准、扶贫之间的链接缝隙——精准扶贫第三方评估大数据运用及发展 [J]. 上海行政学院学报，2018（06）.

[60] 曲蕴，马春 . 文化精准扶贫的理论内涵及其实现路径 [J]. 图书馆杂志，2016（09）.

[61] 倪海霞 . 关于如何推进农村文化精准扶贫策略的探讨 [J]. 大众文艺，2016（15）.

[62] 程若霜 . 贫困地区公共文化服务建设——基于“精准扶贫”的视角 [J]. 中国管理信息化，2016（14）.

[63] 吴兴杰 . 文化引领精准扶贫 [J]. 商业文化，2016（22）.

[64] 高国栋 .“互联网 + 传统手工艺”带动文化精准扶贫的思考 [J]. 人文天下，2016（07）.

[65] 龚菲，王尧 . 精准扶贫背景下地方高校图书馆文化扶贫研究——以吉首大学图书馆为例 [J]. 情报探索，2016（05）.

[66] 边晓红，段小虎，王军，等 .“文化扶贫”与农村居民文化“自组织”能力建设 [J]. 图书馆论坛，2016（02）.

[67] 张喆昱，张奇 . 面向文化精准扶贫的措施研究 [J]. 图书馆杂志，2016（09）.

[68] 王福 . 复杂网络视角下的内蒙古文化精准扶贫模型构建 [J]. 图书馆论坛，2016（10）.

[69] 梁立新 . 精准扶贫情境下贫困地区公共文化服务精准识别研究 [J]. 浙江学刊，2017（01）.

[70] 饶世权，鞠廷英 . 从文化扶贫到文化精准扶贫：近三十年来我国文化扶贫研究述评 [J]. 西华大学学报（哲学社会科学版），2017（02）.

[71] 葛笑如，刘祖云 . 工作队驻村帮扶引发的扶贫场域解构及再结构化研究——以苏北 G 县为例 [J]. 理论与改革，2018（06）.

[72] 吴雄周 . 精准扶贫：基于“三权”视角的扶贫多维瞄准和多步瞄准融合研究 [J]. 农村经济与科技，2018（03）.

[73] 吕书奇 . 中国农村扶贫政策及成效研究 [D]. 北京：中国农业科学院，2008.

[74] 孙菲 . 中国农村致贫原因及扶贫政策效应计量分析 [D]. 北京：首都经济贸易大学，2017.

[75] 世界银行 .1980 年世界发展报告 [M]. 北京：中国财政经济出版社，1980.

[76] 姜永华，高鸿宾 . 中国财政扶贫：中央财政扶贫 [M]. 北京：中国财政经济出版社，1998.

[77] 欧共体委员 . 法定贫困线的制定和经济政策 [M]. 1993.

[78] 马丁 · 瑞沃林 . 贫困的比较 [M]. 赵俊超，译 . 北京：北京大学出版社，2005.

[79] Sen，A.K. Development as Freedom [M]. Oxford：Oxford University Press，1999.

[80] 陆凤兴 . 关于贫困的测算方法与指标体系探讨 [J]. 统计与决策，2006（21）.

［81］郑玉英．公平理论视角下我国农村最低生活保障制度研究［J］．现代妇女，2014（05）．

［82］张全红，周强．多维贫困测量及述评［J］．经济与管理，2014（01）．

［83］张青．相对贫困标准及相对贫困人口比率［J］．统计与决策，2012（06）．

［84］李永友，沈坤荣．财政支出结构、相对贫困与经济增长［J］．管理世界，2007（11）．

［85］黄承伟．中国农村反贫困的实践与思考［M］．北京：中国财政经济出版社，2004.

［86］刘丹萍．农村精准扶贫困境与对策研究——基于赣州市 4 个村的调查［D］．南昌：南昌大学，2018.

［87］郑长德．深度贫困民族地区提高脱贫质量的路径研究［J］．西南民族大学学报（人文社科版），2018（12）．

［88］刘小珉．一个苗族深度贫困村的贫困成因及扶贫对策——基于非经济因素的视角［J］．黔南民族师范学院学报，2018（02）．

［89］李强．精准扶贫工作机制实践中的现实问题与发展路径［J］．贵州师范学院学报，2018（05）．

［90］亿维网．阿玛蒂亚·森的贫困指数［EB/OL］．http://www.yeewe.com.

［91］银辉．国际贸易的国民幸福效应研究［D］．上海：华东师范大学，2018.

［92］孙冀．从人类发展指数到地区发展水平指数的测算机理及应用——以辽宁省 14 市为例［J］．社会科学辑刊，2018（03）．

［93］张祖群．从恩格尔系数到旅游恩格尔系数：述评与应用［J］．中国软科学，2011（S2）．

［94］岳利萍，何爱平．发展视阈下生态文明的经济学界定及其度量［J］．福建论坛（人文社会科学版），2014（03）．

［95］刘维忠．新阶段新疆农村扶贫开发模式与对策研究［D］．乌鲁木齐：新疆农业大学，2010.

［96］阿马蒂亚·森．贫困与饥荒—— 论权利与剥夺［M］．王宇，王文玉，译．北京：商务印书馆，2001.

［97］UNDP.Human Development Report and UNDP（2011）. Human Development Report，2010.

［98］高艳云．中国城乡多维贫困的测度及比较［J］．统计研究，2012（11）．

［99］叶拯，朱玉春．秦巴山区农户多维贫困测度与影响因素研究［J］．北方园艺，2018（11）．

［100］王素霞，王小林．中国多维贫困测量［J］．中国农业大学学报（社会科学版），2013（02）．

［101］许源源．中国农村扶贫瞄准问题研究［D］．广州：中山大学，2006.

［102］吴雄周，丁建军 . 精准扶贫：单维瞄准向多维瞄准的嬗变——兼析湘西州十八洞村扶贫调查［J］. 湖南社会科学，2015（06）.

［103］陈驰 . 习近平精准扶贫思想及其在毕节试验区的实践研究［D］. 重庆：西南大学，2016.

［104］陈卫洪，谢晓英 . 扶贫资金投入对农户家庭收入的影响分析——基于贵州省1990—2010 年扶贫数据的实证检验［J］. 农业技术经济，2013（04）.

［105］杜萍 . 基于信息化发展视角下精准扶贫的策略研究［J］. 学术论坛， 2017（02）.

［106］苏丹，梅杰 . 习近平"精准扶贫"思想研究［J］. 继续教育研究，2018（12）.

［107］史志乐 . 1978—2015 中国扶贫演进历程评述［J］. 中国市场，2016（24）.

［108］黄承伟，覃志敏 . 论精准扶贫与国家扶贫治理体系建构［J］. 中国延安干部学院学报，2015（01）.

［109］张硕，何得桂 . 论习近平同志扶贫开发战略思想及其重要特征［J］. 特区经济，2018（04）.

［110］汪三贵，刘未 ."六个精准"是精准扶贫的本质要求——习近平精准扶贫系列论述探析［J］. 毛泽东邓小平理论研究，2016（01）.

［111］彭青林 . 扶贫措施一定要因户施策精准到位［N］. 海南日报，2016-12-09.

［112］刘永富 . 确保在既定时间节点打赢扶贫攻坚战——学习贯彻习近平关于扶贫开发的重要论述［J］. 老区建设，2015（21）.

［113］聚焦新词热词［N］. 理论导报， 2016-06-20.

［114］党建·人民网 ."五个一批"作答脱贫大考［EB/OL］.http://dangjian.peop.

［115］李长文 ."五个一批"作答脱贫大考［J］. 党的生活（黑龙江），2016（01）.

［116］关于深入贯彻《中共中央国务院关于打赢脱贫攻坚战的决定》的实施意见［N］. 湖南日报，2016-05-23.

［117］王忠厚 . 从混沌走向协同：课堂教学系统自组织境域研究［D］. 重庆：西南大学，2011.

［118］吴彤 . 自组织方法论研究［M］. 北京：清华大学出版社，2001.

［119］司德鹏 . 基于自组织理论的城市公共交通运输结构演化研究［D］. 北京：北京交通大学，2012.

［120］司法部直属机关纪委课题组 . 从进一步完善机制入手，深入推进司法行政机关惩治和预防腐败体系建设［J］. 中国司法，2011（12）.

［121］王阳，张攀 . 个体化存在与圈群化生活：青年群体的网络社交与圈群现象研究［J］. 中国青年研究，2018（02）.

［122］裴德超，李国 . 协同学视野下竞技体育发展的动力机制分析［J］. 安徽科技学院学报， 2010（05）.

［123］郑小碧 . 基于自组织理论的产业集群共性技术创新研究［J］. 科技进步与对

策，2012（08）.

［124］吴雄周 . 扶贫瞄准中贫困户行为协同机制的演化博弈分析［J］. 吉首大学学报（社会科学版），2017（06）.

［125］李爱莉 . 上海市青少年曲棍球团队信任与团队绩效的关系研究［D］. 上海：华东师范大学，2018.

［126］马飞林 .HLG 煤矿五型绩效考核实施与完善研究［D］. 西安：西安建筑科技大学，2016.

［127］连英杰 . 股权结构与公司绩效的关系研究［D］. 开封：河南大学，2017.

［128］https：//baike.baidu.com/item/ 绩效 /2219888?fr=aladdin.

［129］张振良 . 基于双优势和标杆矩阵的发电设备制造商效能评价研究［D］. 北京：华北电力大学，2017.

［130］孔玉生，赵叶灵，李靠队 . 基于可持续发展的企业绩效评价指标的构建［J］. 科技与管理，2013（05）.

［131］杜林，庞庆华，吴炎 . 现代评价方法和案例精选［M］. 北京：清华大学出版社，2008.

［132］赖诚 . 基于价值工程理论的住宅全装修方案消费者评价研究［D］. 南昌：南昌大学，2018.

［133］唐春燕 . 层次分析法建立结构模型方法研究［J］. 当代化工研究，2017（10）.

［134］娄圣睿 . 转型国家银行竞争力比较研究——以 CEE 四国和 CIS 四国为例［D］. 上海：复旦大学，2008.

［135］刘兴旺，阮任辉 . 基于熵权灰色关联模型的 PPP 项目风险评价［J］. 价值工程，2018（07）.

［136］卢平 . 武陵山片区区域发展与扶贫攻坚规划［J］. 今日中国论坛，2012（12）.

［137］国家民委政府网 . 武陵山片区基本情况 .2012-03-16，引用日期 2015-11-10.

［138］武陵网 . 武陵山片区区域发展和扶贫发展规划（2011—2020 年）.2012-03-22.

［139］刘英 . 医药院校图书馆民间医药文献建库的设想［J］. 内蒙古科技与经济，2018（21）.

［140］何绍辉 . 不让一个贫困群众在小康路上掉队［N］. 湖南日报，2018-06-19.

［141］游俊，冷志明，丁建军 . 连片特困区蓝皮书：中国连片特困区发展报告（2016—2017）［M］. 北京：社会科学文献出版社，2017.

［142］http://news.gmw.cn/n: 老支书当起了“俏绣娘”滚动读报 _ 新闻中心 .

［143］罗花容 .spss24 统计分析基础与案例应用教程［M］. 北京：北京希望电子出版社，2018.

［144］郭榆 . 以文化人的品性、结构及其机理［J］. 新疆社科论坛，2016（05）.

［145］冷志明 . 贫困地区精准扶贫公共服务平台构建研究——基于公共服务供给分析框架的视角［EB/OL］.http：//ldhn.rednet.cn/c/2017/07/13/4353870.htm.

［146］邢成举 . 乡村扶贫资源分配中的精英俘获——制度、权力与社会结构的视角［D］. 北京：中国农业大学，2014.

［147］Bardhan P，Mookherjee D.Capture and Governance at Local and National Levels［J］. The American Economic R eview，2000（90）：135–139.

［148］陈晓莉 . 扶贫扶文化，治“本”除穷根［J］. 理论月刊，2016（09）.

［149］杜国明，张燕，于佳兴 . 东北地区精准扶贫工作中的难点与对策［J］. 农业经济与管理，2018（01）.

［150］郑瑞强，曹国庆 . 巩固提升阶段民族地区精准扶贫关键问题与治理策略研究［J］. 云南民族大学学报（哲学社会科学版），2018（02）.

［151］胡柳 . 乡村旅游精准扶贫研究［D］. 武汉：武汉大学，2016.

［152］习近平 . 摆脱贫困［M］. 福州：福建人民出版社，1992.

［153］王卫兵，宋东皓 . 论精准扶贫的文化功能：价值体现与功能释放［J］. 中共郑州市委党校学报，2017（03）.

［154］唐要家 . 数字经济赋能高质量增长的机理与政府政策重点［J］. 社会科学战线，2020（10）.

［155］贾小虎，张颖，邓蒙芝 . 乡村振兴战略下新型农业经营主体培育——农业经济学教学思考［J］. 天津农业科学，2021（01）.

［156］孔祥智，周振 . 新型农业经营主体发展必须突破体制机制障碍［J］. 河北学刊，2020（06）.

［157］骆永民，骆熙，汪卢俊 . 农村基础设施、工农业劳动生产率差距与非农就业［J］. 管理世界，2020（12）.

［158］余春苗，任常青 . 农村金融支持产业发展：脱贫攻坚经验和乡村振兴启示［J］. 经济学家，2021（02）.

［159］李梅 . 新时期乡村治理困境与村级治理“行政化”［J］. 学术界，2021（02）.

［160］张永 . 扶志贫困对象内生动力系统论［J］. 系统科学学报，2021（02）.

［161］程军 . 土地依存与土地流转困境的突破——一个新型理论分析框架［J］. 云南社会科学，2020（06）.

［162］朱冬亮 . 农民与土地渐行渐远——土地流转与“三权分置”制度实践［J］. 中国社会科学，2020（07）.

［163］刘汉成，关江华 . 适度规模经营背景下农村土地流转研究［J］. 农业经济问题，2019（08）.